Das große Buch der klassischen Jagdwaffen

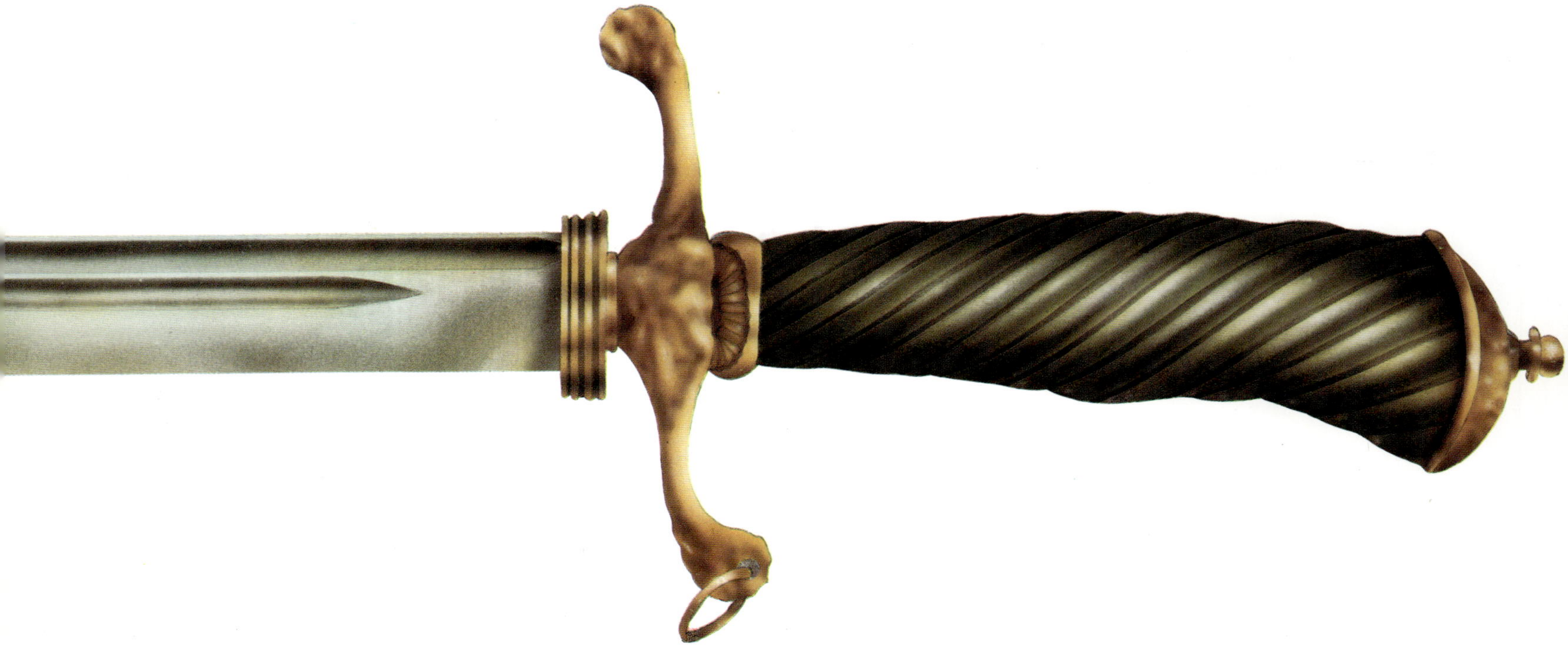

Branko Bogdanović
Ivan Valenčak

Das große Buch der klassischen Jagdwaffen

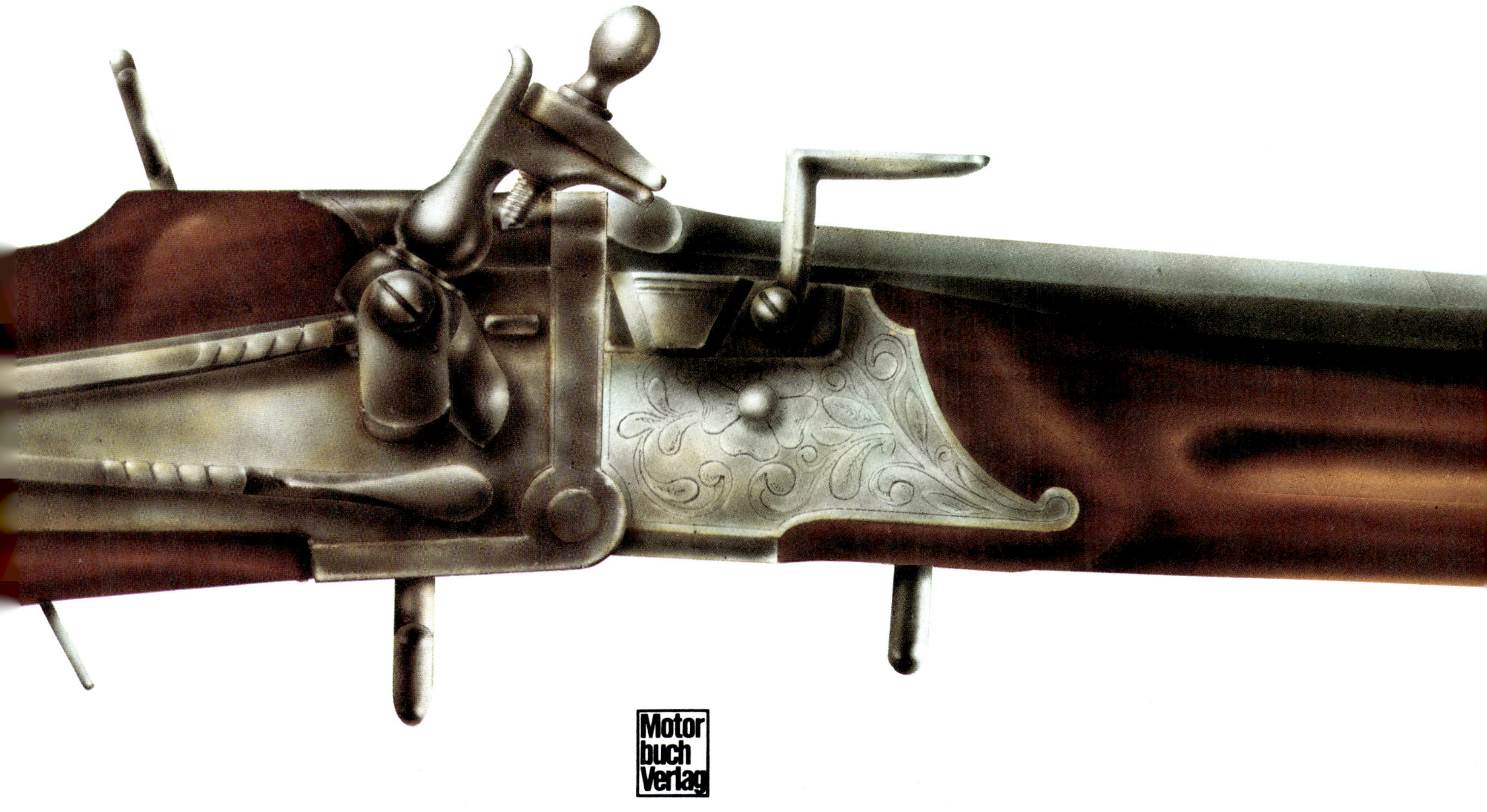

Motor buch Verlag

Konzept und Lektorat:
Nena Mićunović, BESSA
Publishing Company Ltd., Lucerne
Lektorat der deutschen Ausgabe:
Klaus-Peter König
Übersetzung:
Heinz-Georg Murlowski

Text:
Branko Bogdanović

Airbrush-Illustrationen:
Ivan Valenčak

Zeichnungen:
Nenad Milićevića, Miodrag Milošević
Gestaltung:
Gane Aleksić
Hannes Opitz
Bildbeschaffung, technische Zeichnungen,
Übersetzung, Karten und Photomaterial:
SPECTRA, Belgrad

1. Auflage 1987

Postfach 1370, 7000 Stuttgart 1
Eine Abteilung des Buch- und Verlagshauses
Paul Pietsch GmbH & Co. KG

Reproduktionen: Sebi, Mailand
Satzherstellung: F. X. Stückle, Ettenheim
Druck und Bindung:
Sagdos, Brugherio/Mailand
Printed 1987 in Italy

ISBN 3-613-01206-5

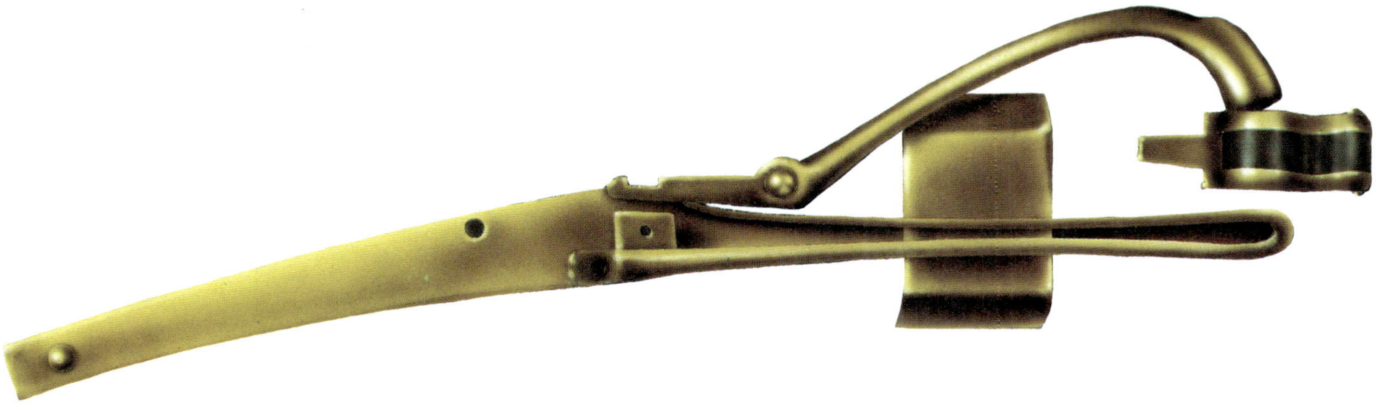

Japanisches Luntenschloß, 18. Jahrhundert

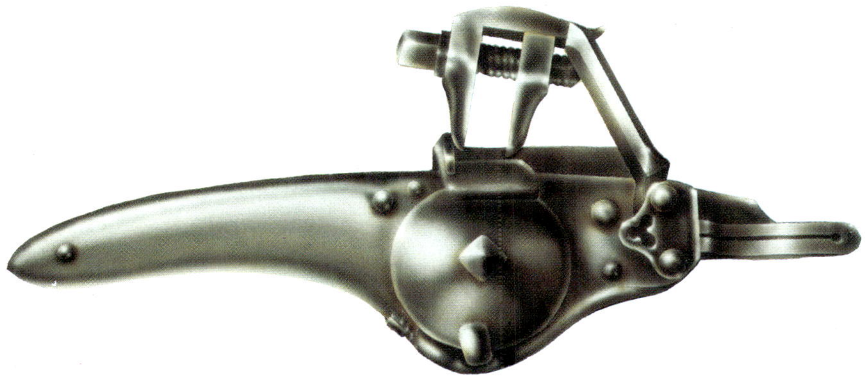

Deutsches Radschloß, 16. – 17. Jahrhundert

Schnapphahn von der Balkanhalbinsel (Miquelet), 19. Jahrhundert

Europäisches Perkussions-Rückschloß, 19. Jahrhundert

Deutsche Pulverflasche, 17. Jahrhundert

INHALTSVERZEICHNIS

EINLEITUNG

D*ie Jagd ist so alt wie die Menschheit.* Viele Werke, welche die Jagd und die Jagdwaffen behandeln, beginnen mit diesem Ausspruch. Eine solche vereinfachende Behauptung, darauf muß hingewiesen werden, kann nur schwer übernommen werden. Obwohl die Jagd in der menschlichen Entwicklung eine bedeutsame Rolle spielte, so bleibt doch die Tatsache bestehen, daß des Menschen affenähnlicher, sich von Pflanzen ernährender Vorfahre, eher Beute als Jäger war. Erst auf einem etwas höheren Entwicklungsstand der menschlichen Gesellschaft wurde die Jagd ein bedeutender Faktor im Überlebenskampf, mit anderen Worten, ein Mittel, sich Nahrung zu verschaffen. In der Jagdgeschichte blieb der Aspekt des *vollen Topfes* lange Zeit bestehen, wenn er auch für das menschliche Dasein nicht mehr länger notwendig war. So zum Beispiel während der Zeit, als die Jagd lediglich ein Zeitvertreib für Privilegierte in den zivilisierten Ländern war, einfachere soziale Schichten sahen in ihr jedoch immer noch ein Mittel, sich mehr Nahrung zu verschaffen.

Wenn auch in der heutigen Zeit die Jagd alle notwendigen Vorbedingungen erfüllt, nur noch zu einer Sportart zu werden, so sollte man doch nicht die Tatsache aus dem Blick verlieren, daß diese Fertigkeit bei einigen Stämmen in Asien, Afrika und Südamerika immer noch eine wichtige wirtschaftliche Betätigung darstellt. Dank ihrer langen Geschichte wurden alle Jagdarten und die damit verbundenen Fertigkeiten in einem frühen Stadium der Menschheit entwickelt und im Laufe der Zeit lediglich fortentwickelt und den herrschenden Bedingungen, Möglichkeiten und Notwendigkeiten angepaßt.

Jedenfalls sind wir in besonderer Weise davon betroffen, daß Jagdwaffen, zusammen mit dem Feuer, den größten Beitrag auf dem Weg der „Beute" zum „Jäger" leisteten.

Es ist interessant zu bemerken, daß von dem Zeitpunkt an, da der Mensch lernte, die ihn umgebenden Dinge zu Kampfinstrumenten zu machen, er auch eine Waffe zu verschiedenen Zwecken benutzte, zur Jagd, im Kampf, und oft diente sie ihm auch nur als Werkzeug. Diese vielfältige Verwendung war, wenn überhaupt, nur von einem geringen technischen Fortschritt begleitet. Mit anderen Worten, Pfeil und Bogen, Armbrust, Speer und Schwert blieben jahrhundertelang Standard-Jagdwerkzeuge.

Die Entwicklung der Kriegstechnologie im allgemeinen gewann Auftrieb durch das Erscheinen der ersten Feuerwaffen. Es muß erwähnt werden, daß der Zeitpunkt mit dem Aufkommen der Renaissance in Italien zusammenfällt, die für die Entwicklung der Jagdwaffen eine entscheidende Rolle spielen sollte.

Die Renaissance schuf in Europa einen neuen Menschen, der frei von mittelalterlicher Askese sich an der Wirklichkeit orientierte. Seine Haltung gegenüber Kunst und Kultur basierte auf klassischen Vorbildern, gesehen unter dem Blickwinkel neuer, humanistischer Ideen. Die Renaissance brachte eine Blüte der Architektur, Bildhauerei und Malerei, wie auch der angewandten Künste. Geschickte Handwerker begannen, angeregt durch neue Ideen, verschwenderisch verzierte, repräsentative Waffen zu fertigen. Sie waren für eine reiche und wählerische Kundschaft bestimmt, für die Jagdwaffen *unter anderem* ein Statussymbol bedeuteten.

Die logische Folge dieser neuen Einstellung gegenüber Aussehen und Funktion war eine genaue Trennung in Waffen, die für die Jagd und solche, die für den Kampf gedacht waren. So zeigten luxuriöse Jagdwaffen nicht nur das Vorrecht einer bestimmten Klasse, sondern sie waren auch *Ausdruck des geheimen Wunsches des Menschen, seine Macht über die Tierwelt durch die faszinierende Schönheit seiner Symbole zu demonstrieren.*

Seitdem haben viele namenhafte Künstler ihre Meisterschaft in der Herstellung von Jagdwaffen bewiesen. Deshalb spiegeln sie alle Stile wider, die von verschiedenen Techniken und Materialien gekennzeichnet sind. Man kann sagen, daß die Jagdwaffen, welche in der Zeit von der Renaissance bis zum Ende des 19. Jahrhunderts hergestellt wurden, eine wirkliche Sammlung von Gebrauchskunst darstellen. Demgegenüber brachte die Zeit vom späten 19. Jahrhundert an die Übernahme stereotyper Motive und Muster, deren Herstellung den Forderungen moderner Technologie entsprach. Deshalb können auch die modernen Waffen unter ästhetischem Gesichtspunkt ihre Vorgänger aus den vergangenen vier Jahrhunderten nicht übertreffen, obwohl sie das Produkt einer hochentwickelten Industrie sind.

Der zweite, nicht weniger bedeutsame Aspekt in der Betrachtung der Jagdwaffengeschichte, ist technischer Natur. Es scheint nämlich, daß die Hersteller viel mehr Kreativität und Freiheit auf diesem Gebiet zeigten, als auf dem Felde der Kriegstechnologie. Die war das Ergebnis des Fehlens jeglicher finanzieller Einengung und konservativen Einflusses, wie sie in Armeen offenkundig sind. Andererseits aber übernahm das Militär gern alle Lösungen, die ihren praktischen Wert bewiesen hatten.

Durch diese Umstände endete die technische Entwicklung der Jagdwaffen im wesentlichen in der zweiten Hälfte des 19. Jahrhunderts. Von der Zeit an waren alle Typen von Hinterladern erfunden, einschließlich hahnloser Schlösser, Mündungsverengungen und moderner Ladeweise mit Zentralfeuerpatronen. Spätere Verbesserungen betrafen nur Details und die Produktionstechnologie.

Alles das weist auf die Bedeutung hin, die der Zeitraum von der Renaissance bis zum 19. Jahrhundert für die Entwicklung der Jagdwaffen hatte. Auch aus diesem Grunde nannten wir diesen Zeitraum, in dem diese Waffen ihre Eigenständigkeit errangen und durch technische Lösungen – ebenbürtig denen unserer Zeit – verbessert wurden, das GOLDENE ZEITALTER DER JAGDWAFFEN.

Vogeljagd, Holzschnitt von H. Burgkmair, 16. Jahrhundert

Nächste Doppelseite:
Jagdschwert und Saudegen, 16. Jahrhundert

Haudegen

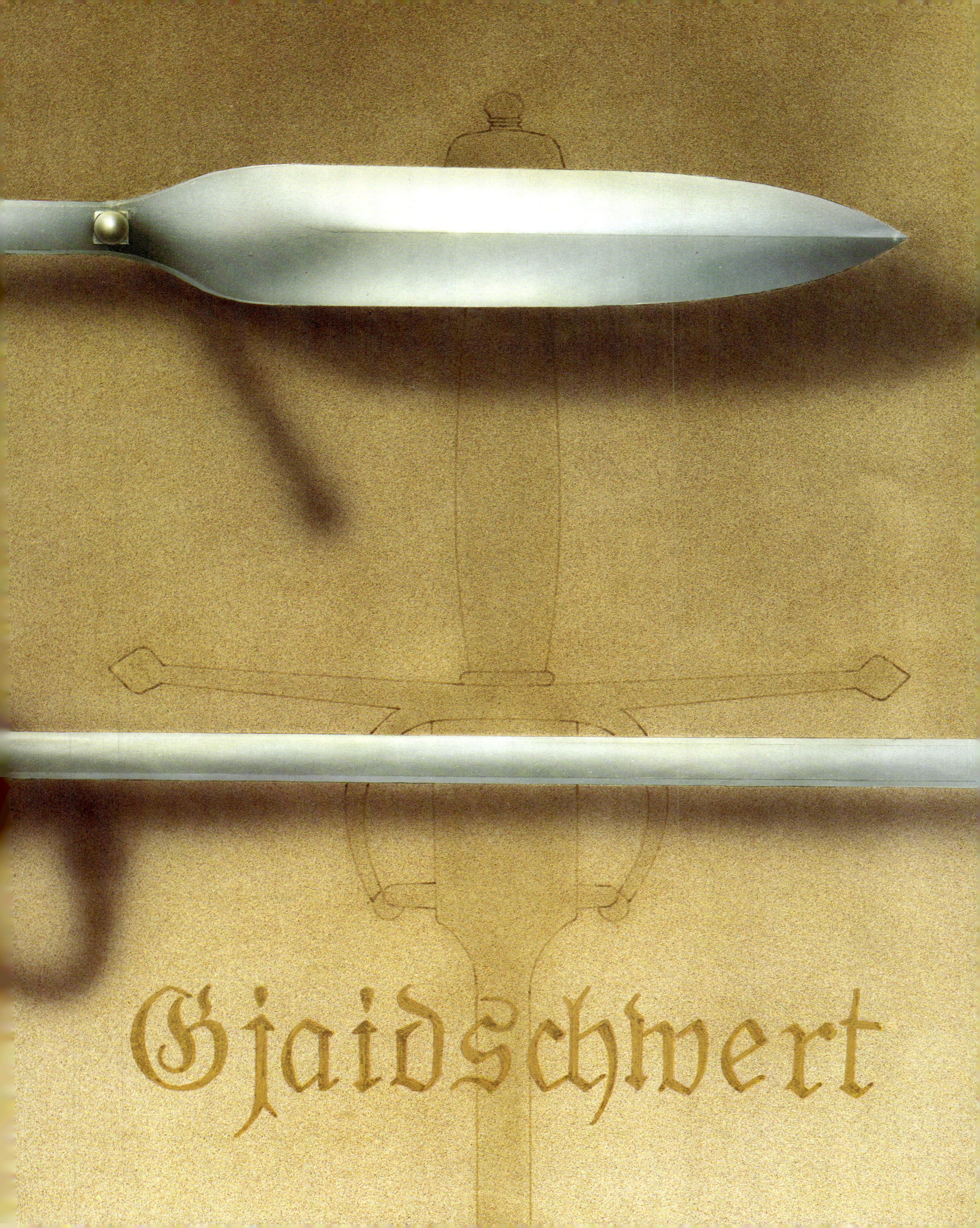
Gjaidschwert

JAGDWAFFEN DER RENAISSANCE

Das Jagdschwert

Die Renaissance hatte in den Ländern nördlich der Alpen keinen bedeutsamen Einfluß auf den taktischen Gebrauch von Waffen. Der Hauptgrund für den Stillstand dort war die strenge Tradition als Folge des Vermächtnisses mittelalterlichen Rittertums, das den Blick der Soldaten und Jäger bis in das späte 16. Jahrhundert einengte. Deshalb gewannen Feuerwaffen erst spät, um 1600 herum, Übergewicht gegenüber Schwertern, Lanzen und Bogen.

Andererseits begann mit der Renaissance die Einteilung der Blankwaffen in solche, die für den Kampf, und solche, die für die Jagd bestimmt waren. Etwa 1470 wurde das erste Schwert ausschließlich für die Jagd hergestellt, das *Gjaidschwert,* welches in Burgund in Gebrauch kam. Es ist schwer zu sagen, ob dem „ersten *Landsknecht*" Kaiser Maximilian I. dieses besondere Schwert durch sein *Burgunder Banner* (Herrschaft über Burgund) bekannt wurde, sicher aber ist, daß er als leidenschaftlicher Jäger und Gegner von Feuerwaffen einen entscheidenden Einfluß auf seine weitere Entwicklung genommen hat.

Das frühe, ca. 600 mm lange Jagdschwert, hatte eine ein- oder zweischneidige Klinge. Gemäß der spätgotischen Art war die kurze Parierstange mit einem kreuz- oder S-förmigen Schutz versehen. Es ist interessant zu vermerken, daß diesem Schwert manchmal als jagdliches Zubehör ein Messer sowie ein Pfriem zum Häuten und Zerlegen beigegeben war.

Berücksichtigt man die Länge seiner Schneide, so war diese Waffe offenkundig für den Jäger zu Fuß gedacht. Jedoch bereits am Ende des 15. Jahrhunderts wurde das Jagdschwert mit einer 850 – 900 mm langen einseitigen Klinge versehen, so daß es nur noch von berittenen Jägern benutzt werden konnte. Die neue Waffe zeigte einige Verbesserungen. Das Heft zum Beispiel war geformt wie der Griff eines Messers mit einem stilisierten Vogelkopf als Knauf. Der Griff, aus Holz, Bein oder Knochen gemacht, war mit Nieten am Heftzapfen befestigt, die durch Zierrosetten verdeckt waren. Waffen dieser Art erschienen also neben den herkömmlichen einfachen mit kreuzförmigem Handschutz.

Jedoch hatten diese Jagdwaffen einige Nachteile. Der größte lag in der Tatsache, daß die Klinge in den Körper des Wildes unkontrollierbar tief eindrang. Das wieder verhinderte ein schnelles Herausziehen und den Rückzug des Jägers in eine sichere Entfernung. Auf diese Weise konnte der Reiter seine Waffe verlieren, während der Jäger zu Fuß Opfer der Zähne und Klauen des Wildes werden konnte. Auch war das Jagdschwert in erster Linie dazu bestimmt, eine Waffe zum Stechen zu sein, aber die einschneidige Klinge war dazu weder geeignet noch war sie besonders waidgerecht.

Maximilian war der erste nicht, der diese Nachteile erkannte, aber er war sicher unter den ersten, die versuchten, sie zu beseitigen. Während an der Entwicklung einer neuen Waffe gearbeitet wurde, verbot der Kaiser die Herstellung von speziellen Klingen für die Jagd auf Großwild. Sein berühmtes Jagdschwert, der *Wilde Eber,* erschien kurz danach.

Die wichtigste Neuerung dieser Waffe bezog sich auf die Gestaltung der Klinge.

Sie hatte nämlich die Form eines dicken Stabes mit einem runden oder quadratischen Querschnitt, der nur im letzten Viertel oder Fünftel seiner Länge in eine doppelschneidige Klinge oder zu einer blattförmigen Spitze auslief.

Nur wenig unterhalb der Spitze war ein Kreuzstück befestigt, um ein unkontrolliertes Eindringen der Klinge in den Tierkörper zu verhindern. Das Kreuzstück war entweder zusammen mit der Klinge geschmiedet oder später in einem dafür bestimmten Spalt befestigt.

Um die Wirksamkeit noch zu verstärken, wurde die Waffe mit einem Griff ausgestattet, der von den traditionellen Schwertern der Reitertruppen Maximilians übernommen wurde. Der *Gothaer Codex* illustriert am besten, wie dieses Schwert, das etwa 1300 aufkam, gehalten wurde. Der Benutzer konnte die Waffe mit der rechten Hand fest greifen, während er gleichzeitig mit der linken Hand zur zusätzlichen Unterstützung den oberen Teil des Griffes benutzen konnte.

Solch ein Griff war für den Gebrauch des Jagdschwertes sehr geeignet. Stieß ein Jäger auf ein Wildschwein, brauchte er nur aus dem Sattel zu springen und sein rech-

Nächste Doppelseite:
Federspieß (1513) und Bärenspieß, 16. Jahrhundert

Federspieß
Bärenspieß

tes Bein anzuwinkeln, während sein linkes Bein fest auf der Erde stand. Das Schwert plazierte er auf seinem rechten Knie und hielt es mit beiden Händen. Falls der Jäger gezwungen war, auf seinem Pferd zu bleiben, mußte er sich in den Steigbügeln aufstellen, nach vorn beugen und dem Tier einen kräftigen Stoß mit dem rechtshändig gehaltenen Schwert versetzen.

Diese neue Waffe verbreitete sich in der Mitte des 16. Jahrhunderts in ganz Europa und war besonders in Deutschland und Spanien sehr beliebt. Abbildungen dieser Waffe finden sich auf Hans Burgkmairs Holzschnitten zu seinem berühmten Werk *„Theuerdank“* sowie auf Peter Paul Ruben's Bildern mit Jagdmotiven.

Das Jagdschwert begann schon in der zweiten Hälfte des 16. Jahrhunderts seine Beliebtheit zu verlieren. Diese altertümliche Ritterwaffe geriet mit dem Aufkommen des Jagdspießes und dem vermehrten Gebrauch der Feuerwaffen in Vergessenheit. Andere Arten von Blankwaffen wurden allmählich entwickelt, aber ihre Bedeutung für den Jagdgebrauch war nur zweitrangig.

Der Jagdspieß

Im Gegensatz zum Schwert war der Jagdspieß in der Renaissance weitaus beliebter. Er war aber ebenso aus einer viel älteren Kampfwaffe entwickelt worden. Im Laufe der Zeit wurden verschiedene Arten entwickelt, die eine viel breitere Anwendung als das Schwert fanden und die bis in das späte 18. Jahrhundert in Gebrauch blieben. Der Jagdspieß wurde aus einer Waffe entwickelt, die eine Wicklung an der Basis des oberen Endes hatte. Dieser Spieß mit Anschlag kam in Europa schon im frühen Mittelalter auf. Urteilt man nach einigen Kunstwerken, so kann man ihn ins 8. Jahrhundert zurückdatieren. Er findet sich auch auf dem berühmten *Teppich von Bayeux.*

Zu Beginn des 16. Jahrhunderts wurde die Form dieser Kampfwaffe leicht verändert und so der Jagd auf Großwild angepaßt. Die Spitze wurde sehr verstärkt, breit und blattförmig ausgeschmiedet und mit einem deutlichen Mittelgrat versehen. Die Spitze wurde jedenfalls auf einem runden oder auch vielkantigem Stiel angebracht, der in der Regel über keinen Trageriemen verfügte.

Das wesentliche Merkmal des Jagdspießes war der Anschlag in Form einer Parierstange. Er bestand aus einem 90 – 140 mm langen Eisenstab mit kugelförmigen Enden und einer besonderen Öffnung oder einem Spalt in der Mitte. Ein Ende eines langen schmalen Lederriemens befestigte den Stab kreuzweise am oberen Teil des Schaftes und war um dessen mittleren Teil geschlungen. Das andere Ende des Riemens war spiralartig und kreuzweise um das Heft gewunden und an ihm mit dekorativen Nägeln befestigt.

Am Ende des 16. und besonders im 17. und 18. Jahrhundert wurde der Anschlag oft durch eine besondere Öffnung, die sich im Heft befand, gezogen. Er konnte auch, je nach Material, an den Schaft geschweißt oder geschraubt sein. Der Anschlag war gewöhnlich aus Holz, Bein oder Horn gefertigt. Der starke Teil eines Keilerhauers konnte ebenfalls verwendet werden. Der Zweck eines solchen Hindernisses war der gleiche wie bei dem Jagdschwert, nämlich das unnötige und gefährliche Eindringen der Waffe in den Tierkörper zu verhindern.

Seit diese Art von geschäfteten Stoßwaffen für die Jagd auf Wildschweine und Bären Verwendung fand, mußte sie mit einem starken Schaft versehen werden, der bruchsicher war und die Wucht des Wildes aushielt. Die herkömmliche Art, den Schaft aus einem größeren Stück Holz zu machen, kam nicht mehr in Frage. Die Holzfaser wurde während des Schneidens zerstört und so die Flexibilität des Materials beeinträchtigt. Deshalb wurde der Jagdspieß aus einem ca. 2 m langen Eichenholzast gemacht. Knotige Äste wurden dazu aus rein praktischen Gründen ausgewählt. Sie garantierten nämlich den festen Sitz des Schaftes in der Hand.

Mit der Zeit kam dieser Typ Stoßwaffe zunehmend in Gebrauch, so daß es immer schwieriger wurde, geeignete Bäume zu finden. Deshalb wurden auch andere Bäume wie Ahorn und europäische Esche in Betracht gezogen. Da diese Bäume keine entsprechenden Knoten hatten, wurden im Frühjahr Kerben in ausgesuchte Äste geschnitten. Während des Wachstums erwuchsen Ausbuchtungen aus diesen Kerben, und die Äste bekamen die gewünschte Form. Darüber hinaus konnten die Kerben nach Wunsch und Bedarf angeordnet werden.

Jagdspieße, bekannt unter dem Namen *Saufeder,* erschienen auch sehr früh in Kunstwerken. Glockenthon

stellte diesen Waffentyp bereits um 1505 dar (Amrasser Sammlung). Er war ebenfalls ein häufig benutztes Motiv in dem berühmten Werk *Maximilians Triumphzug*. In den Gemälden dieser Epoche erscheint er auch als Kriegswaffe. Dies ist nicht so verwunderlich, wenn man den Umstand bedenkt, daß die Saufeder unmittelbar nach ihrem Aufkommen allgemeinen Gebrauch bei den Soldaten fand. Auf den europäischen Kriegsschauplätzen dieser Epoche sah man nicht gerade selten Edelknaben und Knechte, wie sie ihren Edelleuten Saufedern hinterhertrugen. Wenn nötig, konnten sie die unpraktischen und schweren Kampf- oder Turnierpiken oder auch die langen *Landsknecht*-Piken ersetzen.

Der sogenannte Federspieß, das ist ein Jagdspieß ohne Anschlag, war besonders als Paradewaffe beliebt. Unterhalb der verzierten Spitze hatte er eine verschwenderische, farbenprächtige Quaste. Der Schaft war umhüllt von einer bemalten Leinwand und der herkömmliche Lederriemen war um den Stiel geschlungen. Die verschwenderische Aufmachung weist auf den Zweck des Federspießes hin; er war in erster Linie die Waffe der Gardisten. Dennoch wurde die vereinfachte Ausführung weiterhin im Kampf und bei der Jagd benutzt.

Es ist interessant zu vermerken, daß in der Literatur aus der Zeit Maximilians I. noch ein anderer Typ von Jagdspieß erwähnt wird. In dieser Zeit war die Gemsenjagd in

Oben: *Bärenjagd, nach einem Kupferstich von Stradanus, zweite Hälfte 17. Jahrhundert*

Nächste Doppelseite:
Armbrust, Deutschland, 1682

Scheibenarmbr

den österreichischen Alpen beliebt. Diese Jagdart war außerordentlich schwierig, weil Feuerwaffen verboten waren, das Gelände unbegehbar und das Wild gewandt war. Deshalb wurde zu Beginn des 16. Jahrhunderts eine besondere Taktik für die Gemsenjagd entwickelt. Hunde hetzten das Wild, bis es vor einer unübersteigbaren Felswand gefangen war. In dem Augenblick konnten die mit langen Spießen bewaffneten Jäger kommen und, selbst über Abgründe und tiefe Gebirgsscharten hinweg, aus großer Entfernung das Wild erlegen. Wegen des Gebrauchs wurde diese spezielle Waffe *Gamsspieß* genannt.

Was von den Gamsspießen noch vorhanden ist, sind die Zeichnungen von Hans Burgkmair und drei Schäfte in der Sammlung auf Burg Tratzberg. Glücklicherweise hat uns Maximilian I. in seinem *Geheimen Gjaidbuch* eine genaue Beschreibung dieser Waffe überliefert. Danach wurden Gamsspieße paarweise gefertigt und in einem besonderen Futteral aufbewahrt. Ein Typ der Waffe war für den Einsatz im Gebirge gedacht. Seine Schaftlänge betrug 3 1/2 *Klafter*. Ein anderer Jagdspieß war bis zu 4 *Klafter* lang. In beiden Fällen waren die Schäfte aus geraden knotigen Ästen gemacht (wie beim Sauspieß) und mit einer gehärteten und geschärften Spitze versehen. Es ist anzunehmen, daß die Gebirgsversion ein Vorläufer des heutigen Alpenstockes ist.

Es ist schwierig, die genaue Länge dieser Waffe zu bestimmen. Folgt man der Literatur, war sie 3 – 4 m lang. Wenn wir aber in Betracht ziehen, daß ein *Wiener Klafter* 1,89 m mißt, so konnten die Gamsspieße nach Maximilians Beschreibung 6,5 – 7,5 m lang sein. Es ist wirklich schwer zu glauben, daß solch eine eindrucksvolle Länge überhaupt möglich war, weil die Beute schon unter dem Eigengewicht zusammengebrochen wäre.

Im Gegensatz zu den Spießen, die für die Jagd auf Wildschweine und Bären bestimmt waren, weisen einige Elemente, so diese Länge, darauf hin, daß der Gebrauch des Gamsspießes ursprünglich anderen Zwecken vorbehalten gewesen war. Während die Soldaten die Saufeder von den Jägern übernahmen, scheint der Gamsspieß dem Arsenal der *Landsknechte* entlehnt zu sein. Die geschäfteten Stoßwaffen dieser berühmten Fußtruppe, die sogenannte „Pinne" (Pike), waren 4,5 – 5 m lang und hatten ein besonderes Bodeneisen. Überdies wurden in *Kaiser Maximilians I. Triumphzug* Gemsenjäger in traditioneller *Landsknechts*-Tracht abgebildet. Lange Spieße waren in den Heeren viel im Gebrauch. Die Landsknechtsspieße aus dem voraufgegangenen Jahrhundert erreichten eine Länge von 5,11 m.

Im Gegensatz zu der kürzeren und der Jagd auf das Wildschwein viel besser angepaßten Saufeder, geriet der Gamsspieß mit dem Aufkommen der Feuerwaffen in Vergessenheit. Es scheint, daß er 1519, gleich nach dem Tode seines angeblichen Erfinders Maximilian, verschwand.

Bei der Begegnung mit dem Wild hält der Jäger das Heft des Spießes in der rechten Faust, eng am Körper geführt, während er mit der Linken auf den Punkt oberhalb des Brustkorbes am Nackenansatz des Tieres weist. Der angreifende Keiler rennt mit solcher Kraft in die Waffe, daß die Spitze durch den Brustkorb ins Herz eindringt.

Die Armbrust und die „Kugel-Armbrust" (Stein- und Metallkugeln verschießende Armbrust)

Im Gegensatz zum Spieß und Schwert, die Angriffswaffen für den Nahkampf waren, wurde die Armbrust in der Jagd auch wegen ihrer großen Reichweite benutzt. Ihre taktischen Vorteile näherten sich denen der Feuerwaffen, ja, übertrafen diese sogar in deren Frühstadium, was ihre Durchschlagskraft, Treffsicherheit und Reichweite anbelangte. Es gibt heute verschiedene Theorien über die Herkunft und das Alter der Armbrust. Folgt man einigen Autoren, sollten ihre Anfänge im Osten zu suchen sein. Jedoch gibt es zwei Versionen dieser Theorie: die erste Theorie behauptet, daß die Armbrust bereits den Phöniziern bekannt war, die andere verlegt den Ursprung in das China des 12. vorchristlichen Jahrhunderts. Im Gegensatz dazu vertritt W. Boeheim die Ansicht, daß die Armbrust in Europa erfunden wurde und sich von dort aus über die ganze Welt verbreitet hat.

In jedem Fall ist Vegecuis *Epitoma rei militaris* der erste verläßliche Bericht über die Armbrust, herausgegeben um das Jahr 385. Zwei römische Reliefs, die aus dem gleichen Jahrhundert datieren und die sich in der Sammlung des Museums von Puy befinden, stellen die Waffe dar.

Jedenfalls beherrschte die Armbrust die europäischen Kriegsschauplätze seit dem 12. Jahrhundert. Es darf nicht verschwiegen werden, daß die Kirche nicht begeistert über diese neue wirkungsvolle Waffe war. Um Nichtkämpfende zu schützen und überhaupt Angriffe zu verhindern, erließ Papst Innozenz II. auf dem zweiten Laterankonzil den Kanon 29, in welchem es 1139 heißt:

„... verbieten wir diese mörderische und ekelhafte Erfindung, die Gott nicht billigt..." Europas Herrscher schenkten dem Bann des Papstes keine große Beachtung. Auch König Richard I., genannt Löwenherz, rüstete seine Fußtruppen mit der Armbrust aus. Das veranlaßte Papst Innozenz III. 1215, den Laterankonzilsbeschluß zu verstärken. Fanatisch fromme Autoren dieser Zeit sahen in dem Tod König Richards (er wurde durch eine Armbrust getötet) eine Strafe Gottes, weil er das Kirchengesetz mißachtet hatte.

Entgegen dem Willen der Kirche kam die Armbrust in Italien und Deutschland sehr früh in Gebrauch. Armbrüste wurden in Italien erstmals 1181 in einem Abkommen zwischen Genua und Alessandria erwähnt. Im gleichen Jahrhundert wird diese Waffe auch in Deutschland erwähnt. Wandbilder im Braunschweiger Dom, die in der Zeit Heinrich des Löwen entstanden (gestorben 1195) zeigen Schützen mit der Armbrust.

Es sollte aber erwähnt werden, daß die Armbrust im Mittelalter bei den Rittern nicht beliebt war. Das hatte nichts mit dem Kirchenverbot zu tun. Sie betrachteten sie einfach als eine minderwertige, unzuverlässige Waffe, die den Gegner in eine unterlegene Position brachte. Im Gegensatz dazu übernahmen die Bürger, unbelastet von der Tradition ritterlichen Denkens, die Armbrust in der Absicht, ihren Vorteil in der Verteidigung ihrer Städte gegen den Feind zu verbessern. Die Ritterschaft überwandt bald ihre Vorurteile und akzeptierte die Armbrust wegen ihrer Wirksamkeit.

Trotzdem verdrängte die Armbrust nie ganz den traditionellen Bogen, obwohl diese hochentwickelte Waffe eine viel größere Durchschlagskraft hatte. Der Pfeil (Bolzen) einer Armbrust konnte einen Helm aus 300 m und einen Brustpanzer aus 100 – 125 m Entfernung durchschlagen. Die Durchschlagskraft war höher als die der Feuerwaffen im 15. Jahrhundert. Zusätzlich konnte die Armbrust durch eine besondere Vorrichtung auch von einem schwächeren Mann gespannt werden, so daß sie auch von der gewöhnlichen Fußtruppe benutzt werden konnte.

Andererseits hatte der traditionelle Bogen einen absoluten Vorteil, und das war die hohe Schußfolge. Der Bogenschütze konnte sieben Pfeile in der Minute verschießen, während der beste Soldat, der mit der Armbrust ausgerüstet war, nur zwei Pfeile pro Minute schaffte. Überdies, je komplexer die Vorrichtung zum Spannen der Sehne war, um so geringer wurde damit die Schußfolge. Das Verhältnis war etwa wie folgt: die Armbrust mit der handgespannten Sehne verschoß 8 Pfeile pro Minute, die Armbrust mit dem Geißfuß gespannt 5 Pfeile und die mit dem deutschen Spannschwengel 3 Pfeile.

Nächste Doppelseite:
Cranequin und Bolzen, Beginn des 16. Jahrhunderts

Zahnstangenwinde

Armbrustbolzen

Der zweite Hauptnachteil der Armbrust waren ihre Sehnen. Regnete es, konnte die Sehne naß und schlaff werden, so daß sie nicht die notwendige Spannkraft hatte. Die Sehne des traditionellen Bogens konnte bei schlechtem Wetter abgenommen werden, was im Falle der Armbrust nicht möglich war. Die Niederlage der Franzosen 1346 bei Cracy ist diesem Umstand zuzuschreiben. In der Nacht vor der Schlacht regnete es stark. Die englischen Bogenschützen entfernten die Sehnen von ihren langen Bögen, während die französischen Söldner aus Genua, mit Armbrüsten ausgerüstet, das nicht so einfach konnten. Deshalb wurden Armbrüste bis zum 15. Jahrhundert fast ausschließlich bei der Erstürmung oder der Verteidigung von Städten benutzt. Jedenfalls verdrängten die Feuerwaffen sie bald von den Schlachtfeldern.

Die Armbrust bestand aus einem schweren Bogen, der auf einem Schaft angebracht war, der am vorderen Ende einen Pfeilnut hatte, und einer mechanischen Vorrichtung, die die Sehne halten und vorschnellen lassen konnte. Die ersten Bogen waren aus Holz gemacht, während später auch, nach Kontakten der Kreuzfahrer mit dem Orient, Bogen aus Horn oder Fischbein hergestellt wurden. Es gab auch gemischte Ausführungen, wobei der Bogenrücken aus Holz gemacht war und der innere Teil aus bis zu zwanzig Lagen Hornstreifen bestand. Solche Bogen waren mit Pergament, Bast oder Birkenzweigrinde umwickelt und farbig dekoriert. Die ersten Stahlbogen erschienen im 15. Jahrhundert, und die Italiener waren in ihrer Herstellung besonders geschickt. Stahlbogen waren stärker als die hölzernen, aber, wie wir später sehen, waren sie nicht immer zu gebrauchen.

Die Sehnen für die Armbrust wurden gewöhnlich aus Tiersehnen gemacht. Der Ruf der guten Sehnen, die von Antwerpener Handwerkern gemacht werden, hat sich bis auf den heutigen Tag erhalten.

Vom Anfang bis zum Ende des 12. Jahrhunderts wurden Armbrustsehnen, wie auch die der herkömmlichen Bogen, von Hand gezogen. Jedoch hatten diese Armbrüste weder eine große Reichweite noch eine hohe Durchschlagskraft.

Dies führte zur Einführung stärkerer Bögen, die nicht mehr so leicht gespannt werden konnten. Als sie stärker wurden, wurde der Bogen auf den Boden gestellt und mit den Füßen gehalten, während der Rücken und beide Arme benötigt wurden, um die Sehne zu spannen. Bis zu dieser Zeit war der Bogen am Vorderteil des Schaftes festgebunden. Später wurde er durch ein Zapfenloch geführt, einige Zoll unterhalb des Schaftendes, während ein metallener Bügel zugefügt wurde, in den man den Fuß beim Spannen stellen konnte. Der Fußbügel wurde auch beim Bogenspannen mit Hilfe von „Strick und Rolle", mit Gürtel sowie mit „Gürtel und Klaue" benutzt.

Der Wolf kann 1,60 m lang, 0,85 m groß und etwa 70 kg schwer sein. Während der Renaissance wurde der Wolf durch Treibjagden zu Pferd mit dem Spieß, dem Jagdschwert oder der Armbrust erlegt. Die Bewohner der russischen Steppengebiete praktizierten die Treibjagd zu Pferde bis zum Ende des 19. Jahrhunderts.

Wolfsjagd, Kupferstich von Stradanus, zweite Hälfte 17. Jahrhundert

Beim Gebrauch von „Strick und Rolle“ (Flaschenzug) wurde das eine Ende des Strickes am Gürtel befestigt und das andere am Schaft eingehakt. Der Benutzer bückte sich nun mit gebeugten Knien und befestigte den Haken der Rolle an der Sehne. Er spannte den Bogen durch sein Aufrichten und das Strecken der Beine. Beim Spannen mit „Gürtel und Klaue“ wurde die Klaue am Gürtel befestigt und an der Sehne eingehakt. Der Bogen wurde durch einen Stoß mit dem Bein gespannt, wobei sich der Fuß im Bügel befand.

Diese Art, eine Armbrust zu spannen, kam im 14. Jahrhundert auf und sie wurde bis zum Beginn des 15. Jahrhunderts angewandt. Eine Spezial-Vorrichtung kam in dieser Zeit in Gebrauch. Sie war für leichtere Waffen konstruiert worden und wurde wegen ihrer ungewöhnlichen Form „Ziegenfuß“ genannt. Diese Vorrichtung war besonders in England beliebt, wo sie zusammen mit der bevorzugten einfacheren Verriegelung benutzt wurde. Es sollte erwähnt werden, daß die schweren Armbrüste auf den Britischen Inseln nie eine solche Verbreitung wie auf dem Festland erreichten. Der „Ziegenfuß“ bestand aus einer Anordnung von Hebelgliedern, die an der Sehne und am Schaft eingehakt wurden. Manchmal war er dauerhaft fest mit dem Schaft verbunden, meistens jedoch wurde er getrennt am Gürtel hängend getragen.

Zwei Spezialwinden zum Spannen schwerer Bögen erschienen parallel zum Ziegenfuß – eine deutsche und eine englische Entwicklung. Die englische Winde (moulinet = Rolle, Angel) arbeitete nach dem Prinzip des Flaschenzuges, meistens mit zwei, selten mit drei Rollen. Das Seil war an der Sehne befestigt und wurde über die

Nächste Doppelseite:
Luntenschloß-Jagdmuskete, Eigentum von Dionisius Dath, 1627

Zogne Bürst

Röhr

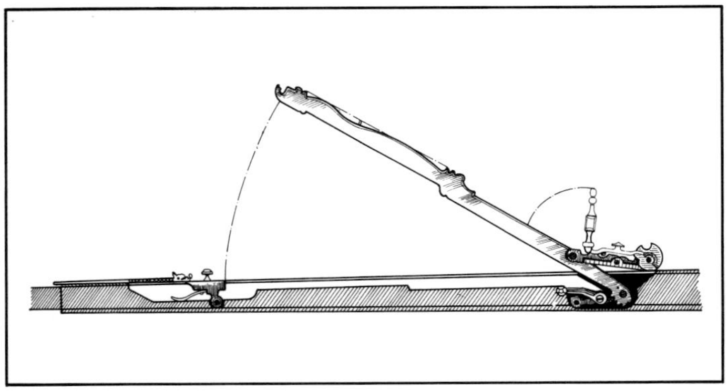

Spanische Kugelarmbrust-Kugelschnäpper, Madrid, um 1510

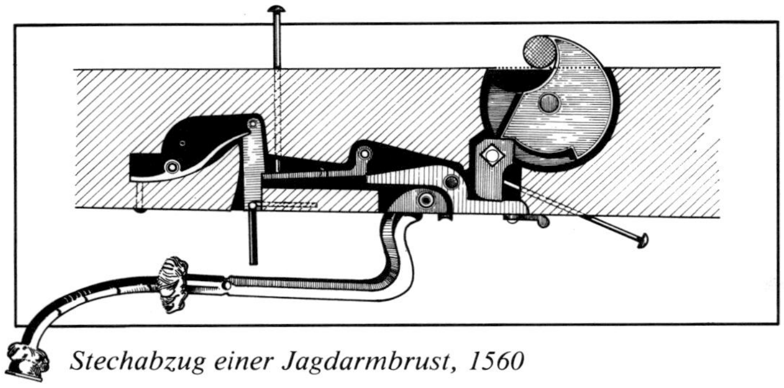

Stechabzug einer Jagdarmbrust, 1560

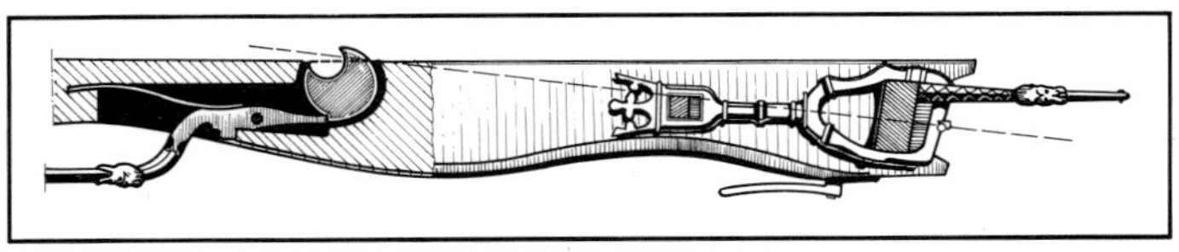

Armbrust Ludwig XIII, Frankreich, um 1490

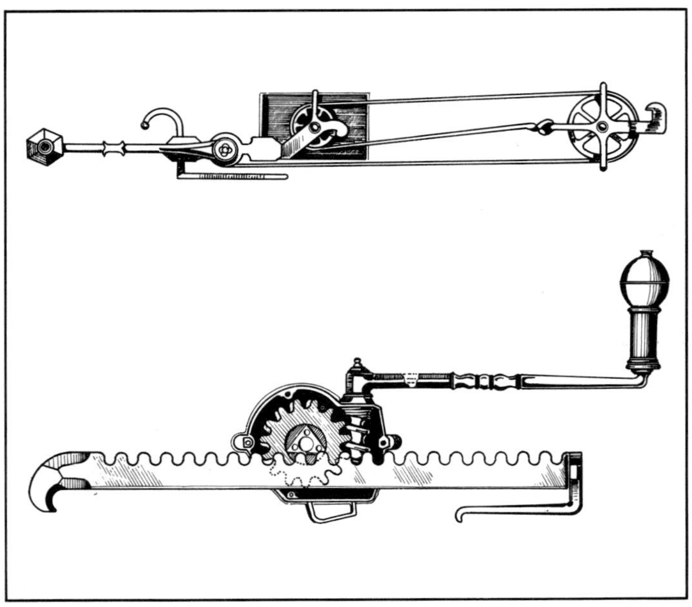

Oben: *Englische Winde (moulinet), um 1490*
Unten: *Deutsche Winde (Kurbel), Steiermark, 1562*

Rollen gezogen. Die Sehne wurde gespannt, indem man eine besondere Kurbel an der Rolle drehte. Die deutsche Winde bestand aus einer Zahnstange und einer Schwinge. Sehr kräftige Bögen wurden manchmal von einer Schraube gespannt, welche durch ein Loch an der Rückseite des Schaftes geführt und an der Sehne befestigt war. Die Flügelschraube mußte gedreht werden, um den Bogen zu spannen. Zahnstange und Schwinge wurden durch eine Kurbel bewegt.

Die deutsche Winde war bis zum Ende des 17. Jahrhunderts in Gebrauch. Ihr Vorteil lag in der Tatsache, daß man sie mit einer Hand halten konnte, während die andere die Kurbel der Spannvorrichtung drehen konnte. Auf diese Weise waren auch Reiter in der Lage, die Armbrust zu benutzen.

Die Armbrust wurde in Spannung gehalten, und der Bogen wurde entspannt durch eine Art „Schloß". Die frühen Armbrustverriegelungen waren vor allem in ihrer Ausführung unterschiedlich. Sie waren nicht wie das Schloß einer Schußwaffe auf einer Platte befestigt, sondern sie bestanden aus jeweils unabhängigen Hebeln, die auf der Pinne oder dem Schaft aufgesetzt waren. Die Hebelachsen waren Bolzen, die von der einen zur anderen Seite des Schaftes durchgingen. Im 16. Jahrhundert wurde der Typ von Schloß eingeführt, der für einige Jahrhunderte auch bei Feuerwaffen benutzt wurde. Dabei war der Mechanismus auf einer Platte aufgebaut, die dann am Schaft befestigt wurde. Der Schuß wurde über einen „Tricker" („Gauner") oder Nadelabzug ausgelöst.

Ein besonderer Typ von Armbrust wurde im 15. Jahrhundert in Spanien entwickelt. Sie wurde *arbalete à jalet* (Kugelarmbrust oder Kugelschnäpper) genannt. Sie verschoß anstelle von Pfeilen kleinere Steine oder Kugeln.

Diese Armbrust hatte einen langen leichten Schaft aus Holz oder Stahl, der häufig am Ende in einer Kugel oder knaufartig auslief. Die Sehne war doppelt und hatte in der Mitte ein Beutelchen, welches das Geschoß aufnahm. Viele dieser Waffen waren mit Einlegearbeiten oder Schnitzereien verziert.

Während des 16. Jahrhunderts wurde die *Kugelarmbrust* in Deutschland und Italien in erster Linie bei der Jagd benutzt. Diese träge Waffe war eine echte Herausforderung für ihren Besitzer im Hinblick auf ihre Ungenauigkeit und die Schwierigkeit, die Schußweite zu beurteilen.

Rechts: *Der deutsche Kaiser Maximilian I. liebte es, sowohl mit der Armbrust als auch mit dem Kugelschnäpper zu jagen. Hier ist er abgebildet, wie er mit seiner Armbrust einen Bolzen mit einer „ungewöhnlichen" Spitze abschießt. Kupferstich, 16. Jahrhundert, unbekannter Meister*

Nächste Doppelseite:
Luntenschloß-Jagdmuskete, Mitteleuropa, 1634

1654
A

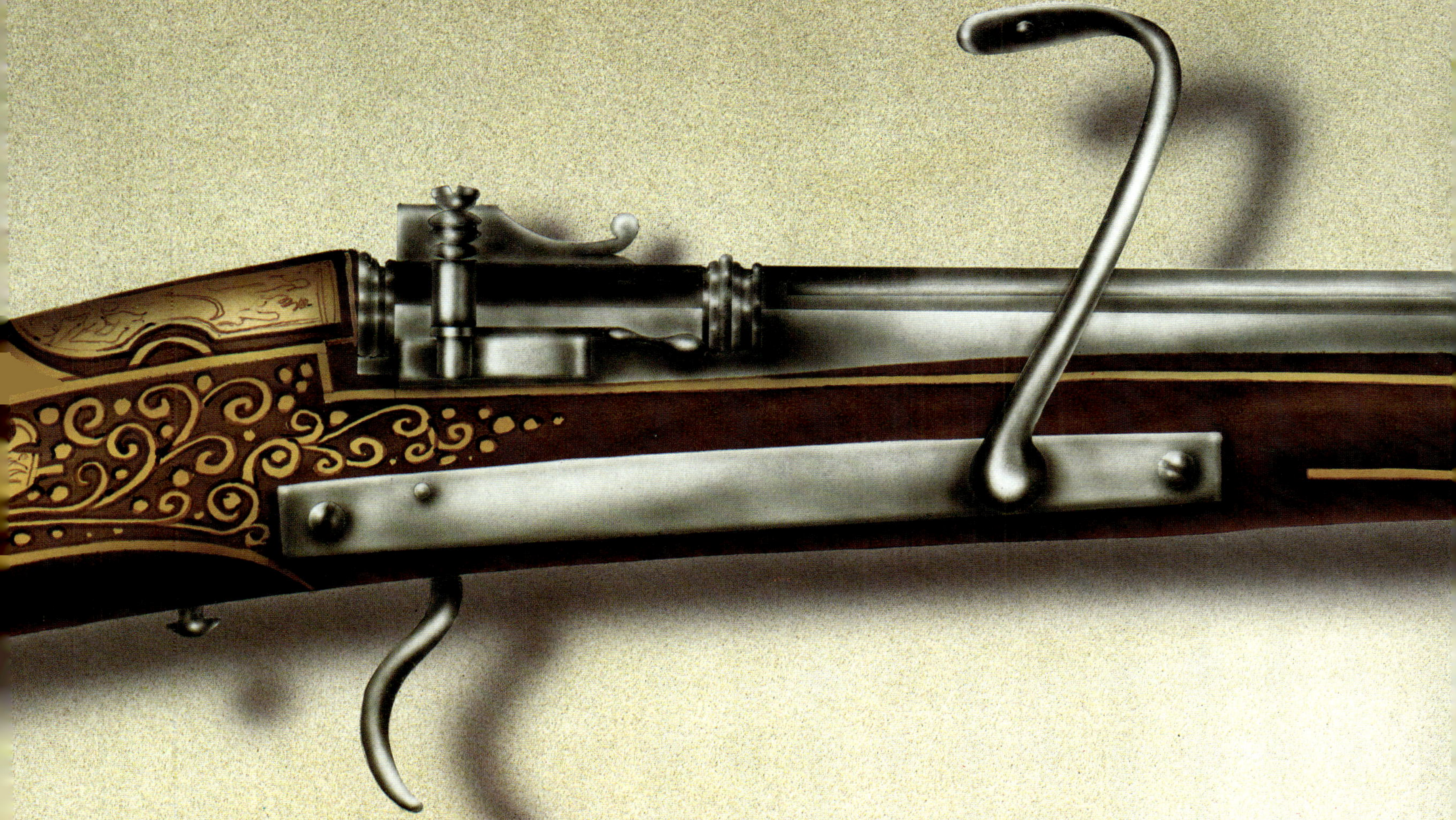

Muskete

Jedenfalls war die herkömmliche Armbrust für den Jäger weitaus brauchbarer als die unberechenbare *Kugelarmbrust*. Nach dem Verschwinden von den Schlachtfeldern als technisch überholte Waffe, blieb die Armbrust jedoch eine der beliebtesten Jagdwaffen. Der bedeutsamste Vorteil der Armbrust gegenüber den ersten Feuerwaffen für die Jagd, war ihre Fähigkeit zu schießen, ohne Rauch und Lärm zu verursachen, verbunden mit hoher Genauigkeit und Durchschlagskraft. Die Armbrust wurde bei der Jagd nie so geringgeschätzt, wie es auf den Kriegsschauplätzen der Fall war.

Die Armbrust wurde im frühen 13. Jahrhundert zuerst bei der Jagd benutzt. Nach ihrem Verschwinden von den Schlachtfeldern blieb sie bis zum Ende des 17. Jahrhunderts noch als Jagdwaffe im Gebrauch. In England wurde sie bis zum 19. Jahrhundert und in einigen skandinavischen Ländern bis zum Beginn des 20. Jahrhunderts benutzt. Überdies wird diese Waffe von einigen Jägern immer noch bevorzugt.

Als Jagdwaffe hatte die Armbrust den Höhepunkt ihrer Beliebtheit in der Renaissance. Maximilian I. hatte so viel Hochachtung vor dieser Waffe, daß er ihr sogar einige Aufmerksamkeit in seinem *Geheimen Gjaidbuch* schenkte. Der Kaiser führte aus, daß im Winter besser ein Bogen aus Holz oder Bein benutzt werden sollte, während ein stählerner besser für warmes Wetter sei. Tatsächlich war diese Einteilung der Waffen in bezug auf die Außentemperatur jedem erfahrenen Soldaten seit dem Erscheinen der ersten metallenen Bögen bekannt. Bei sehr kaltem Wetter war Stahl weniger elastisch und daher weniger wirksam.

Die Armbrust konnte zu jeder Art von Jagd benutzt werden, wenn sie mit dem passenden Pfeil ausgestattet war. Armbrustpfeile (oder „Bolzen“) unterschieden sich deutlich von den Pfeilen, die für gewöhnliche Bögen benutzt wurden. Die Pfeile der Armbrust waren viel kürzer und schwerer als übliche Pfeile, und sie hatten eine Spitze mit einer quadratischen Basis. Diese Pfeile waren bis zu 350 mm lang und ihr Schwerpunkt lag am Ende des ersten Drittels, gemessen von der Spitze. Damit sie eine gleichmäßigere Flugbahn ausführten, waren die Pfeile für die Jagd entweder mit Federn ausgestattet, die aus dünnen Elfenbeinblättern gemacht waren, oder mit echten Schwanenfedern. Diese Stabilisatoren waren parallel zum Schaft oder in einem Winkel von 1,5 Grad angebracht.

Im Prinzip bestimmte die Jagdart selbst, welche Art von Pfeilspitze benutzt wurde. Der Grundtyp war spitz, seinem Gewicht entsprechend wurde er eingeteilt. Leichte Spitzen wurden für die Großvogeljagd verwendet, während schwere für die Jagd auf Bären und andere große Pelztiere benutzt wurden. Eine besondere Doppelspitze wurde für die Gemsenjagd benutzt. Sie erinnerte an eine Gabel. Diese Art von Spitze war sehr wirksam, aber sie störte die Flugstabilität des Pfeiles, so daß das Ziel nur mit großer Schwierigkeit zu treffen war. Pfeile mit eingeschnittener Schneide wurden bei der Vogeljagd verwendet. Die eingeschnittene Schneide konnte flach (rechtwinklig zum Schaft) sein oder gehöhlt und halbkreisförmig („mads“). Leichte Ausführungen dieses Pfeiles waren für die Entenjagd brauchbar, weil sie im Grunde genommen im Flug nicht zu hören waren.

Ein besonders interessanter Pfeil war der, welcher eine flache Platte oder Kugel an der Spitze hatte. Das war der sogenannte Stoß- und Prallpfeil. Er hatte einen zweifachen Zweck zu erfüllen. Tiere mit wertvollem Pelz wurden betäubt und niedergestreckt, während das Fell unbeschädigt blieb. Auch konnte der ziemlich teure Pfeil erneut benutzt werden. Im Hinblick auf seine geringe Schußleistung konnte diese Art des Pfeiles nur bei der Jagd auf kleine Pelztiere eingesetzt werden.

Eine Ableitung von dieser Ausführung ist der Pfeil mit einer kronenförmigen Spitze, der wegen seines Gewichtes ausschließlich zur Adler- und Falkenjagd benutzt wurde.

Jost Ammann: Eine Gruppe von Kriegern mit Luntenschloß-Musketen, um 1560, nach A. Essenwein

FEUERWAFFEN

Lunten- oder Zündschloßwaffen

Das erste Drittel des 14. Jahrhunderts brachte in Europa das Aufkommen der Handfeuerwaffen. Die frühesten Darstellungen dieser Waffen sind sicherlich die Bilder von Walter de Milimete, Kaplan von König Edward III. von England, gemalt 1327. Tatsächlich waren dies einfache birnenförmige oder flache Metallröhren (Pixis, Büchsen, Gefäße, Eisentöpfe – pot de fer) aus welchen Metall- und Steingeschosse und Pfeile verschossen wurden. Das Pulver wurde durch einen rotglühenden Metallstab entzündet, zuerst durch die Mündung und später durch das Zündloch. Die erste bedeutende Veränderung wurde am Ende des 14. und Anfang des 15. Jahrhunderts gemacht, als das Zündloch vom Scheitel des Rohres zur rechten Seite verlegt und für die Zündung eine sogenannte Zündpfanne angebracht wurde.

Es war immer noch nicht möglich, mit dieser primitiven Feuerwaffe genau zu treffen. Ihre Reichweite war sehr begrenzt, und die eigentliche Wirkung war mehr psychologischer Natur. Der Feind wurde mehr durch den Rauch, das Feuer und den Lärm erschreckt, als durch das Geschoß verletzt. Das macht es verständlich, warum die Jäger des 14. Jahrhunderts dieser Neuheit keine Aufmerksamkeit schenkten. Dennoch verbesserten einige Erfindungen in den folgenden Jahrhunderten die Brauchbarkeit der Feuerwaffen grundlegend. Die ersten Jahrzehnte des 15. Jahrhunderts brachten die Einführung der ersten Schlösser bei den Feuerwaffen. Es ist schwer zu bestimmen, wann genau dieser Mechanismus eingeführt wurde. Jedenfalls verweist bereits ein Rechnungsbuch unter dem 19. November 1439 in Preßburg (heute Bratislava) auf „... zwei Schlösser, um die Arkebusen zu zünden.“ In jedem Fall war hier die Rede von einem Serpentinenschloß mit S-förmigem Hebel (Luntenschloß). Es hatte eine festsitzende glimmende Lunte oder einen Zündschwamm an dem einen Ende.

Die Verbindung mit dem Schaft stellte ein durch die Mitte der Abzugswelle gehender Querbolzen her, während der untere Teil als Abzug diente. Ein Druck auf den Abzug bewirkte, daß das obere Ende des Abzughebels in die Zündpfanne tippte und das feine Pulver entzündete. Ein wesentlich fortschrittlicheres Schloß wurde im 15. Jahrhundert aus dem Serpentinen-Schloß heraus entwickelt, und sein Gebrauch hatte den Höhepunkt im späten 16. und dann im 17. Jahrhundert. Dieses verbesserte Luntenschloß bestand aus einem Hebelsystem mit Rückholfeder, Abzugklinke und Luntenhalter, alles zusammen auf einem Schloßblech montiert. Diese Bauweise ermöglichte das Spannen des Luntenhalters, sichereres Abfeuern und ebenso einfacheres Handhaben und Zielen.

Nächste Doppelseite:
8schüssige Drehtrommel-Jagdmuskete mit Luntenschloß, Deutschland, erstes Jahrzehnt des 17. Jahrhunderts

Luntenbüchse

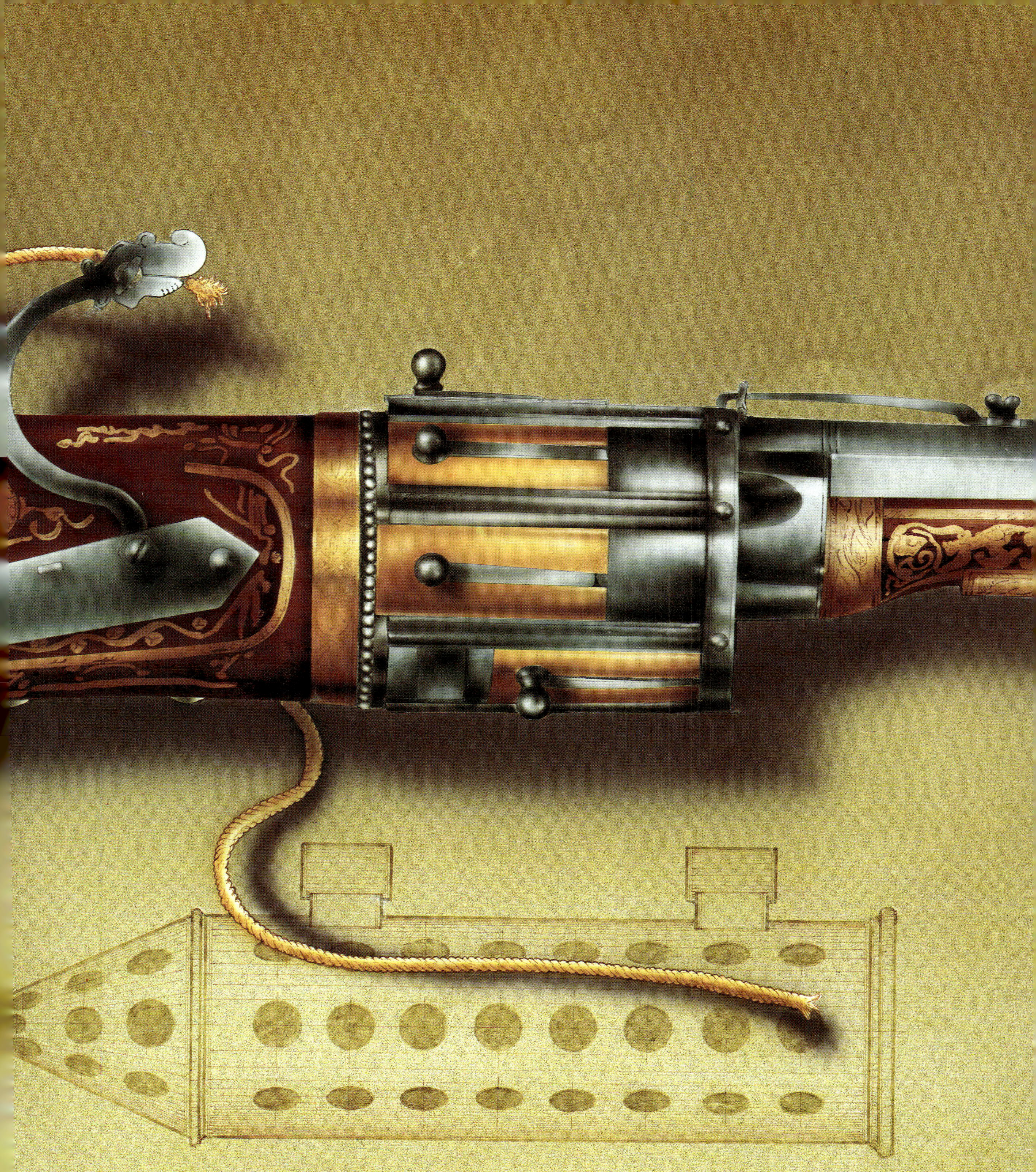

untenverberger (Nach Tierbach)

Die Handfeuerwaffen des frühen 16. Jahrhunderts können hinsichtlich ihrer taktischen und technischen Merkmale und der Art ihrer Handhabung in zwei Gruppen eingeteilt werden. Die erste Gruppe umfaßt lange und schwere Arkebusen (Hakenbüchsen), die zweite die viel leichteren Handfeuerwaffen (Handrohre). Zeitgenössischen Berichten zufolge wurde die Gruppe der Arkebusen wiederum unterteilt. Den wichtigsten Platz nahmen sicherlich die Doppelarkebusen (Doppelhaken) ein. Entsprechend ihrem Gewicht (10 – 30 kg), ihrer Länge (2 – 3 m) und ihrem Kaliber (15 – 28 mm) betrachtete man die Doppelarkebuse als eine Artilleriewaffe. Sie wurde mit Bleikugeln geladen, die 4 – 8 Löth (70 – 140 g) wogen und von Wällen, Schiffsreelingen und Feldwagen aus abgefeuert. Für den Gebrauch auf dem Schlachtfeld wurden die Rohre der Doppelarkebuse mit einer Art Dreifuß am Boden befestigt. Der zweite Waffentyp, der zur Kategorie der Arkebusen gehörte, war die reguläre Arkebuse (Hakenbüchse), etwas leichter im Gewicht (ca. 15 kg) und kürzer in der Länge (ca. 1 m). Sie wurde mit Bleikugeln von 2⅔ – 4 Löth (46,7 – 70 g) geladen.

Die oben genannten Waffen hatten einen Haken an der unteren Seite des Laufes, weswegen sie Arkebusen oder Hakenbüchsen genannt wurden. Die Ausdrücke *Arkebuse, Archibuso* und *Arquebuse* sind abgeleitet von der romanischen Übertragung des deutschen Wortes *Hakenbüchse,* wenn es auch eine Annahme gibt, daß dieses Wort eine sprachliche Neubildung aus dem Italienischen ist – *Arcabouza* – das bedeutet „Bogen mit einem Mund". Der Haken ruhte während des Gebrauchs auf einem festen Grund und zwar um den Rückstoß, der bei der Zündung des Pulvers entstand, abzufangen. Mit der Zeit verschwand der Haken, aber der traditionelle Ausdruck hielt sich noch längere Zeit. Das Lauf-Ende bei den frühen Arkebusen war entweder an den Lauf geschweißt oder mit dem Lauf in einem Stück gegossen. Es hatte einen besonderen Schweifteil. Das Schweifteil diente entweder als ein primitiver Griff, oder es wurde dazu benutzt, um eine einfachere Befestigung am Schaft zu erzielen. Am Ende des 15. Jahrhunderts kam eine technische Neuerung auf. Eine Verschlußschraube (die sogenannte Schwanzschraube) verschloß nun den Lauf. Diese Neuerung war von höchster Bedeutung für die innere Konstruktion des Laufes. Sie vereinfachte es, den Lauf zu bohren und ermöglichte das Ziehen des Laufes.

Rechts: *Detail einer Muskete mit Drehtrommel, Deutschland, erstes Jahrzehnt des 17. Jahrhunderts*

Nächste Doppelseite:
Radschloß-Hakenbüchsen (Arkebusen) für die Jagd, 16. – 17. Jahrhundert

Es gibt zwei Versionen über den Ursprung des Wortes „harquebuse". Folgt man der einen, so ist es eine Ableitung von der deutschen Wortschöpfung „Hakenbüchse". Nach der zweiten stammt der Begriff von dem italienischen Wort „arcabouza" ab (Bogen mit einem Mund).

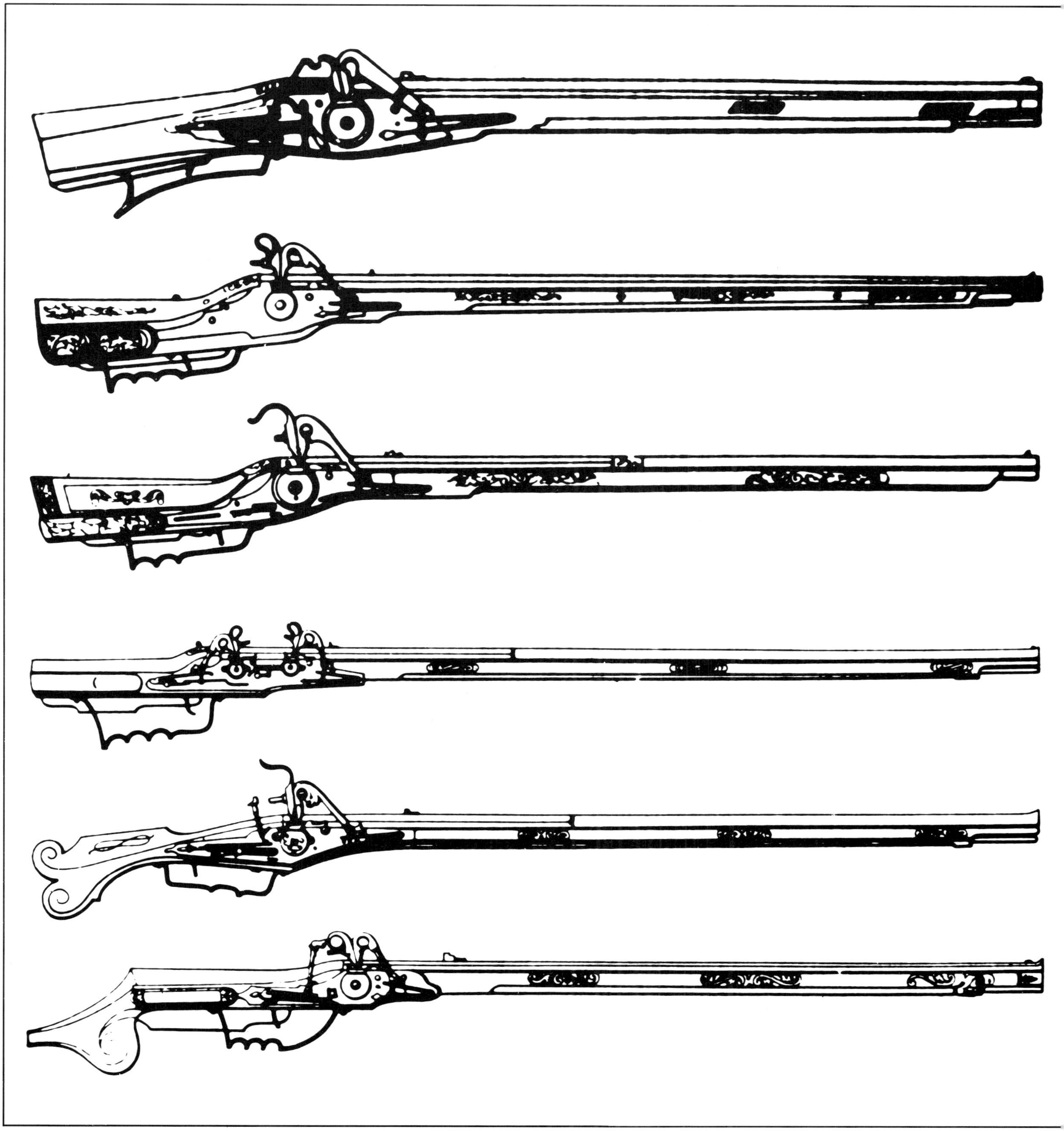

Oben: *Verschiedene Typen von Radschloß-Arkebusen, 16. – 17. Jahrhundert (Landeszeughaus Graz)*

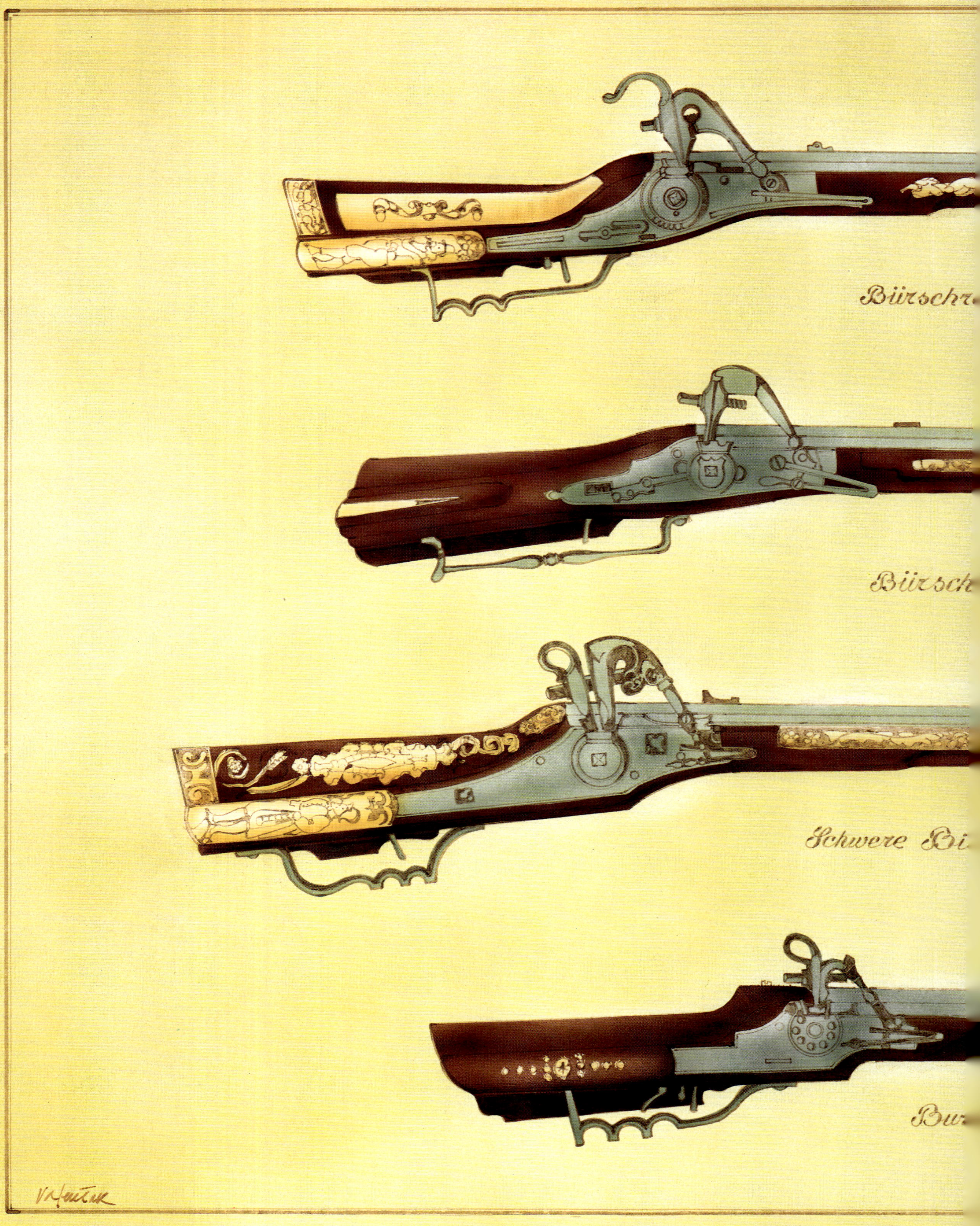
Bürschr
Bürsch
Schwere Bi
Bur

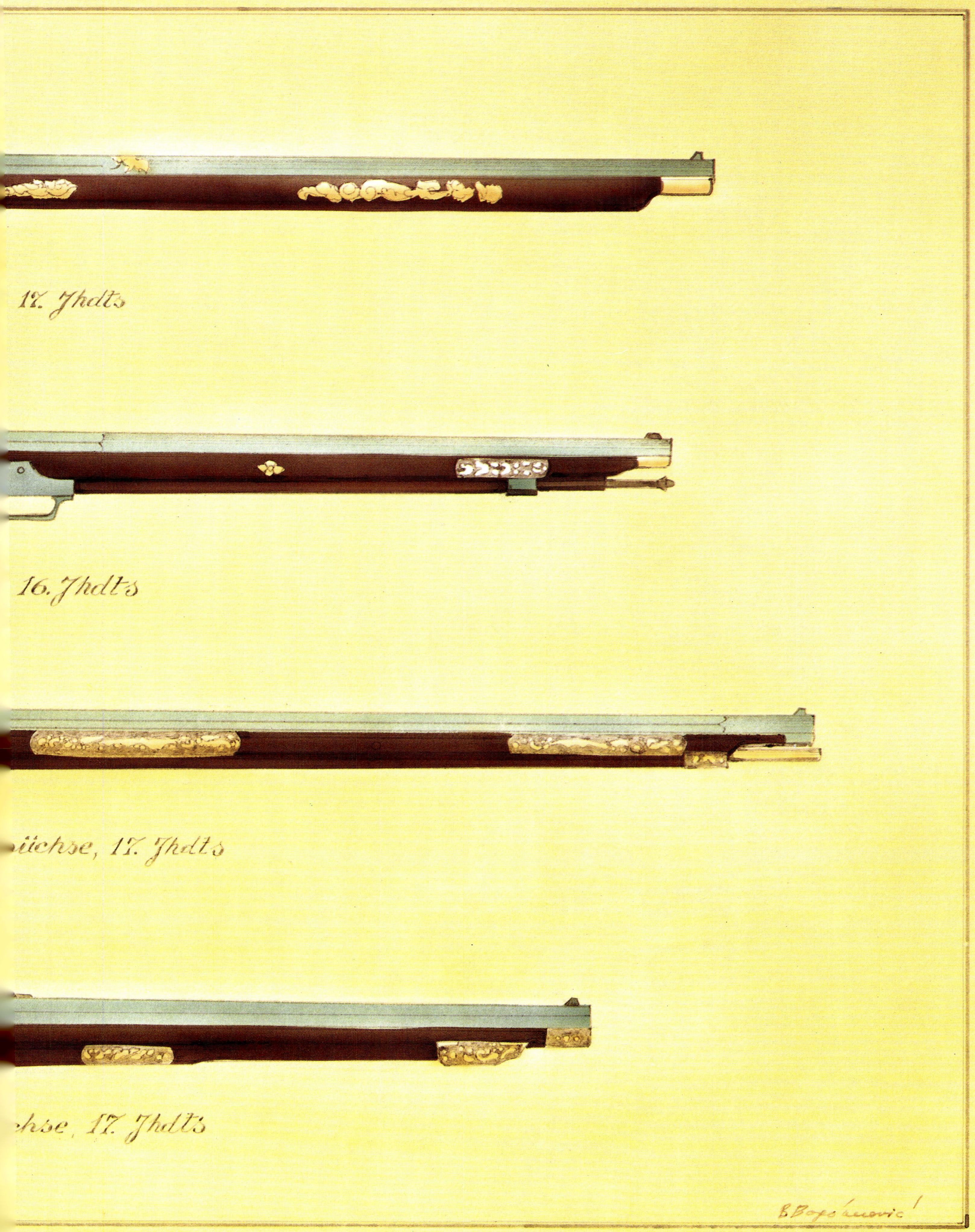

17. Jhdts
16. Jhdts
üchse, 17. Jhdts
chse, 17. Jhdts

Im Gegensatz zu den großen Arkebusen, die gleichzeitig von mehreren Personen bedient werden mußten, konnten die anderen Arten der Feuerwaffen, besonders Handfeuerwaffen, leicht von nur einer Person benutzt werden. Nach Froissart waren bereits 1369 die Soldaten des Sir John Chandos in England mit Handfeuerwaffen ausgerüstet. Einige Jahre später sieht William de Sleaforde, Bewahrer der Privatschatulle, den Betrag von dreizehn Schillingen vor, um acht Waffen mit leichten Läufen auszustatten. Nach der bekannten Militärreform durch Maximilian I. im Jahre 1499 wurde ein Teil der deutschen Fußtruppen mit dieser leichten, praktischen Waffe ausgerüstet. Diese Soldaten wurden „Schützen" genannt und diese Bezeichnung wurde später auch auf die Soldaten ausgedehnt, die mit Doppelarkebusen ausgerüstet waren. Es gab je nach Region und Dialekt verschiedene Bezeichnungen für die leichten Handfeuerwaffen, mit denen die Schützen bewaffnet waren. Es sollte erwähnt werden, daß selbst die Handfeuerwaffen, die im Allgemeinen nicht mit einem Haken versehen waren, dennoch gewöhnlich als „Halbhaken" bezeichnet wurden. Trotz vieler Namen blieben sie unter der romanischen Bezeichnung „Arkebuse" bekannt. Andererseits existierten in England die Bezeichnungen *hacquebut* und *hakbut* als eine Alternative zu dem Wort Arkebuse. Jedenfalls wurden in der ersten Zeit Handfeuerwaffen mit einem stark gebogenen Kolben als „hakbut" (England) bezeichnet, vergleichbar der spanischen *culatta castelana* oder *petronel*. Um die Verwirrung noch größer zu machen, wurde die kleinere Version der gleichen Waffe, der Vorläufer der Pistole, Halb-Hakbut oder „Halb-Hag" genannt. Die europäischen Infanteriearkebusen waren etwa 1,30 m lang, wogen nur 2,33 kg und hatten ein Kaliber von 16 – 18 mm. Man verwendete Bleikugeln von 1½ – 2½ Löth oder 1/20 Pfund. In England waren die Arkebusen 3⅗ Fuß lang und mit einem Lauf von 50 bis 76 cm Länge versehen. Die große Vielfalt der Kaliber brachte erhebliche Probleme im Hinblick auf die Munitionsversorgung mit sich. Dieses Problem wurde ganz eindeutig in der piemontesischen Armee vor der Schlacht von Moncontour im Jahre 1569 entschieden. Zum Zwecke der Standardisierung wurden 7000 „Arkebusen vom Kaliber des Herrn Prinzen" – des gleichen Kalibers angeschafft.

Bei den Soldaten war sie überall als *Kaliber des Prinzen* oder kurz *Kaliber* (anglisiert in *Caliver)* bekannt.

Arkebusen und Caliver (Muskete) verloren bald ihre Beliebtheit bei den europäischen Fußtruppen, aber sie waren als Jagdwaffen in der späten Renaissance- und dann Barockzeit noch im Umlauf.

Eine neue, bequemere Waffe, die Muskete (Musquetta, Moschetta), kam im zweiten Jahrzehnt des 16. Jahrhunderts in der spanischen Armee Karl's V. auf.

Die Muskete wurde durch die Soldaten des Herzogs von Alba während seiner Befriedung der Niederlande in der Zeit von 1567 – 1573 in Europa eingeführt. Schon vorher war dieser Waffentyp von allen Armeen des alten Kontinents angenommen worden.

Im Vergleich zu den Arkebusen hatte die neue Waffe auf Grund ihres längeren Laufes (1,10 – 1,20 m) eine viel höhere Reichweite (240 m). Jedenfalls vergrößerte die Lauflänge die Gesamtlänge auf 1,75 m und das Gewicht der Waffe auf 5 – 10 kg. Es war gerade das große Gewicht der Muskete, das für die Einführung einer Stütze sprach, die von dem Schützen während des Abfeuerns benutzt werden konnte. Frühe Musketen verschossen Bleikugeln von 1/10 Danziger oder Kölner Pfunden (ca. 0,50 kg) mit einem Durchmesser um 18,3 mm.

In der zweiten Hälfte des 17. Jahrhunderts wurde die Länge der Muskete auf 1,5 m und das Kaliber auf 17 – 19 mm reduziert. Auf diese Weise wurde ihr Gewicht

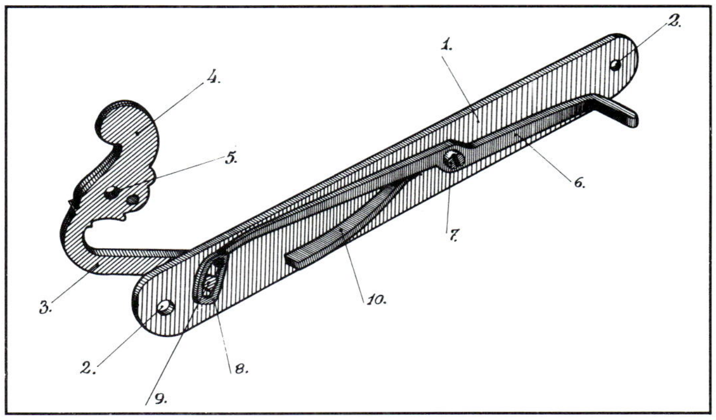

Luntenschloß: 1. Schloßblech (Schloßplatte), 2. Bohrung der Schloßschrauben, 3. Luntenhalter, 4. Backen, 5. Bohrung für Klemmschraube, 6. Hebel, 7. Achsschraube zum Hebel, 8. – 9. Nuß, 10. Stangenfeder

auf unter 5 kg gebracht, was wiederum den Gebrauch der Stütze erübrigte.

Zusammen mit der französischen Schaftform wurde die so leichter gemachte Muskete bis zum Beginn des 18. Jahrhunderts die praktischste und am meisten benutzte Waffe in den europäischen Armeen. Die Beliebtheit der Muskete sollte in der Tatsache gesucht werden, daß sie in der Regel mit einem billigen und einfachen (in Gestaltung und Funktion) Luntenschloß versehen war. Dennoch kam dieses Schloß in der Jagd nie in allgemeinen Gebrauch. Feuer und Rauch verrieten dem Wild die Position des Jägers, selbst aus der Entfernung. Zudem war es viel schwieriger, genau zu zielen. Luntenschloßwaffen erschwerten die Beweglichkeit in Wald und Dickicht, und sie waren bei schlechtem Wetter unbrauchbar. Zugegeben, ihre Wirkung bei der Jagd auf kleineres Wild, war besser als die der Armbrust oder des traditionellen Bogens, besonders wenn Geschosse mit abgeflachter Spitze geladen waren.

Deshalb begannen die Feuerwaffen allmählich Eingang in die europäischen Jagdreviere zu finden. Selbst wenn man die offensichtlichen technischen Nachteile unberücksichtigt läßt, so hatten die für den zivilen Gebrauch gedachten Zündschloßwaffen noch ein anderes Hindernis: restriktive Gesetze, erlassen von unumschränkten Herrschern.

So verbot im Jahre 1514 zum Beispiel Maximilian I. ausdrücklich seinen Untertanen mit „Puxen, Stahlen oder andern Geschütz“ auf die Jagd zu gehen. Die Lage auf den Britischen Inseln war etwa die gleiche. Feuerwaffen wurden zugunsten des bevorzugten Bogens seit der Thronbesteigung Heinrich’s VIII. (1509 – 1547) wenig geschätzt. Erst 1537 wurde die erste reguläre Einheit, die sogenannte „Guild of St. George“ (heute bekannt als die „Honourable Artillery Company of London“) gebildet und die Hälfte der Truppe mit Arkebusen ausgerüstet. Diese Einheit hatte ihre eigenen Regeln, die den Gebrauch der Feuerwaffen beim Schießen und Jagen festlegten. Fünf Jahre später war es auch englischen Bürgern und Landbesitzern erlaubt, Arkebusen zu besitzen. Es wurde jedoch festgelegt, daß sie nur zum Scheibenschießen gebraucht werden durften.

So sollten die Feuerwaffen in Europa noch auf die Entwicklung eines technisch fortgeschritteneren Schlosses warten, um die Widerstände zu überwinden und praktisch anwendbare Jagdwaffen zu werden.

Links: *Eine Gruppe von Landsknechten, nach einem Kupferstich, 17. Jahrhundert*

Nächste Doppelseite:
Radschloß-Jagdpistole, 17. Jahrhundert

Faust Rohre

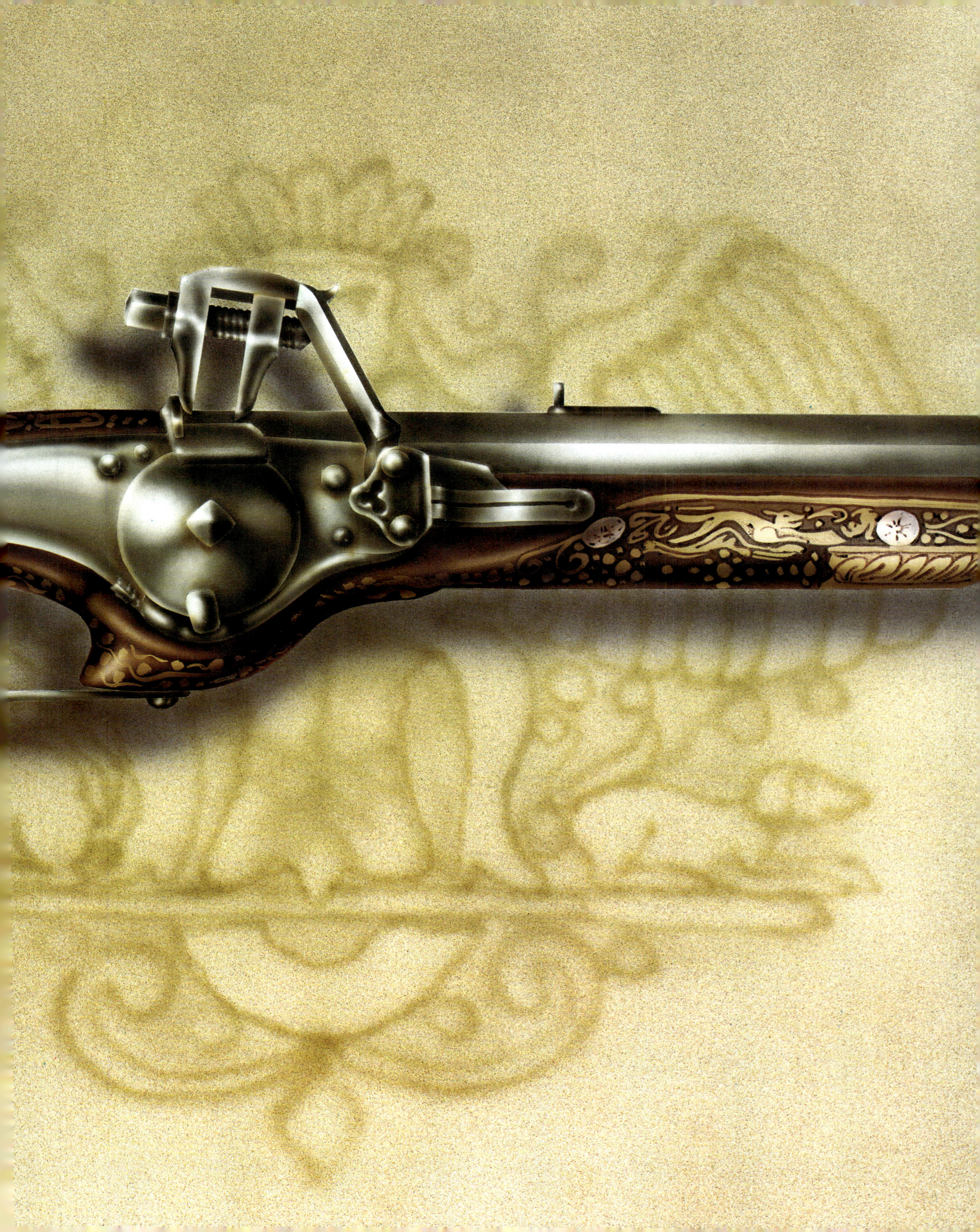

39

Radschloß

Ein neuer Zünd-Mechanismus – das Radschloß – kam im zweiten Jahrzehnt des 16. Jahrhunderts in Gebrauch. Die Hauptteile des Radschlosses waren ein Schloßblech, der Hahn, ein Rad, eine Schlagfeder und ein Hebelsystem mit Kette. Das stählerne Rad war mit einem gezahnten Kamm versehen. Es war durch die Zündpfanne hindurchgeführt und mit der Schlagfeder durch die Kette und dem Hebelsystem verbunden.

Das Rad wurde mit einem Radspannschlüssel bis zu einem bestimmten Punkt aufgezogen und in dieser Stellung festgehalten. Ein Stück Pyrit wurde über dem gezahnten Kamm des Rades in der Hahnlippe befestigt. Durch das Ziehen am Abzug wurde das Rad freigegeben. Bewegt durch die Schlagfeder, begann es sich schnell zu drehen. Die Reibung des Pyrits mit den Eisenzähnen des Rades, verursachte Funken, die das Zündmittel in der Zündpfanne entzündeten.

Diese Art von Zündschloß kam zuerst in Deutschland auf. Einer der ersten, der diese Konstruktion bekannt machte, war im Jahre 1505 ein Martin Löffelholz aus Nürnberg. Etwa zur gleichen Zeit entwickelte und veröffentlichte Leonardo da Vinci einen fast gleichen Mechanismus in seinem Werk *Codex Atlanticus* (folio 391 recto).

Links: *Schütze mit Luntenschloß-Muskete. Kolorierter Holzschnitt von Jakob de Gheyn, Amsterdam, 1608*

Das neue Zündschloß wurde in Europa sehr beliebt, war aber nie erfolgreich jenseits der Grenzen. Andererseits nutzten die Armeen des alten Kontinents die Radschloßwaffe nie in vollem Umfang, weil sie zu teuer und zu aufwendig für den einfachen Infanteristen war. Darüber hinaus war der Gebrauch des Radschlosses für einige Zeit in Europa verboten. Angemerkt sei, daß Maximilian I. dieses Verbot erließ. Es ist leicht möglich, daß die Wirksamkeit dieser neuen Waffe die Menschen der damaligen Zeit beunruhigte und ihn das gleiche tun ließ, wie die Kirche einige Jahrhunderte früher. Auf einem Treffen, das 1518 in Innsbruck abgehalten wurde und unter dem Motto stand „selbstzündende Arkebusen“, erließ Maximilian I. ein Verbot zum Gebrauch und zur Herstellung von Radschloßwaffen. Kaiser Karl V. (1519 – 1556) erkannte alle Vorteile dieses neuen Schlosses und er nahm eine gewogenere Haltung ihnen gegenüber ein. So wurden die Radschloßwaffen rasch verbessert und von der Zeit an als Luxus- und Jagdwaffen benutzt.

Es gab drei Hauptgruppen von Radschlössern: das traditionelle deutsche Schloß, das französische Schloß und das Schloß der Mittelmeerländer.

Der deutsche Typ des Radschlosses, der in Mitteleuropa beliebt war, bestand aus einer Schlagfeder, Hahnteilen und der Abzugstange, die auf dem Schloßblech angebracht waren. Zu Beginn hatte dieser traditionelle Typ von Schloß eine sichelförmige Schlagfeder, die bis 1566 in Gebrauch blieb. Dennoch begann bereits um 1530 die V-förmige Feder sie allmählich zu verdrängen.

Der Hahn des deutschen Schlosses wurde im sechsten Jahrzehnt des 16. Jahrhunderts allmählich verändert. Er begann seine schlanke Form mit der flachen, oberen

Hahnlippe zu verlieren, und er wurde so zunehmend stabiler. Nach 1565 erhielt er eine nach oben gewölbte oder ringförmige Auswölbung, die das Spannen erleichterte. Um die Konstruktion zu verstärken, wurde 1570 eine Brücke in Form eines Geländers hinzugefügt. So wurde eine feste Verbindung zwischen Hahn und Schlagfederschraube geschaffen. Mit der Zeit erkannten die Konstrukteure, daß Schmutz, der in den Radkasten eindrang, häufig die Ursache war, daß die Funktion gestört wurde. Dieses Problem wurde in der zweiten Hälfte des 16. Jahrhunderts gelöst, indem das Rad eine Abdeckung bekam. Tschechoslowakische Autoren vertreten die Ansicht, daß das in der ersten Hälfte des 17. Jahrhunderts geschah, und sie schreiben die innenseitige Konstruktion des Rades dem berühmten Büchsenmacher Maximilian Wenger zu.

Die Entwicklung des deutschen Radschlosses brachte einige technische Verbesserungen. Eine davon war ein Sicherungsmechanismus, der in der Mitte des 16. Jahrhunderts aufkam. Gegen 1543 wurde dazu der Stecherabzug erfunden. Der früheste Typ war der sogenannte altdeutsche – oder Münchener Stecherabzug. Er war charakterisiert durch den nadelartigen Front- oder Vorder-

Radschloß: 1. Schloßplatte, 2. Rad, 3. Lagerring für das Rad, 4. Pfanne, 5. Pfannendeckel, 6. Hahnfeder, 7. Hahn (Hundekopf), 8. Pyrit (Schwefelkies), 9. obere Hahnlippe, 10. Hahnlippenschraube, 11. erste Abzugstange, 12. zweite Abzugstange, 13. Abzugstangenfeder, 14. Hauptfeder (Radfeder), 15. Spindel, 16. Kette, 17. Gegenlager zum Rad, 18. Raststück zum Pfannendeckel, 19. Druckfeder zum Raststück, 20. Achsstift zur Abzugstange, 21. Schrauben

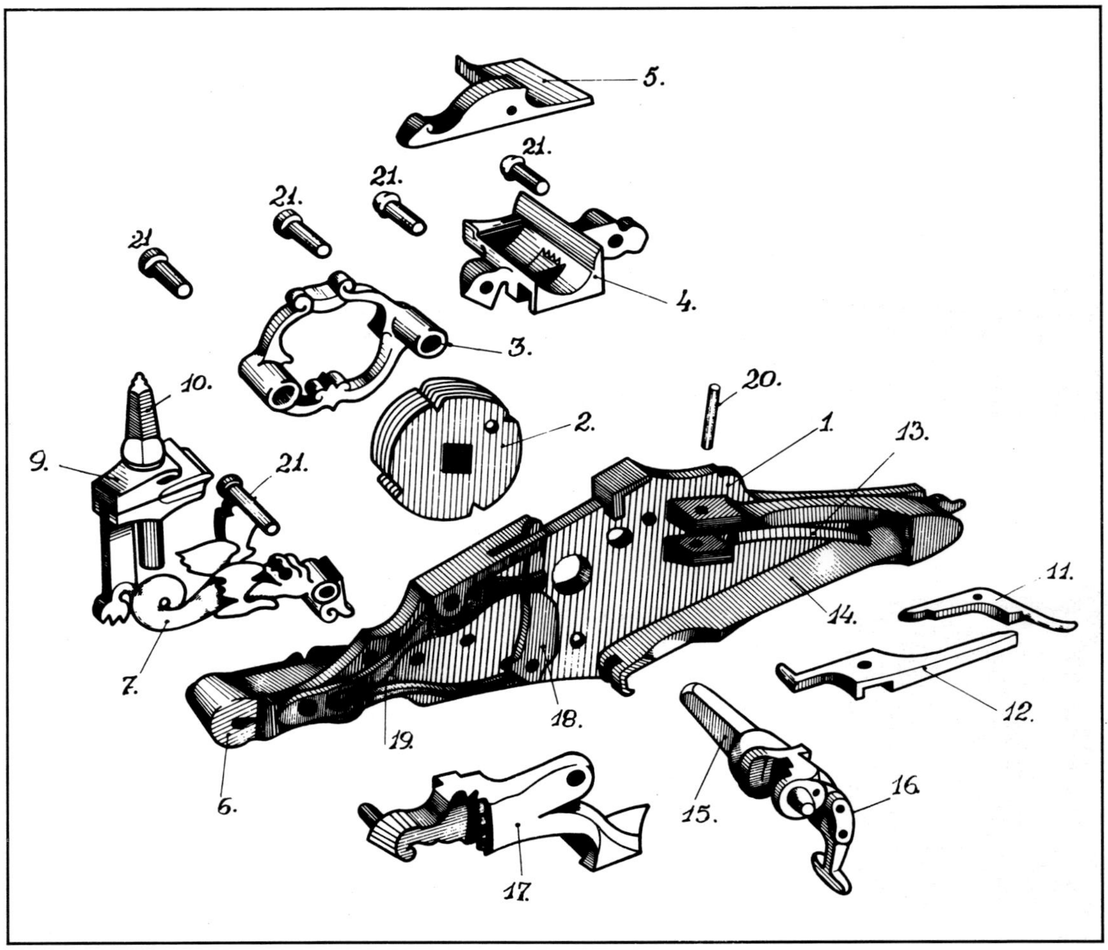

Die Abdeckung war entweder als eine Platte gemacht oder als ein Radgehäusering, der nur das Rad schützte. Nach 1580 begannen sächsische und besonders Dresdener Büchsenmacher damit, die plattenförmigen Abdeckungen mit Löchern zu versehen, um die Reinigung der Radzähne vom sich angehäuften Schmutz und Schmauch des Pulvers zu erleichtern. Es ist anzunehmen, daß aus dem gleichen Grunde Mitte des 17. Jahrhunderts das Rad auf die Innenseite des Schloßbleches verlegt wurde. Tsche-abzug, der die Auslösung des zweiten Abzuges erleichterte, wenn er noch hinten eingestochen war.

Parallel zu den deutschen Systemen wurde in den italienischen Waffenherstellungszentren (Brescia, Gardone V. Trompia) eine leicht veränderte Ausführung dieses Schlosses entwickelt. In Anbetracht seiner Form, der Schlankheit und des geringen Gewichtes, spiegelte das italienische Schloß den Geist der Renaissance in diesem Lande wider. Die Schlagfeder, das Rad, die Kette und die

Hahnfeder waren auf der Außenseite des Schloßbleches angebracht. Die Gestaltung dieses Schlosses sah keinen Schutz vor mechanischer Beschädigung oder dem Eindringen von Schmutz vor. Dennoch erlaubte das geringe Gewicht und die Größe der inneren Teile des italienischen Schlosses dessen Einsatz bei zierlichen und leichten Waffen. Etwas später sollten diese Merkmale eine entscheidende Rolle in der Jagd spielen.

Ähnlich dem italienischen und portugiesischen Schloß war auch der dritte, der französische Typ von Schloß passend für den Gebrauch in leichten Jagdwaffen. Im Falle dieses Schlosses wurde Raum eingespart, indem der obere Teil der Hahnfeder an einem besonderen Platz im Schaft untergebracht wurde, während die Steckachse auf der Schloßgegenplatte blieb.

Feuerwaffen für die Jagd in der Frührenaissance

Bei der fortschreitenden Entwicklung der Feuerwaffen war die Form des Schaftes ebenso bedeutsam wie die Art des Zündschlosses. Es ist gut bekannt, daß die Handfeuerwaffen der *Landsknechte* mit einfachen, flachen Holzschäften ausgerüstet waren, die nicht leicht zu halten waren. William Sleaforde's Handfeuerwaffen waren ähnlich. Der „deutsche" Schafttyp, entwickelt aus diesem, war etwas bequemer. Er hatte einen schweren vielfacettierten und asymmetrischen Kolben mit einer Einkerbung an der linken Seite, um besser das Kinn anlegen zu können, während sich auf der rechten Seite eine Aussparung für die Pyritsteine befand. Diese Aussparung war bedeckt mit einem langen gewölbten Deckel, der aus Holz, Bein oder Horn gemacht war. Der gerade oder leicht zugespitzte Kolben war am Ende im Winkel angeschnitten, während die Schaftplatte die Form eines Kugelknopfes hatte. Der Vorderschaft umfaßte den Lauf in seiner ganzen Länge und er war an ihm mit Nägeln oder Stahlkeilen, die durch besondere Schlitze führten, an seiner Unterseite befestigt. Halteringe kamen in Europa erst in der zweiten Hälfte des 17. Jahrhunderts in Gebrauch.

Gleichzeitig mit den deutschen Schäften erschienen im frühen 16. Jahrhundert in Westeuropa Schäfte romanischen Ursprungs. Dieses waren hauptsächlich Schäfte mit geringer Neigung, beinahe rechtwinkelig (Petrinal) und gebogene Schäfte (culeta castelana). Beide Typen kamen bald in Frankreich, den Niederlanden, Spanien, Portugal und im westlichen Deutschland in allgemeinen Gebrauch. Der italienische Schaft dieser Zeit hatte eine besondere Form. Der Kolben war schneckenförmig abwärts gebogen. Dieser Schaft wurde von vielen Zentren der Waffenherstellung überall in Deutschland in der ersten Hälfte des 16. Jahrhunderts übernommen.

Nächste Doppelseite:
Zubehör für Radschloß-Waffen
oben, von links nach rechts: *Pulverflasche, Kugelbeutel, Pulverflasche und Pulverhorn*
unten rechts: *Radspannschlüssel*

Im wesentlichen waren alle erwähnten Schafttypen sehr unpraktisch. Ihre asymmetrische Form und die Länge erforderten ein Anlegen an Kinn oder Brustkasten (Petrinal), was ein Zielen schwierig und den Rückstoß nahezu unerträglich machte. Der Musketenschaft kam wahrscheinlich um 1560 in Italien auf. Er hatte entweder einen verlängerten, leicht gebogenen Kolben oder der Kolben war mit einer Aussparung versehen, um dort hinein den Daumen der rechten Hand legen zu können. Der Kolben endete mit einer flachen asymmetrischen Platte, deren Form jeweils nach dem Ort der Herstellung variierte.

Die Länge des Kolbens und die Form des Musketenschaftes ermöglichten es dem Schützen zum ersten Male, die Waffe an seiner Schulter anzulegen. Der französische Schaft, der im 17. Jahrhundert aus dem Musketenschaft entwickelt wurde, ist noch im Gebrauch. Im Gegensatz zum Militär, das von Anfang an diese praktische Neuerung übernahm, erwiesen sich die Jäger als sehr viel konservativer. Schwere deutsche Schäfte blieben in Mitteleuropa für fast zwei Jahrhunderte typisches Merkmal der Jagdwaffen. Darüber hinaus konnte man diese altertümliche Form noch bis in das späte 19. Jahrhundert in den Alpen, in Böhmen und im Baltikum antreffen. Die einzige Abweichung von den deutschen Standardschäften erschien in der Mitte des 16. Jahrhunderts bei einigen Jagdgewehren (*Buschrohre*) und Jagdbüchsen (*Pirschbüchsen*). Das Schaftende dieser Waffen hatte eine besondere asymmetrische, schneckenförmige Windung. Es ist bekannt, daß der Adel in den österreichischen Kronlanden in der Zeit von 1578 – 1590 diese Art von Arkebusen von dem Augsburger Händler Hans Frey bezog. Jagdwaffen mit dem schneckenförmigen Kolben waren wegen ihrer aufwendigen Verzierung und ihrer ungünstigen Form bei den Jägern nicht beliebt. Sie wurden in erster Linie von Gardisten in einigen Städten und vom Adel getragen.

Es muß erwähnt werden, daß nicht ohne Grund diese Jagdwaffen mit dem deutschen Schaft so lange in Mitteleuropa in Gebrauch blieben. Das hatte etwas mit dem Jagdstil in der damaligen Zeit zu tun. Es wurde nämlich während der Spätrenaissance ein besonderer Jagdstil in Mitteleuropa entwickelt, der für diesen Raum in der Barockzeit charakteristisch wurde. Es war der sogenannte deutsche Stil.

Die Grundidee war, Großwild in ein umschlossenes Areal zu treiben, wo es dann leichter zu erlegen war. Dazu war eine große Anzahl von Teilnehmern notwendig. Vor Jagdbeginn umschlossen Diener brauchbare Lichtungen oder Geländestücke mit Stoffstreifen oder einem anderen starken Material. Öffnungen wurden nur dort gelassen, wo vermutlich das Wild hineinlaufen würde. Auf der Gegenseite wurden Zelte oder Pavillons errichtet, um die Jäger, ihre Dienerschaft und die Förster unterzubringen. Nach dem Einzäunen umschlossen Treiber das Jagdgelände in einem großen Kreis. Zusammen mit ihren bellenden Hunden verkleinerten sie allmählich den Kreis und trieben das verängstigte Wild zu den Durchlässen, wo die Jäger bereits warteten. Die Jäger schossen dann aus Waffen, die von ihren Dienern geladen worden waren, ohne überhaupt zu zielen. Manchmal wurde das Wild auch in ein Gewässer getrieben, wo das Erlegen noch einfacher war. Diese Jagdart, die von Herzog Moritz von Sachsen zu Ehren Kaiser Karls V. veranstaltet wurde, wurde 1544 von Lucas Cranach in einem Gemälde festgehalten. Die traditionelle Art der „deutschen" Hochwildjagd am Hofe Rudolfs II. wurde 1580 von einem Teilnehmer in seinem Bericht an den Herzog Christian von Sachsen beschrieben. Der „deutsche" Jagdstil blieb bis zum Beginn des 19. Jahrhunderts beim Adel Mitteleuropas beliebt. Mit der Zeit wurde er zu einer richtigen höfischen Festlichkeit.

Rauch und Funken wurden von den Radschloßwaffen erzeugt. Das Wild wurde dadurch zu früh gewarnt, so daß keine Zeit mehr für ein genaues Zielen blieb. Das Aufkommen der eigenwilligen Waffe mit einem „Rauch-Fang" (Schornstein), der an eine Lokomotive erinnerte, war ein Versuch, das zu verhindern.

Rechts: *Jäger mit Armbrust, Tempera nach dem Jagdwappen Kaiser Maximilians I. (1493 – 1519)*

Nächste Doppelseite:
Radschloß-Karabiner (Terzaruole) mit gezogenem Lauf, Italien, 1597

Arkebusierl

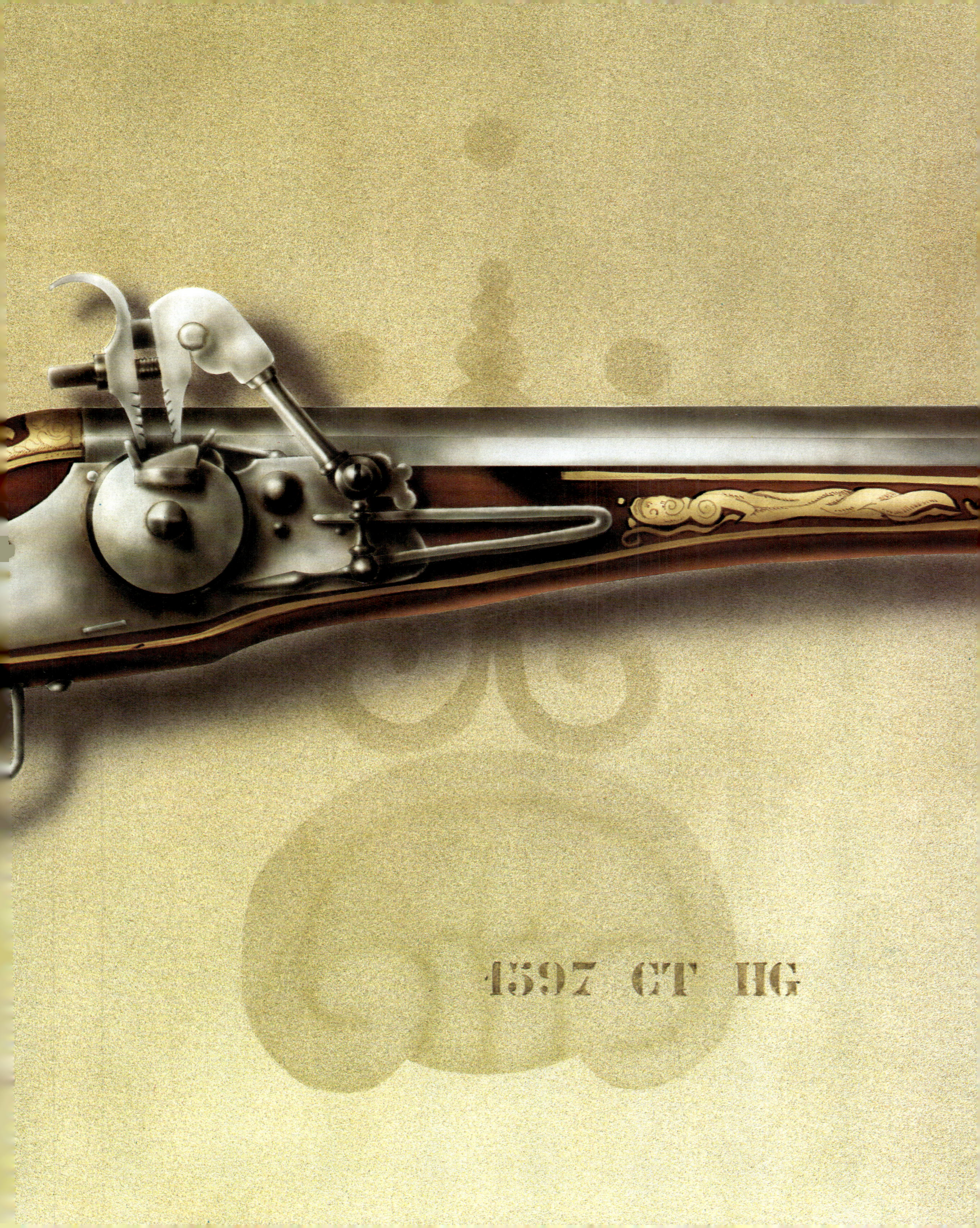
1597 CT HG

Neben deutschen Schäften, kamen in Westeuropa im frühen 16. Jahrhundert auch südländische Formen auf. Es waren in erster Linie gebogene Schäfte wie bei der culata castelana, deren Kolben meistens rechtwinklig waren (Petronel).

Es ist leicht verständlich, daß das Erlegen von Wild in einem umgrenzten Areal oder im Wasser zu einer unbeweglichen Jagd führte. Das ging so weit, daß zeitweise die Jäger von einem Wagen herunter, der über das Jagdgelände gezogen wurde, das Wild schossen. Deshalb ist es leichter verständlich, warum auch Radschloßwaffen mit schweren deutschen Schäften brauchbar waren. Diese Waffe war stabil und lag gut in der Hand des Jägers. Sie war 1,15 m lang und wog etwa 4,75 kg. Sie war mit einem achtkantigen Lauf im Kaliber 13 bis 15 mm ausgestattet.

Schwerere Arkebusen, die etwa sieben Kilogramm wogen, wurden für die Großwildjagd benutzt, weil sie ein sichereres und zuverlässigeres Schießen ermöglichten.

Es mag befremdlich erscheinen, daß Waffen mit so plumpen Schäften stabil und ausbalanciert in den Händen des Jägers lagen. Man sollte jedoch dabei berücksichtigen, daß diese Waffen mit besonders körpergerechten Abzugbügeln ausgerüstet waren. Diese hatten die größte Wölbung nahe dem Abzug. Sie verlief parallel zum Kolben und hatte an der Unterseite wellenförmige Vertiefungen für den kleinen, den Ring- und den Mittelfinger der rechten Hand. Das erlaubte es dem Schützen, die Waffe mit der rechten Hand gegen sein Kinn zu drücken und den Abzug mit dem Zeigefinger zu ziehen. Dennoch beinhaltete diese „deutsche Jagdart“ noch ein anderes Problem. Das Kinn ruhte auf der linken Seite des asymmetrischen Kolbens und das Kinn des Schützen behinderte das Neigen der Waffe sowie deren Führen mit der linken Hand. Dies verlangsamte deutlich die Aktionen des Jägers, der ja die Waffe von der linken Seite von seinem Helfer gereicht bekam. So wurden linksgeschäftete Waffen entwickelt, um die Schußfolge zu beschleunigen. Solch eine Waffe wurde erstmals am 22. Juni 1619 in dem Inventarverzeichnis der Prager Sammlung Rudolfs II. erwähnt. Ihre Konstruktion war sehr einfach. Die Anlage für die Hand am Abzugbügel wurde nach vorn unter den Abzug verlegt. So konnte die Waffe auch mit der linken Hand unmittelbar unter dem Kinn des Schützen gehalten werden. Mit der Zeit wurden die meisten Jagdwaffen abgeändert, so daß ihr seltsames Aussehen verschwand. Dies ist einer der Gründe, warum der wirkliche Zweck der linksgeschäfteten Waffe bis jetzt fast vollständig vergessen worden ist.

Die Jäger waren jedoch nicht nur bei der Jagd auf Großwild unbeweglich, sondern auch bei der Vogeljagd, die nur möglich war, wenn die Vögel sich auf dem Boden befanden.

Diese Art des Schießens war nicht nur in Europa auf dem Festland, sondern auch in England charakteristisch, wo Radschloßwaffen für die Vogeljagd nicht gebraucht wurden. Während der Herrschaft König Heinrichs VIII. wurden sie für Wettkämpfe im Schießen oder den „Popinjay-Sport“ (Abschießvogel-Sport) benutzt. Es wurde dabei auf einen hölzernen Vogel auf einer hohen Stange geschossen. Besonders lange Waffen wurden in England in der Regel für die Jagd auf Niederwild benutzt. Gervase Markham beschreibt 1621 diese Waffe in seinem Werk: *Hunter's Prevention, or the Whole Art of Fowling by Water and Land* (Des Jägers Tarnung, oder die ganze Kunst der Vogeljagd zu Wasser und zu Lande). Zusätzlich gab er dem Jäger eine Anzahl praktischer Hinweise. Zum Beispiel sollten sich Jäger, die sich Vögeln näherten, behutsam verhalten, um sie nicht zu verscheuchen. Markham empfahl daher die Benutzung eines natürlichen Schutzes ebenso wie den Einsatz von erprobten und ruhigen Jagdpferden. Der Autor empfahl auch die Benutzung eines Kleinpferdes, falls man kein geeignetes Jagdpferd finden sollte.

Die ungewöhnliche Länge des Laufes wurde in diesem Buch damit erklärt, daß es notwendig sei, das Geschoß so lange im Lauf zu halten, bis das Pulver ausgebrannt und damit seine volle Treibkraft entwickelt habe. Die Länge dieser Waffen lag bei 5 – 6 Fuß (1,52 – 1,83 m), und sie waren meistens im Kaliber 12 (18,5 mm) hergestellt.

Am Ende des 16. Jahrhunderts wurden auch in Mitteleuropa extrem lange Waffen für die Niederwildjagd benutzt. Dieser Waffentyp wurde *Karren-Gewehr* genannt. Die Reichweite betrug über 500 Schritt (375 m), was ein

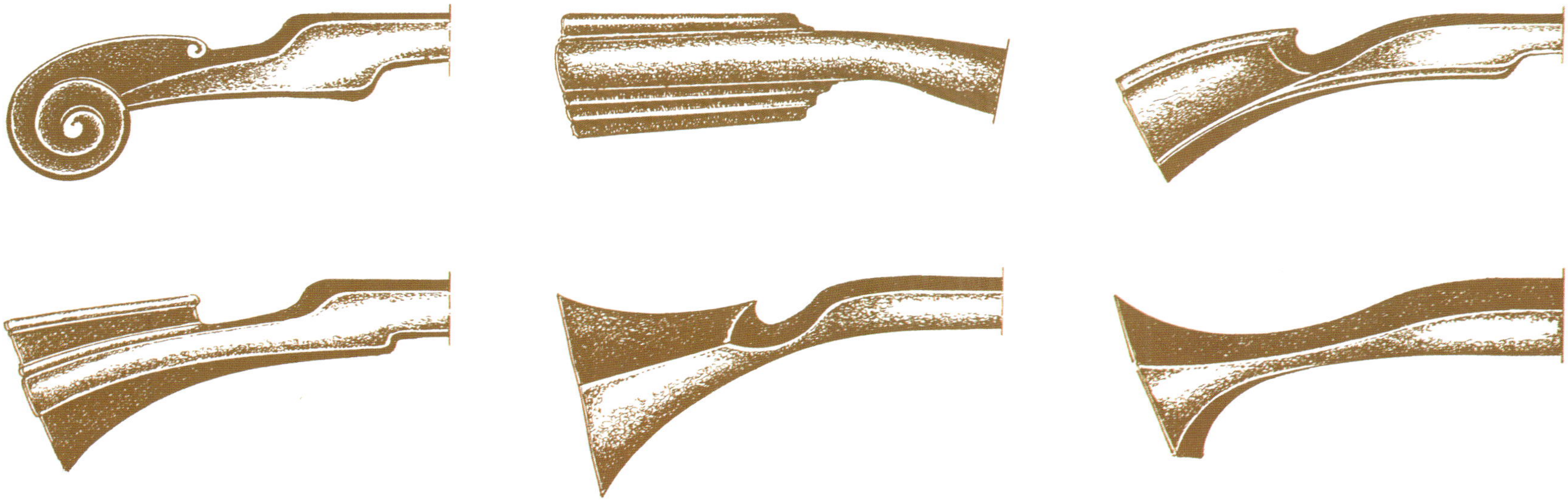

Oben und gegenüber: *Kolbentypen von Waffen vom 16. bis 18. Jahrhundert*

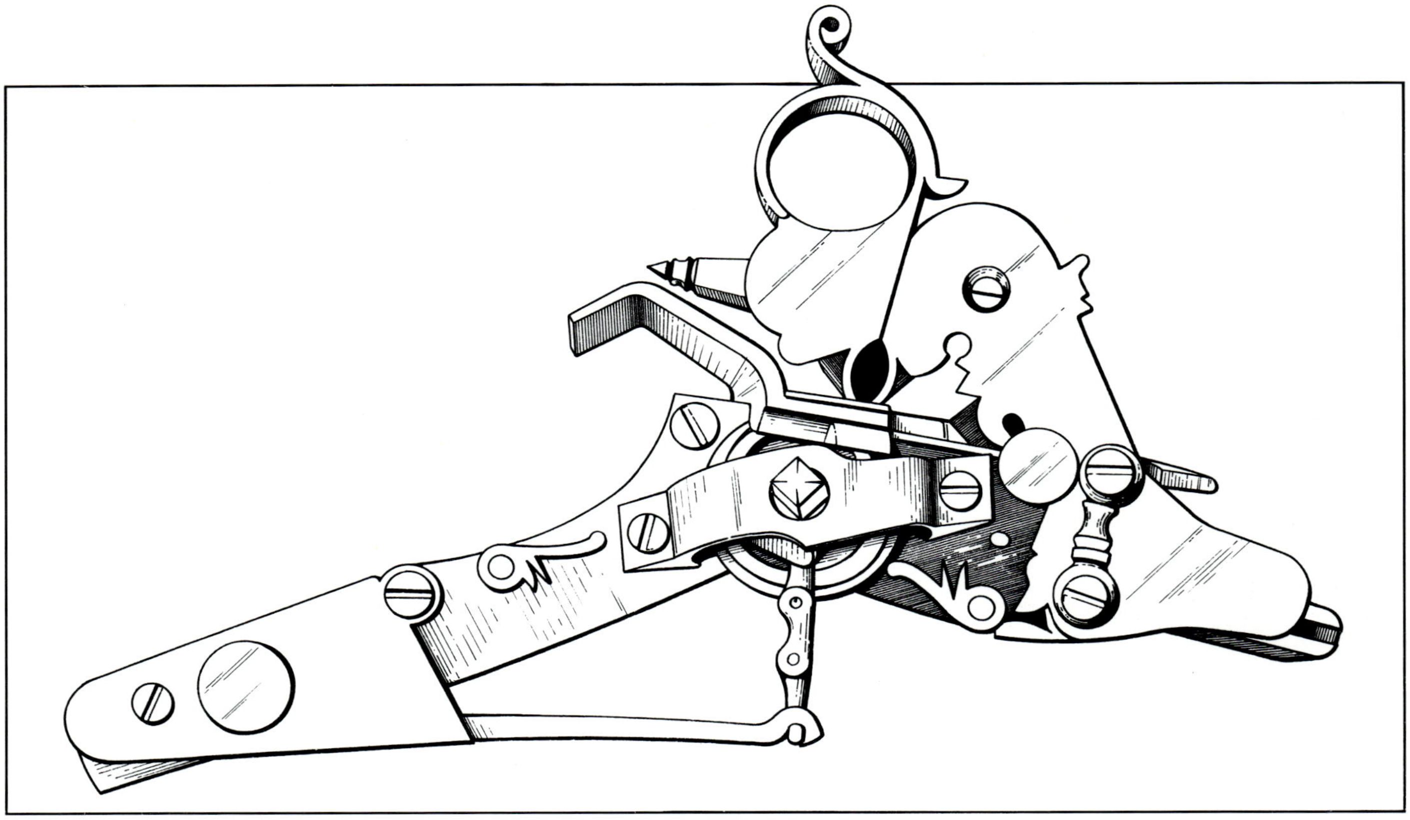

Oben: *Italienischer Radschloßtyp auf einem Teschner-Gewehr, 17. Jahrhundert*

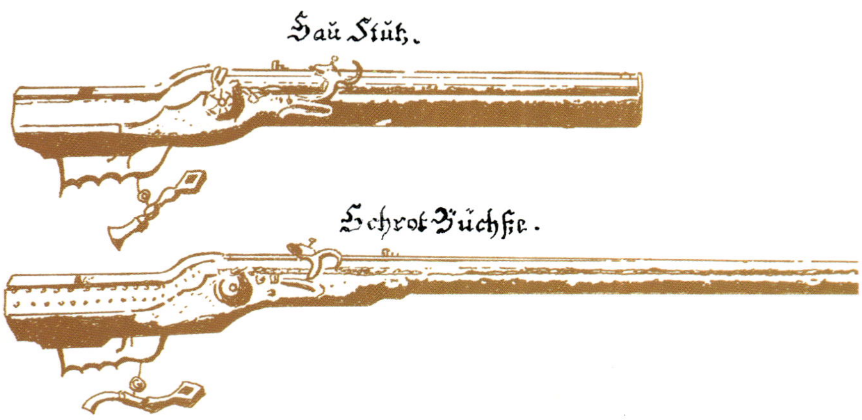

Radschloßgewehre für die Jagd, 16. Jahrhundert

sicheres Schießen erlaubte, ohne sich zu tarnen, oder sich dem Wild zu sehr nähern zu müssen.

Die *Karren-Büchse* wurde mit Kugeln oder grobem Schrot geladen, und ein einziger Schuß konnte 4, 5 oder sogar 6 Vögel töten.

Diese Waffe konnte furchterregende Abmessungen haben: ihr Lauf konnte bis zu 2,73 m und die ganze Waffe 3,16 m lang sein. Beurteilt man ihre taktischen und technischen Merkmale, so entsprach die Karren-Büchse der Doppelarkebuse oder, um militärische Ausdrucksweise zu benutzen, den Artilleriewaffen.

Jedenfalls zeigt diese übermäßige Länge, daß am Ende des 16. Jahrhunderts die Jagdwaffen begannen, sich zu unterscheiden, und zwar nach ihrer Verwendung und der Form ihres Laufes. Von dieser Zeit an wurden Waffen mit langem, glattgebohrtem Lauf für die Niederwildjagd benutzt und die mit kurzem gezogenen Lauf für Vögel. Diese grobe Einteilung dauerte bis ins 19. Jahrhundert. Einige Autoren nannten die erste Gruppe der glattgebohrten Waffen Jagdflinte *(Pirschrohre),* die zweite Jagdbüchsen *(Pirschbüchsen).* Diese Bezeichnungen kamen jedenfalls im 18. Jahrhundert in allgemeinen Gebrauch. Aus der Inventarliste des Landeszeughauses in Graz ist zu ersehen, daß nur das Adjektiv „gezogen" auf den Unterschied in der inneren Konstruktion des Laufes hinweist. Es gibt noch eine Absonderlichkeit, die den Jagdwaffen im ersten Viertel des 17. Jahrhunderts hinzugefügt wurde. Um den Wunsch der Jäger zu erfüllen, sich den scheuen Enten so weit wie möglich zu nähern, wurde dem Schloß eine eigenartig ausschauende Konstruktion angefügt. Aufmerksam wie sie nun einmal sind, konnten diese Vögel sehr leicht den Rauch und das Feuer am Radschloß während des Feuerns bemerken, und das genügte schon, um sie auf Abstand zu halten. Folglich wurde ein Spezial-„Schornstein" für einige Arkebusen entwickelt, um den Rauch und den Zündfunken zu verstecken. Glücklicherweise gerieten diese seltenen, komischen, rauch-verschluckenden, an Lokomotiven erinnernden Waffen rasch in Vergessenheit.

Die Vogeljagd mit der Tschinke

Im Gegensatz zu Mitteleuropa entwickelten die Mittelmeerländer in der Renaissance einen anderen Jagdstil, der dynamischer und sportlicher war. In dieser Hinsicht spielte Italien eine führende Rolle. Es gibt einen Bericht, daß der junge Benvenuto Cellini bereits vor 1500 Vögel im Fluge erlegte. Im wesentlichen ist es das Hauptmerkmal des italienischen und südeuropäischen Jagdstils, daß das Flugwild während des Fluges geschossen wird.

Dank der starken Verbindungen zwischen dem katholischen Adel und der Zentralgewalt am Wiener Hof, berührte diese Art des Jagens auch Mitteleuropa. Folgt man den Erinnerungen Wolf Hohbergs, so war der aus Italien stammende kaiserliche Marschall M. Medici einer der ersten Schützen in den deutschen Ländern, der um 1638 Vögel im Flug erlegte. Von daher kann man folgern, daß sich die Jagd auf fliegende Vögel nur in der Barockzeit in Europa ausbreitete. Dennoch gibt es einige Beweise, daß sie auch in der Spätrenaissance betrieben wurde. Es ist völlig klar, daß dieser neue Jagdstil nach passenden Waffen verlangte. Solche Waffen wurden zuerst 1580 in einigen Urkunden belegt, die von leichten Büchsen für die Vogeljagd im *Teschner*-Stil berichten. Das bereits erwähnte Inventurverzeichnis der Waffensammlung Rudolfs nennt zweimal *Teschner*-Büchsen (Tesching). Beide Berichte weisen offensichtlich auf die bekannte Tschinke für die Vogeljagd hin. Das besondere Aussehen dieser Waffe macht eine Unterscheidung leicht.

Die Tschinke war mit einem achteckigen, oft gezogenen Lauf im Kaliber 8 bis 9 mm ausgestattet. Dazu hatte sie ein italienisches Radschloß mit einem außenliegenden System von Feder und Kette. Das Hauptmerkmal dieses Gewehres war der Schaft. Der Schaft der Tschinke war sehr kurz, und er hatte für diese Zeit einen ungewöhnlich leichten Kolben, wenn man die Hauptmerkmale des „deutschen" Stils dagegenhält. Während der Kolben im Winkel zur Laufachse stand, war der Kolben der Tschinke im Verhältnis zum Vorderschaft nur ein wenig abgesenkt.

Dieses Detail vereinfachte die Handhabung der Waffe, obwohl sie immer noch gegen das Kinn des Schützen gelegt werden mußte. Die ungewöhnliche Form des Kolbens erinnerte an den Huf einer Hirschkuh. Deshalb wurde der Schaft auch *pied de biche* genannt. Wegen des leichten und schmalen Schaftes wurde gleichzeitig auch der italienische Abzugmechanismus verwendet.

Das europäische Zentrum für die Herstellung dieser einzigartig aussehenden Waffe war die schlesische Stadt Teschen, daher auch der Name der Waffe. Trotzdem gibt es immer noch viele unterschiedliche Auffassungen bezüglich des Ursprungs der Tschinke. Das Schloß dieses

Nächste Doppelseite:
Kombinierte Rad- und Luntenschloß-Muskete mit einem charakteristischen südländischen Kolbentyp (der Luntenhalter fehlt), Deutschland, Anfang des 17. Jahrhunderts

MI
MA
W

Kleines Rohr

In dem Versuch, Vögel im Flug zu jagen, kam in Schlesien unter italienischem Einfluß die Tschinke auf. V. Pernstein, der als Verehrer alles Italienischen bekannt war und eine Prinzessin aus dem Hause Sforza trugen sehr zum Aufkommen dieser Waffe bei.

Jagdgewehrs findet man in erster Linie bei italienischen Militärwaffen, aber auch auf solchen aus der Steiermark und aus Kärnten. Dieser Umstand verwirrte Boeheim so sehr, daß er den Ursprung eines augenscheinlich norditalienischen Schlosses sogar nach Kurland verlegte. Das ist also das zweite Rätsel, das von der Tatsache herrührt, daß die Waffe zwar für den italienischen Jagdstil gedacht war, aber aus Schlesien stammte. Die Lösung kann in den geschichtlichen Ereignissen gefunden werden, die sich dort im 16. Jahrhundert zutrugen.

Über einen langen Zeitraum wurde Teschen von der alten Piastrovcy-Familie regiert, deren Vorfahren Könige von Polen waren (Piasten). In der Zeit von 1545 – 1579, als die erste Tschinke erwähnt wurde, war der polnische Edelmann Vaclav Adam Herzog von Teschen. Sein nicht wenig einflußreicher Schwager Vojtech Pernstein ist bekannt als einer der Verfechter der Annäherungspolitik zwischen den Kulturen Zentral- und Südeuropas. Auch versuchte die Witwe Sigismunds I., eine Prinzessin aus dem Hause Sforza, die in dieser Zeit lebte und eine eifrige Katholikin war, Polen unter den Einfluß der italienischen Religion und Kultur zu bringen. Sie erreichte das durch die Einrichtung vieler diplomatischer und wirtschaftlicher Verbindungen zwischen den beiden Regionen.

In der gleichen Zeit war der polnische Adel darum bemüht, durch Heirat ebenfalls Verbindungen zu knüpfen.

Alles das weist auf die Tatsache hin, daß Schlesien wohl schon sehr früh Berührungen mit dem italienischen Jagdstil hatte. Darüber hinaus öffnete der Handel mit den Mittelmeerländern die Tore für die Waffenhersteller von Brescia und Gardone Val Trompia. Zu der Zeit hatten deren Waffenausfuhren bereits die österreichischen Kronlande erreicht, und daher ist es kein Wunder, daß sich italienische Schlösser auf Waffen aus der Steiermark und Kärnten fanden.

Jedenfalls stellten die Teschener Büchsenmacher ein anderthalbhändiges Gewehr her, um den Wünschen des Adels nach einer leichten und modernen Waffe für die Vogeljagd nachzukommen. Sie kombinierten italienische Schlösser (welche in der Regel nicht gekennzeichnet waren) mit einer ortsüblichen Version eines leichteren Schaftes, der eine körpergerechtere Verbesserung des „deutschen" Schaftes war. Die neue und für die damalige Zeit sehr praktische Waffe wurde bald sehr beliebt. Armeen, die durch Schlesien zogen, brachten den *Teschner* nach Skandinavien, Rußland, Polen, Mähren und ins Baltikum. Dieses Gewehr blieb die beliebteste Waffe für die Vogeljagd bis zur ersten Hälfte des 18. Jahrhunderts.

Jäger, Detail aus einem Kupferstich nach einem Jagd-Wandteppich von Peter Candid (1568 – 1628)

Die Verzierung der Waffen in der Renaissance

In der Vielfalt der sogenannten kalten Waffen waren das Jagdschwert und der Spieß die Gegenstände, die Nutzwert hatten. Im Mittelalter waren solche Waffen einfach in der Form, und sie hatten keine Verzierungen. Doch auch auf diesem Gebiet zeigte die Renaissance ihren entscheidenden Einfluß. Die erste Veränderung in der Herstellungsweise des Schwertes wird bereits vor dem 14. Jahrhundert in Spanien verzeichnet.

Ein halbkreisförmiger Schutz (pas d'ane) wurde der kreuzförmigen Bauweise des Heftes hinzugefügt, um den Zeigefinger zu schützen. Knöchelschützer kamen bei einigen Schwertern ein Jahrhundert später auf, während überhaupt die Griffstücke mit der Zeit immer komplexer wurden. Dank der Kontakte mit Mittel- und Nordeuropa breiteten sich diese Neuerungen relativ schnell auf dem gesamten Kontinent aus, so daß diese besseren Handschutze im 16. Jahrhundert auch bei den Jagdschwertern aufkamen. Das Deutsche Jagdmuseum in München besitzt das Keiler-Schwert, von Wolfgang Stantler in Solingen gemacht, mit Rücken- und Vorderparierstange, einem Seitenring und Griffschutz. Eine ähnliche Waffe, die in der zweiten Hälfte des 16. Jahrhunderts für die Wiener Hofjagdkammer hergestellt wurde, hatte einen Griffschutz und einen Seitenring. Schwertgriffe zeugen von dem lokalen Geist und der Mode, welche die Schwertschmiede bei der Herstellung einbrachten. Im Gegensatz dazu belegen die Schneiden ihre internationalen Merkmale, weil sie aus verschiedenen europäischen Herstellungszentren überall auf dem Kontinent verkauft wurden.

Jedoch eine Tatsache ist viel bedeutsamer: daß nämlich die flache graue Oberfläche mittelalterlicher Waffen eine Herausforderung an den rastlosen und aufgeklärten Geist der Renaissancekünstler darstellte. Das neue Kunstkonzept beruhte auf klassischen Vorbildern, welche große Möglichkeiten auf dem Felde der Gebrauchskunst in Ausdrucksweise und Technik eröffneten. Einer der frühen Renaissancemeister, die an der Verzierung von Waffen arbeiteten, war Donato di Niccolo di Betto di Bardo, genannt Donatello (1386 – 1466). Dieser talen-

Nächste Doppelseite:
Radschloß-Jagdarkebuse mit gezogenem Lauf, um 1614

Zogne pirst pir

tierte Bildhauer brachte seine Fertigkeit zu einer solchen Reife, daß seine flachen Reliefs *(schiacciato)* den Eindruck von großer Tiefe und Plastizität vermitteln. Er war ebenso in Bronzearbeiten geschickt, die er bei Ghiberti gelernt hatte. So begann er, die Griffe von Schwertern zu gestalten.

Ein vergoldeter Schwertgriff, in der Armoria Reale in Turin aufbewahrt, zeigt das Talent und die Geschicklichkeit des Künstlers.

Es ist schwierig zu sagen, zu welcher Ausdehnung der Einfluß Donatellos bei späteren Künstlern führte, aber die Tatsache bleibt, daß das Reliefziselieren von Eisen sehr häufig im 16. Jahrhundert für das Verzieren von Schwertgriffen Anwendung fand. Reliefs mit flachem Grund, die durch das Ziselieren von Eisen hergestellt waren, wurden besonders ausdrucksvoll, wenn sie mit vergoldetem Hintergrund und brünierten Vertiefungen kombiniert wurden. Alle Ornamente der Renaissance wurden als Motiv benutzt, einschließlich Grotesken (in ihrer positiven Nebenbedeutung), die aus den Niederlanden stammten, dann Teile von Friesen, menschliche und tierische Figuren in einem mythologischen Zusammenhang, ebenso Blumenornamente und Schneckenformen. Zusätzlich zum Ziselieren der Metalloberfläche wurden auch dünne Platten oder Draht aus wertvollem Metall eingelegt.

Jedoch waren die Reliefs nicht an den Stellen der Waffen brauchbar, die Hieben ausgesetzt waren, wie etwa die Schneiden oder Spitzen. Diese Oberflächen verlangten eine nicht so tief eindringende Behandlung, die nicht die Materialstruktur beeinträchtigte und die Stabilität der Waffe schwächen konnte. Deshalb wurden Schneiden und Spitzen mit Gravuren geschmückt, die vom graphischen Werk zeitgenössischer Künstler übernommen wurden. Das war eine brauchbare Technik, die auch mit dem Vergolden oder Schwarztönen kombiniert bemerkenswerte Ergebnisse erzielte.

Die Renaissance kam in Deutschland, wie bekannt, in den Stichen seiner Künstler voll zum Ausdruck. Das nördliche Europa brachte eine Anzahl von begabten Künstlern hervor, die bekannt waren für ihre Gestaltung oder Verzierung von Waffen, oder für ihre Motive, die von anderen übernommen wurden.

Stiche bekannter Künstler dieser Zeit waren für den Gebrauch durch die Waffenhersteller besonders geeignet. Heinrich Aldegrever (1502 – 1555) war einer der bedeutendsten Ornamentstecher, der in der Kunstgeschichte als einer der „kleinen Meister" angesehen wird. Sein Werk hinterließ einen unauslöschlichen Eindruck auf den verzierten Waffen im 16. Jahrhundert, und es diente in ganz Europa den Ziseleuren als Vorbild. Sein großer Vorgänger und Lehrer war der berühmte Albrecht Dürer, der einen starken Einfluß durch sein Werk und seinen Stil mit klaren und kraftvollen Linien auf die Verzierung von Schwertern ausübte. Erwähnung finden sollten auch Künstler wie Hans Holbein der Jüngere, Jan Collaert, Ambrosius Gemlich und Ottmar Wetter. Veröffentlichungen, die sich mit Waffenmotiven und Zierelementen befaßten, wurden ebenfalls im 16. Jahrhundert herausgegeben. Von besonderem Interesse ist das Album von Filippo Orso, genannt Pictorio Mantuani und die Werke von Erasmus Hornick. Dazu ist in der Bibliothek auf Schloß Arundel in England eine Abbildung von Hans Holbein dem Jüngeren vorhanden, die das Aussehen des Schwertes Prinz Edwards (später König Edward VI.) zeigt.

Wie die Blankwaffen, so waren auch die frühen Feuerwaffen frei von jeglicher Verzierung. Es ist von Interesse, daß die Büchsenmacher ihrer künstlerischen Freiheit zuerst beim Hahn von Jagdwaffen und bei der Abdeckung der Schloßteile freien Lauf ließen. Mit der Zeit nahm der Hahn die Gestalt eines Drachen oder anderer Tiere an. In der gleichen Zeit wurde der Schaft zunehmend verschwenderischer gestaltet. Der Schaft wurde aus Rosen- oder Walnußholz gemacht und mit Golddraht, öfter noch mit Bein, Horn oder Perlmutt ausgelegt. Diese organischen Materialien wurden ferner noch bereichert durch das Einschnitzen von Menschengestalten oder anderer Motive. Um ihre Zeichnungen hervorzuheben, pflegten die Handwerker die eingestochenen Linien schwarz zu färben, was eine gute Wirkung gegen den hellen Hintergrund ergab.

Rechts: *Entwurf für ein Säbelheft aus dem Musterbuch von Filippo Orso aus Mantua, datiert 1554*

Oben: *Detail von Verzierungen auf Jagdpistolen, Nürnberg, 1620 – 1630*

Im frühen 16. Jahrhundert fußten diese Motive in erster Linie auf den Werken ortsansässiger Künstler. So war es möglich, die Techniken und Stile verschiedener Gegenden wiederzuerkennen. Das bedeutet jedoch nicht, daß die Verzierung von Feuerwaffen lokal begrenzt war. Im Gegenteil, es vermischten sich in der Renaissance die Motive und Stile, so daß sie auf Waffen international wurden.

Im Deutschen Reich traten in dieser Zeit verschiedene bedeutende Handwerker hervor. Von besonderer Bedeutung war die Familie Sadeler niederländischen Ursprungs, die viele begabte Goldschmiede, Stecher, Zeichner und Bildhauer hervorbrachte. Die Gebrüder Daniel und Emanuel Sadeler arbeiteten als Büchsenmacher und Graveure gegen Ende des 16. Jahrhunderts am bayerischen Hof. Eine Geschichte über eine ihrer Arbeiten datiert aus dieser Zeit: Der Kurfürst von Bayern, Maximilian I., der nicht gerade ein besonders freigiebiger Mann war, beschloß anläßlich der Hochzeit von Prinz Ferdinand Maria mit Henriette Adelaide, Schwester des Herzogs Karl Emanuel II. von Savoyen, eine Zuwendung zu machen. Er schenkte dem Herzog die Perle seiner reichen Waffensammlung, die berühmte „Turiner Jagdausrüstung", hergestellt von Daniel Sadeler. Im Oktober 1603 zog Daniel Sadeler nach Prag, wo er sieben Jahre blieb. Er stellte dort die Sammlung von Jagdwaffen her, die in die Geschichte einging, weil die Waffen die gleichen Verzierungen aufwiesen wie die kaiserlich habsburgische Krone. 1608 stellte Daniel Sadeler zusammen mit dem gleichtalentierten Augsburger Goldschmied David Altenstetter ein Radschloßjagdgewehr für Rudolf II. her. Sadeler fertigte das Schloß, den Abzug und den Lauf, der vor einem goldenen Hintergrund mit brünierten Reliefs geschmückt war. Altenstetter stellte den mit emaillierten und gravierten Silberplatten geschmückten Kolben her. Der Kaiser, der der Arbeit von Sadeler und Altenstetter an der Waffe mit Bewunderung folgte, bestellte eine emaillierte Silberkrone mit gleichen Motiven.

Waffen, die im niederländischen oder französischen Stil verziert waren, wurden in der Spätrenaissance zunehmend vorherrschend. Diese beiden Schulen zeichneten sich sowohl durch ihre feinen Muster in Perlmutt und Bein als auch durch das direkte Auflegen von Zinndraht auf das Holz des Schaftes aus. Die Jagdmotive von Jan van Straet, die in dieser Technik hergestellt sind, haben sich bis heute erhalten.

Die dekorativen Muster des Niederländers Virgil Solis und seiner Zeitgenossen aus Antwerpen, Vredemann de

Links: *Entwurf für einen Säbel von Erasmus Hornick aus Antwerpen, 1559 – 1566 (Viktoria and Albert Museum, London)*

Nächste Doppelseite:
Radschloß-Jagdpistole mit charakteristischem Griff in Form eines Fischschwanzes, Peter Danner, Nürnberg, um 1570

Faust Rohre

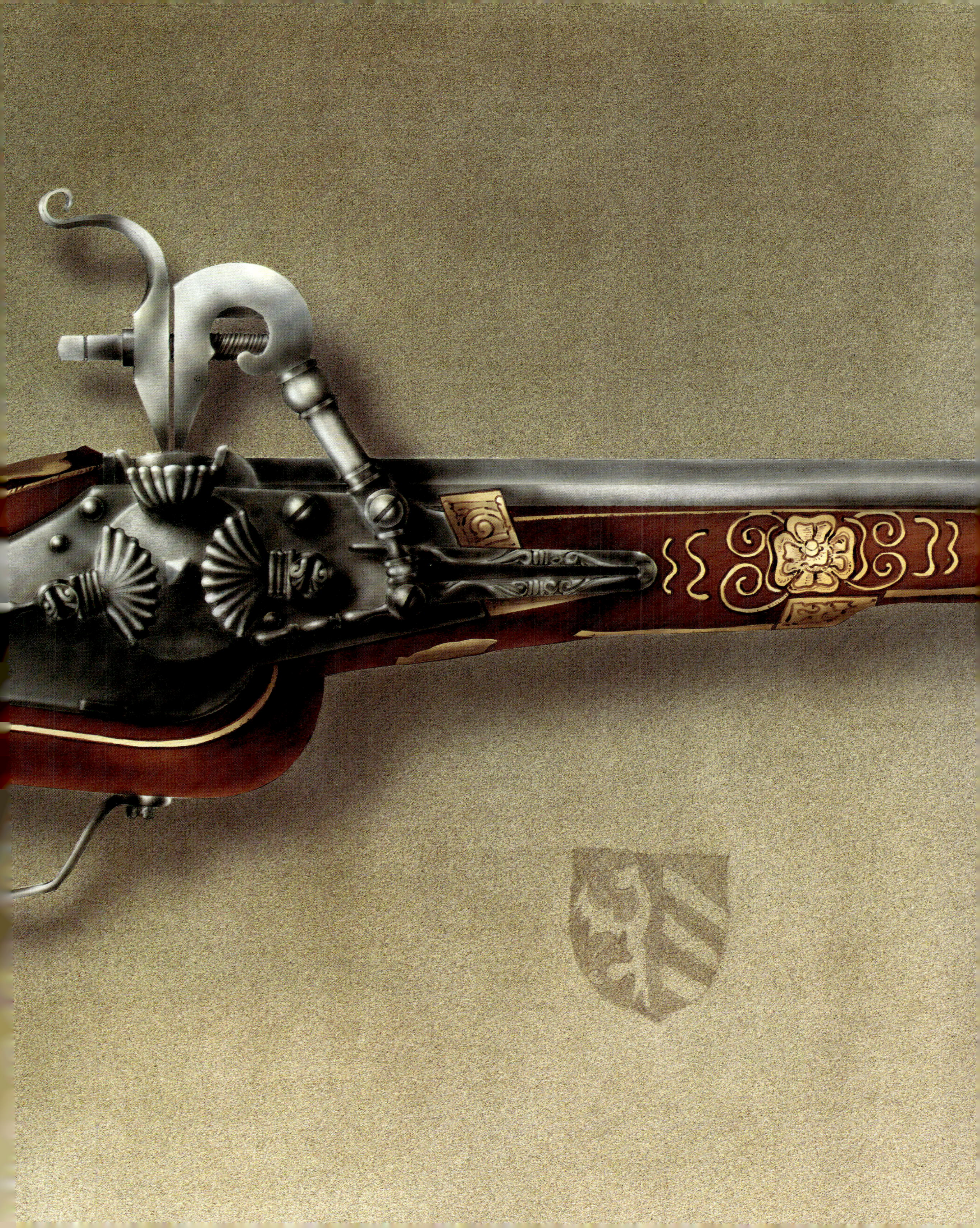

***D**onatello (1386 – 1466) war einer der ersten Künstler der Renaissance, der sich der Verzierung von Waffen widmete. Er war berühmt für seine Arbeiten in Art von Flachreliefs (schiacciato), die den Eindruck von großer Tiefe und Plastizität hervorrufen. A. Dürer und Hans Holbein der Jüngere stellten ebenfalls Entwürfe zur Verzierung von Schwertern her.*

Vries und Cornelius Floris, gewannen in der zweiten Hälfte des 16. Jahrhunderts eine weitverbreitete Beliebtheit.

Die französische Schule erreichte am Ende des 16. Jahrhunderts und während der ersten Hälfte des 17. Jahrhunderts ihren Höhepunkt. Der Maler, Goldschmied und Kupferstecher Etienne Delaune (1518 – 1583) war unter den Franzosen besonders bekannt. Seine Motive mit Gruppen unter Baldachinen bezauberten viele Waffenhersteller in ganz Europa. Reich verzierte Waffen aus den Werkstätten in Lyon und Bordeaux erlangten ebenfalls hohes Ansehen und wurden auf dem Alten Kontinent beliebt. Die bedeutendsten Vertreter der französischen Schule waren wahrscheinlich die Brüder Jean und Martin le Bourgeoise aus Lisieux.

Im Gegensatz zu Deutschland, den skandinavischen Ländern und Frankreich, in denen es üblich war, mannigfaltiges Material zur Waffenherstellung zu benutzen, bevorzugte die spanische und die norditalienische Schule die wirkungsvolle Kombination von Holz und Stahl. Die Schäfte der Jagdwaffen aus diesen beiden Ländern waren dunkel gebeizt, während die Beschläge, der Lauf und der Mechanismus aus poliertem Stahl waren, verziert mit Reliefs und Gravuren. Mit der Zeit wurde dies der traditionelle Stil der norditalienischen Werkstätten bis in die ersten Jahrzehnte des 18. Jahrhunderts.

Rechts: *Griff eines Jagdschwertes, Deutschland, 16. Jahrhundert*

Unten: *Motive von einer Arkebuse des Baron Harrach, Deutschland, 1581*

JAGDWAFFEN IN DER BAROCKZEIT UND IM ROKOKO

Die Parforcejagd und das Eindringen französischen Einflusses

Das Ende des 16. Jahrhunderts sah das Aufkommen einer neuen Zeitepoche – des Barock. Es wurde zu einer Zeit geboren, als sich streng absolutistische Staaten zu stabilisieren begannen und die katholische Gegenreformation einsetzte. Diese beiden Ereignisse machten den neuen Stil völlig gegensätzlich zur Renaissance. Das Barock wurde durch seine Tendenzen und Vorlieben für unnötige Effekte, Verzierungen, Dramatisierungen und Lebendigkeit gekennzeichnet. Es versuchte den Betrachter durch seine Fülle und Vielseitigkeit in Erstaunen zu setzen, bis hin zur Anmaßung von Vollkommenheit anstelle der Einfachheit der Renaissance, des geschlungenen Weges gegenüber dem geraden. Das übte nicht nur auf Handwerk und Kunst seinen Einfluß aus, sondern auch auf andere Bereiche des Lebens, einschließlich der Jagd.

Der Wunsch, besondere Effekte zu erzielen, veränderten die Jagd in eine spektakuläre, vollkommene Schau der Oberschicht, die auf einem unbegrenzten Areal stattfand. Diese letzte Bedingung – ein großer Raum – ist der Grund dafür, daß die Barockjagd in zentralistischen Staaten ohne innerstaatliche Grenzen entwickelt wurde. Es sollte nicht vergessen werden, daß es gerade diese staatliche Zersplitterung war, die den „deutschen" Jagdstil oder die „Jagd in Grenzen" in Zentraleuropa für lange Zeit so beliebt machte.

In Frankreich als absolutistischem Staat trafen alle notwendigen Voraussetzungen zusammen, um die Wiege und Kinderstube einer neuen dynamisch-dramatischen und den barocken Stil kennzeichnenden Jagdart zu werden, der *Parforce*-Jagd.

Das In-Szene-Setzen der *Parforce*-Jagd erforderte einerseits eine unbeschränkte Anzahl von Jägern und Hunden, andererseits nur ein einziges Stück jagbares Wild.

In der Regel konnte man erwarten, daß das Tier unterlag. Später wurden jedoch auch in Deutschland auf die gleiche Weise Großwild und Wildschweine erlegt. In England waren sogar Kaninchen und natürlich der Fuchs das Opfer. Die Jagdteilnehmer wurden im freien Gelände verteilt. Man setzte sich dann vermutlich unter dem Klang der Hörner, dem Bellen der Hunde und dem Rufen der Jäger in Bewegung.

Gemäß dem vorgegebenen Handlungsablauf wurde einer der Jäger damit beauftragt, vor der Show den „Hauptakteur" mit Hilfe gut abgerichteter Hunde aufzuspüren – das unglückliche Beutetier. In der Zwischenzeit wurden die anderen Teilnehmer in zwei Gruppen eingeteilt. Eine Gruppe bestand aus den Adeligen und ihren Gästen zu Pferd. Ihre Aufgabe war es, das Wild zu jagen. Das *Relais,* Jäger zu Fuß, die die Hunde führten, bildete die zweite Gruppe. Sie hatte die Aufgabe, die Bewegungen des Tieres zu überwachen. War das Tier einmal entdeckt und lokalisiert, wurden davon alle Jagdteilnehmer informiert. Erst dann wurde das Tier gejagt oder „eingeleitet" und die eigentliche „Show" konnte beginnen. Hunderte von unerbittlichen Reitern und Hunden würden das Opfer hetzen. Die Aufgabe des *Relais* war es, sofort nach dem Erkennen die Reiter durch bestimmte Jagdhornsignale über die laufende Position des Tieres zu informieren *(la vue)* und den Verfolgern frische Hunde zuzuführen. Es war besonders spannend, wenn die Wildfährte verloren ging oder sie sich mit dem Geruch anderer verängstigter Tiere mischte. Dann war es Sache der besten Hunde, die Fährte wiederzufinden und die Jagd damit fortzusetzen. Dieses verrückte Rennen dauerte so lange, bis das Tier ermattet war, und das bedeutete seinen bevorstehenden Tod. Es sollte erwähnt werden, daß diese Verrichtung keinerlei besondere Jagdfertigkeit verlangte. Die „erste Geige" spielten die Hunde mit ihrer Geschicklichkeit, ihrer Ausdauer und Schnelligkeit und ebenso die reiterlichen Fähigkeiten.

Die natürliche Umgebung erwies sich nicht immer als ungefährlich, und manchmal waren Äste, Gräben oder andere Hindernisse für die Jäger tödlich.

Im 17. und beginnenden 18. Jahrhundert erfolgte von Frankreich aus der Siegeszug der *Parforce*-Jagd in Europa. Sie wurde zu einer Mode- und Prestige-Angelegenheit in den höheren Kreisen. Überdies waren „Original"-*Piquers* (berittene Jäger, die für den Jagdablauf verantwortlich waren), direkt aus Frankreich „importiert", besonders gefragt. Diese Männer brachten durch ihre frem-

Nächste Doppelseite:
Tschinke, Teschen, Schlesien, Mitte des 17. Jahrhunderts

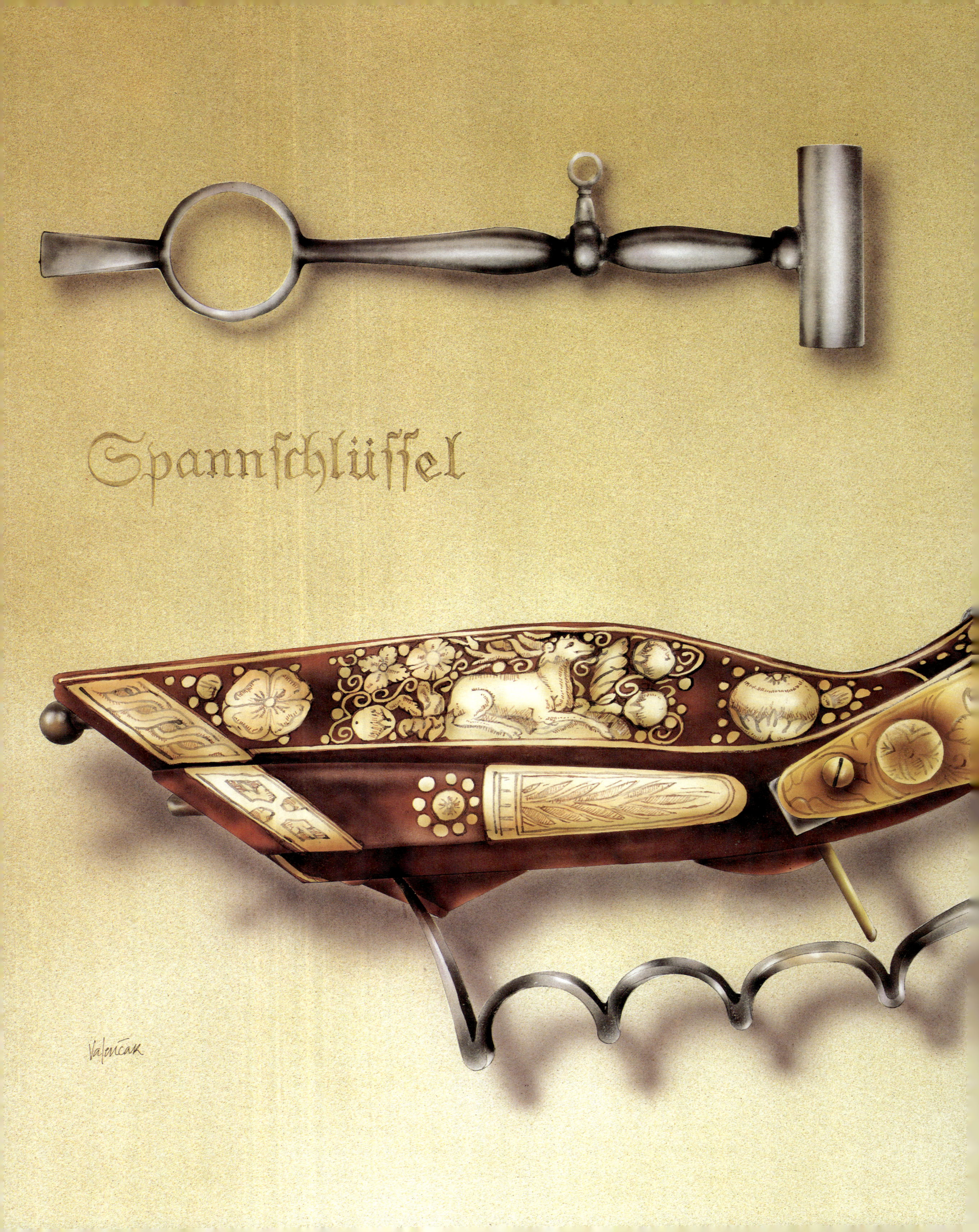
Spannschlüssel

Tschinke

de Sprache, ihre Sitten und Fertigkeiten ein besonderes Kolorit in die nordischen Wälder. Viele Wörter und Ausdrücke romanischen Ursprungs fanden, in Übereinstimmung mit der vorherrschenden Mode, Eingang in die Jagdsprache. Viele modebewußte Deutsche benannten zum Beispiel ihre braven Jagdhunde nun automatisch (wenn auch widerwillig) *Ami tu dis vrai.* Über Nacht wurden deshalb diese unschuldigen Tiere zu Aimable, Amante, Charmente oder Comtesse. (Liebenswert, Geliebte, Bezaubernde, Gräfin).

Rechts: *Hochwildjäger, 18. Jahrhundert, nach Desmarées' Portrait von Prinz Max II. Emanuel von Bayern*

Unten: *Jagd im Wasser, Stich von Johann Elias Ridinger, Mitte des 18. Jahrhunderts*

Nächste Doppelseite:
Hirschfänger (Jagdmesser), Eigentum von Max Joseph, König von Bayern, um 1810

Cuttoe

Parforce-Jagd, Stich von Johannes Elias Ridinger (1698 – 1767)

Oben: *Der erschöpfte Hirsch ist von Hunden in die Enge getrieben. Das Tier wehrt sich jedoch noch mit Hufen und Geweih.*

Unten: *Einer der Jäger durchtrennt mit seiner Plaute die Sehnen an den Hinterläufen der Beute. Der andere Jäger versetzt gerade mit seinem Hirschfänger den Todesstoß.*

Oben: *Der Hirsch ist niedergezwungen. Einer der Jäger hält ihn am Geweih, während der andere sein Jagdmesser zieht.*

Unten: *Curée, Verkündigung des Jagdendes*

Der Hirschfänger (Jagdmesser)

Die *Parforce*-Jagd erlaubte es den Blankwaffen nochmals, ihre Wirksamkeit unter Beweis zu stellen. Bereits in der Spätrenaissance bekamen die Feuerwaffen in den Jagdrevieren Europas ein Übergewicht. Das traditionelle Jagdschwert wurde dadurch zu einem altertümlichen Werkzeug und begann in Vergessenheit zu geraten. Ein neuer praktischerer Typ von Blankwaffe begann an Bedeutung zu gewinnen. Das war der Hirschfänger, in englisch „cuttoe" von dem französischen Ausdruck *couteau de chasse* (Jagdmesser). Er entstand als eine Mischform des herkömmlichen Schwertes, des kleinen Schwertes und des Messers.

Diese Waffe war in erster Linie für die Jagd auf Rot- und Damwild gedacht (cervus elaphus, cervus dama).

Üblicherweise war jeder Teilnehmer einer *Parforce*-Jagd mit einem Hirschfänger ausgestattet. Das Messer wurde dazu verwendet, dem Beutetier einen tödlichen Stoß zu versetzen, und es so von der Qual zu erlösen, wenn es ermattet war und von den Hunden zu Boden gezerrt wurde. Mit der Zeit wurde aus dem Augenblick des Tötens ein kleines Ritual. Ein ausgesuchter Jäger näherte sich mit dem Hirschfänger in der Hand dem Opfer. Er stellte die Messerspitze hinter das Schulterblatt und durch einen Vorwärtsstoß traf er das Herz durch den Rippenbogen. Während dieses Vorganges zogen die anderen Jäger mit der nichtbehandschuhten Hand ihre Hirschfänger ein Stück aus der Scheide und riefen dabei einstimmig Halali. Gleichzeitig bedeutete dies das *La mort* durch das Jagdhorn. Das Ritual war im Falle, daß ein Keiler zu erlegen war, das gleiche, nur der Todesstoß wurde deutlich anders ausgeführt. Um das Herz zu treffen, stieß der Jäger vom Nacken her durch den Brustkasten.

Die vielleicht eigenartigste Sache war gerade dieser *Halali*-Schrei, der zur Jagd des 17. und 18. Jahrhunderts gehörte. Es ist durchaus möglich, daß die Ursprünge dieses Wortes in dem türkischen Wort *helal* oder im arabischen *halal* zu finden sind, was so viel heißt wie ein letztes Lebewohl oder „möge er ruhen in Frieden".

Zusätzlich zu dieser Funktion als Tötungsinstrument hatte das Messer noch einige andere praktische Aufgaben. Der Jäger konnte es benutzen, um sich einen Pfad durch das Dickicht zu bahnen, er konnte die Fangklinge nehmen und sie, wenn notwendig, dazu benutzen, sich des Angriffes eines Keilers oder eines anderen wilden Tieres zu erwehren. Dennoch verlor der Hirschfänger mit der Zeit seine praktische Verwendung, und er behielt nur noch einen symbolischen Wert. Er wurde zu einer Art Prestigegegenstand bei den Jägern und zu einem notwendigen Teil ihrer Uniform. Messer wurden für diesen

Gegenüber: *Hirschfänger, Bayern, 1810*

Nächste Doppelseite:
Jagdplaute, Eigentum von James Cook, England, Mitte des 17. Jahrhunderts

Plaute
James Cook
Dealtry / Royal
Exchange

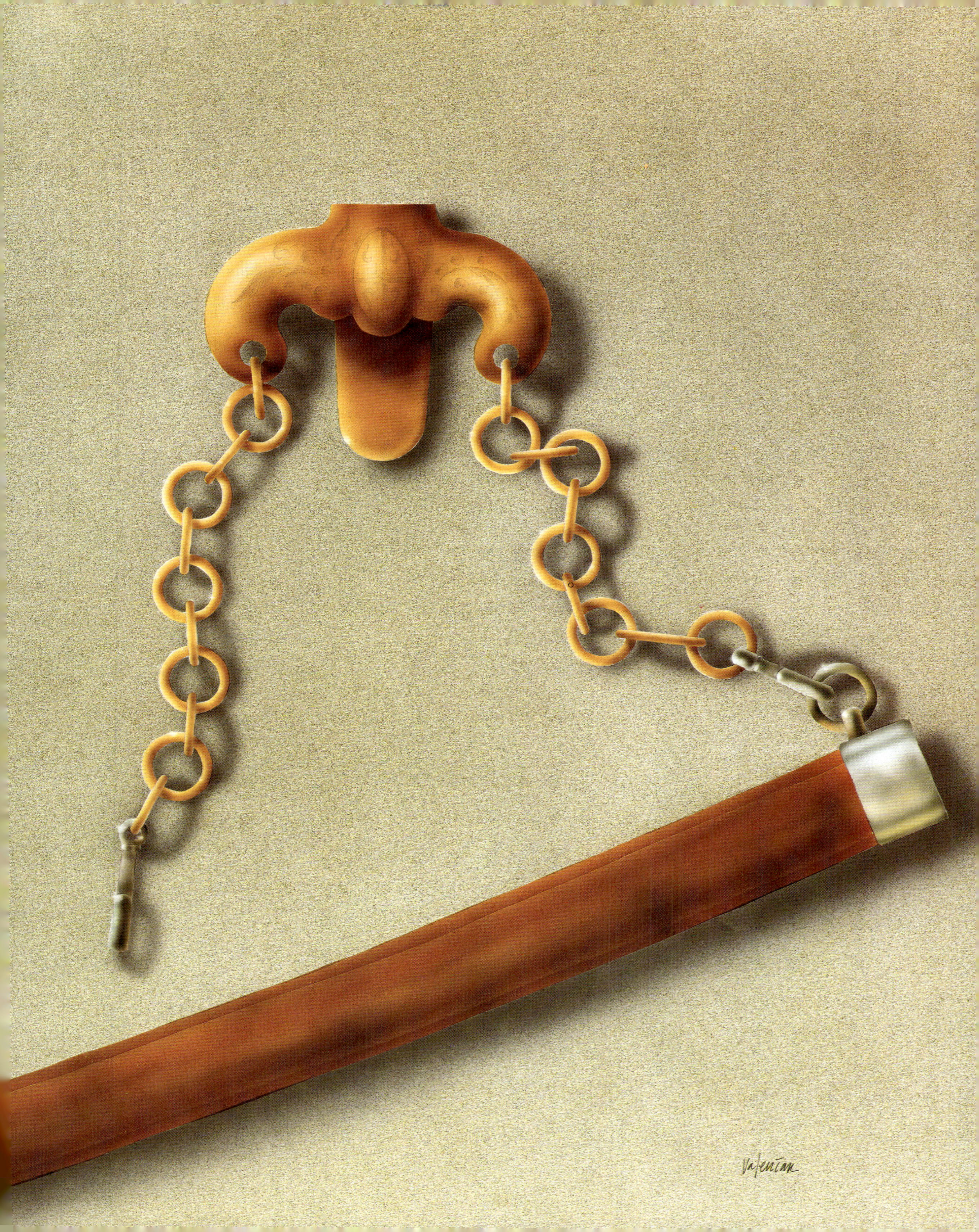

Zweck immer noch hergestellt, obwohl sie ziemlich entartet und nur noch überladen verziert waren.

Der Hirschfänger wurde auch als Militärwaffe benutzt. Einige Artillerieeinheiten nahmen bereits im 17. Jahrhundert das Messer aus rein praktischen Gründen an. (Faschinen-Messer) Auf Grund ihres Gewerbes und ihrer Erfahrung waren Jäger viel bessere Schützen als die einfachen Soldaten in den regulären Armeen. Viele europäische Herrscher begannen daher im 18. Jahrhundert, besondere Jägercorps zu gründen, die hauptsächlich aus ausgesuchten Scharfschützen bestanden. Zusätzlich zu ihren Gewehren hatten diese Männer Hirschfänger, die auch als Bajonett dienten. Schließlich waren diese Messer bei Infantrie- und Marineoffizieren wegen ihres geringen Gewichtes als Paradewaffen sehr beliebt.

Gleich nach ihrem Aufkommen eroberten diese Jagdwaffen auch Nordamerika. Die Offiziere der britischen und französischen Einsatztruppen trugen dazu besonders auf dem Neuen Kontinent bei. Der eigentliche Gebrauch dieses Messers zur Jagd wurde deshalb fast vollständig vergessen. Es wurde in erster Linie als ein „Zeichen der

Der auserwählte Jäger trat mit dem Hirschfänger in der Hand zu dem ermatteten Hirsch. Er plazierte die Spitze der Waffe hinter dem Schulterblatt, und mit einem schräg geführten Stoß drang das Messer durch den Brustkorb ins Herz ein. Am Ende dieser Handlung riefen die übrigen Jagdteilnehmer alle „Halali!“

Unten: *Titelseite des Musterbuches von J. Wachsmuth von Augsburg, Mitte 18. Jahrhundert (Viktoria and Albert Museum, London)*

Vornehmheit“ oder durch die Offiziere als „nicht formelle Gala-Waffe“ benutzt. Überdies brauchten es sowohl die „Rotröcke“ als auch die Offiziere der Aufständischen. Diese Hirschfänger mit Knäufen in der Form stilisierter Köpfe wurden besonders in Nordamerika während des Unabhängigkeitskrieges beliebt. Interessant ist, daß die Herstellung von derartigen Waffen mit adlerkopfförmigem Knauf lange vor 1782 erfolgte, als dieser Vogel dann zuerst für die amerikanische Armeebekleidung als Hoheitszeichen vorgesehen wurde. Jedenfalls unterscheiden sich zwei Schulen für die Herstellung solcher Waffen. Eine war in Philadelphia. Sie stellte die Knäufe in Form eines erhobenen, ausgeprägten Adlerkopfes mit ganzem Schnabel und Federbusch her. Im Gegensatz dazu lieferte Baltimore Hirschfänger mit Knäufen in der Form gerundeter Adlerköpfe, die mehr an die von Tauben erinnerten.

Der traditionelle europäische Hirschfänger des 17. Jahrhunderts hatte eine gerade, einseitig geschliffene Klinge, 700 – 750 mm lang mit dem Fehlschliff auf der Gegenseite. Im Rokkoko wurde die Klinge bedeutend kürzer (ca. 550 mm). Sie war oft doppelseitig angeschliffen, im Mittelteil beidseitig gewölbt und hatte manchmal in der Mitte Auskehlungen. Das Heft wurde in zwei Gruppen eingeteilt. Die erste Gruppe hatte ein einfaches Heft mit einem kreuz- oder S-förmigen Handschutz. Die zweite Gruppe umfaßte Waffen mit bügelähnlichem Griff und Knöchelschild. In beiden Fällen hatte der Hirschfänger am Griff einen schalenförmigen Schutz, das sogenannte Stichblatt. Der Zweck dieser Vorrichtung bestand nicht darin, die Hände zu schützen, sondern in erster Linie darin, zu verhüten, daß das Schneidwerkzeug zum Zerlegen des Wildes aus der Messerscheide fiel. Der Belag des Griffes selbst war entweder aus zwei Platten gemacht, die mit Nieten befestigt waren, oder aus einem einzigen gerundeten Stück. Das beliebteste Material zur Herstellung des Griffs für diese Jagdwaffe waren Geweihstücke. In der Rokokozeit wurden jedoch auch Holz, Bein, Elfenbein, Bronze, Silber und sogar Porzellan benutzt. Ferner wurden Hirschfängergriffe in der Form von Tierhufen oder Tierköpfen gestaltet. Das schalenförmige Stichblatt hatte in den meisten Fällen die Form einer bauchigen Muschel (daher der Name), wenn es auch manchmal die Form eines Vogels oder einer Kartusche annehmen konnte, mit Jagdszenen reich geschmückt. Manchmal wurden die Lederscheiden dieser sonderbaren Waffen noch dazu benutzt, Zusatzwerkzeuge unterzubringen. Dieser Brauch war von den frühen Typen von Jagdschwertern übernommen worden.

Nächste Doppelseite:
Jagdbesteck, Gabel, Klinge mit gezähntem Rücken, Pfriem und kleines Messer, Deutschland, 1677

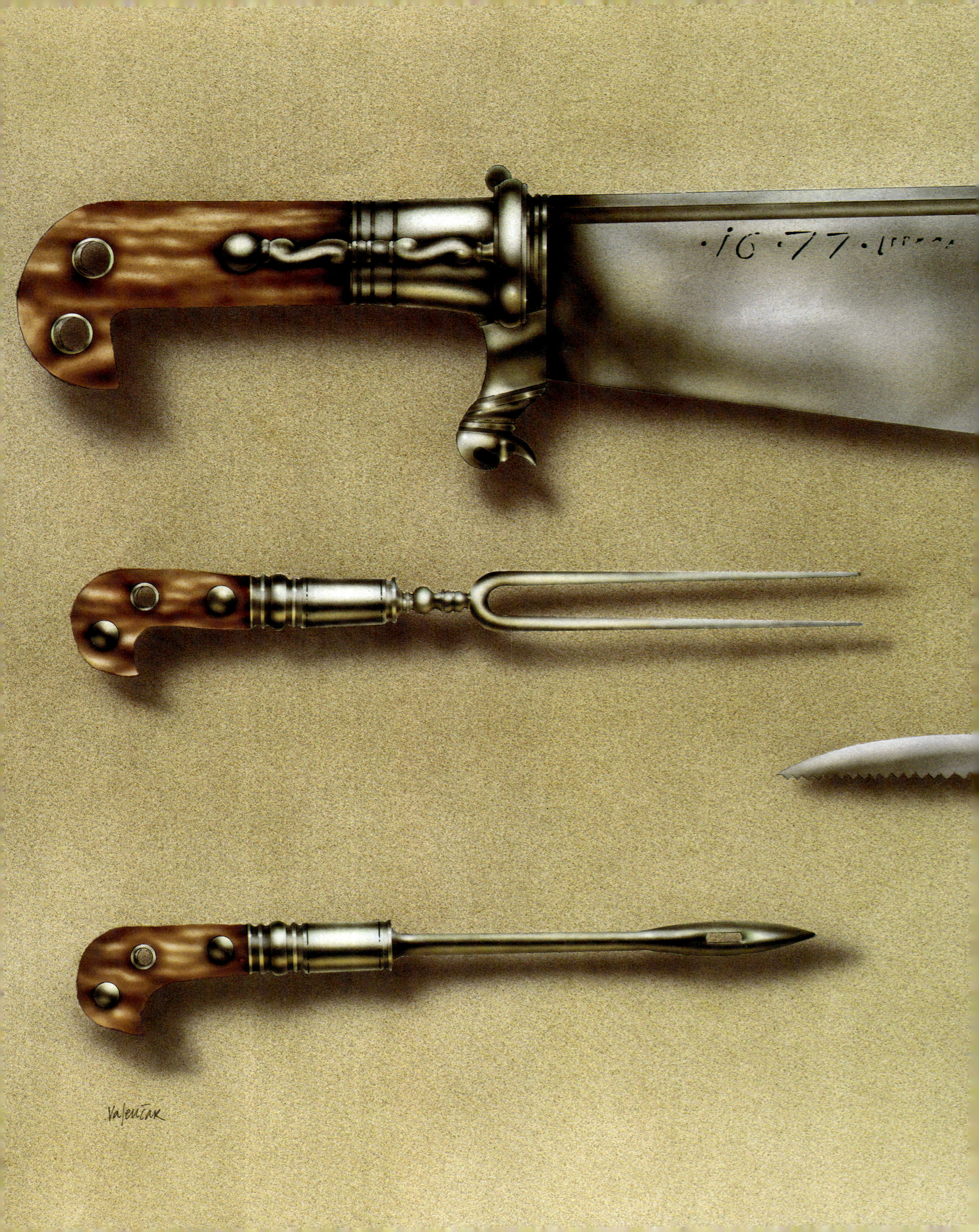
·16·77·
Valenčák

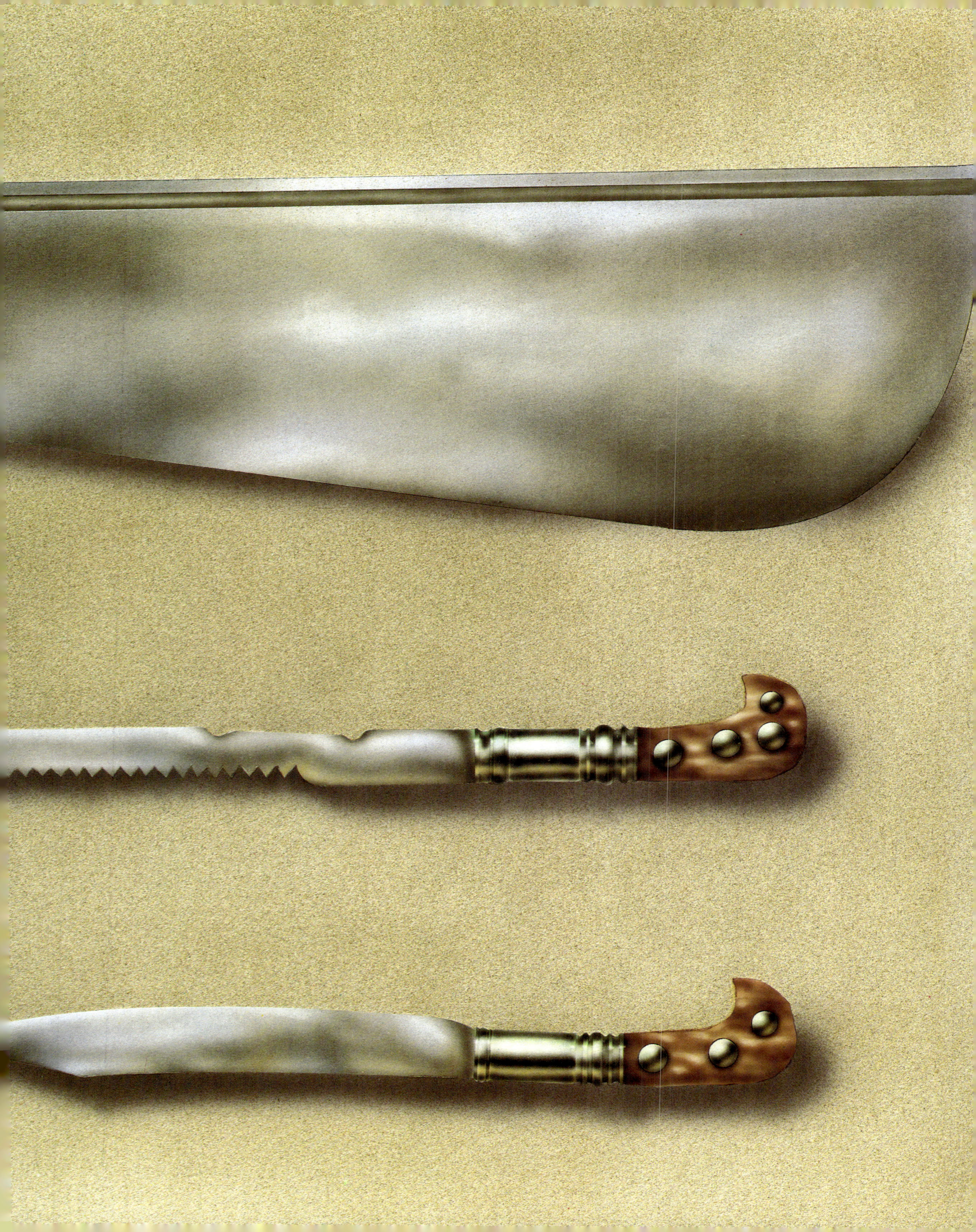

Die Jagd-Plaute

Auf Grund seiner technischen und taktischen Merkmale war der Hirschfänger für alle Jagdarten geeignet. Die Form seiner Schneide erlaubte jedoch eher ein Vorwärtsstoßen. Daher wurden (diese) Messer hauptsächlich zum Töten des Wildes benutzt, wenn es geschwächt und fast unbeweglich war. Im Gegensatz zum herkömmlichen Hirschfänger brachte die *Parforce*-Jagd noch eine weitere Untergruppe hervor. Die Waffe, die zu Beginn des 18. Jahrhunderts aufkam, hatte zwar das gleiche Heft, war aber mit einer gebogenen Klinge versehen. Tatsächlich glich dieser Waffentyp einem leichten Schwert, und er war auch dazu geeignet, Streiche zu verteilen. Im 17. Jahrhundert kam eine solche Waffe interessanterweise in der Schweiz auf, die *Plute* genannt wurde. Es ist anzunehmen, daß der Ausdruck *Jagd-Plaute* für diesen Hirschfänger-Typ seinen Ursprung von dort hat. Der Hauptzweck der *Plaute* war wesentlich brutaler als der der gradklingigen Messer. Es passierte gelegentlich bei *Parforce*-Jagden, daß das gejagte Tier, in die Enge getrieben und von den Hunden niedergezwungen, die Umzingelung durchbrach und die Flucht fortsetzte. Oder es leistete Widerstand. Das verhinderte ein Jäger, indem er dem Tier einen präzisen Streich mit dem Hirschfänger versetzte. Die Plaute trat nun in Erscheinung. Der Jagdteilnehmer konnte sie benutzen, um mit einem kräftigen Hieb dem unglücklichen Tier die Hinterlaufsehnen durchzutrennen. Auf diese Art wurde das Tier unbeweglich und konnte leichter getötet werden.

Die Geschichte der Blankwaffen für die Jagd setzte sich auch im Falle der Plaute fort. Sie wurde bald als Armeewaffe beliebt. Dennoch ist es schwer zu erklären, warum diese Jagdgeräte auf See so alltäglich wurden, wo es dort doch kein Wild gibt. Bereits im 17. Jahrhundert fand die Plaute bei den Offizieren der französischen und britischen Marine Anklang. Der Grund dafür lag sowohl in ihrem niedrigen Preis, der geringen Länge und dem niedrigen Gewicht als auch in der Möglichkeit, sie an Bord zu benutzen.

Die meisten Gefechte fanden dort in engen Räumen statt, und man konnte mit ihr hauen und stechen. Jedenfalls enthält das National Maritim Museum in Greenwich zahlreiche Marine-Plauten („Enter-Messer“) als Ausstellungsstücke. Die Waffe, welche sich in dieser Sammlung auszeichnet, ist die, welche die Offiziere der *H. M. S. Nymphe* am 18. Juni 1793 an Bord der französischen

Die Jagd-Plaute glich einem kurzen Schwert, geeignet für einen mehr durchtrennenden Hieb. Sie wurde dazu benutzt, die Hinterlaufsehnen des Hirsches zu durchtrennen, wodurch das arme Tier zu einer leichten, bewegungsunfähigen Beute wurde.

Fregatte *La Cleopatre* erbeuteten. Das Nationalmuseum in Krakau (Polen) besitzt ebenfalls ein interessantes Exemplar eines Enter-Messers. Izabela Czartroryska erwarb dieses seltene Stück am 11. März 1790 auf einer Auktion der Rawl-Sammlung in London. Diese Waffe gehörte Kapitän James Cook (1728 – 1779)! Das zeigt, daß hochgestellte Persönlichkeiten der britischen Marine das Enter-Messer trugen. Es ist auch Bestandteil zahlreicher Portraits von Marineoffizieren, die von den Malern Dahl und Sir Godfrey Kneller angefertigt wurden.

Es scheint jedoch, daß diese Waffe eine noch viel größere Beliebtheit jenseits des Atlantiks bei der amerikanischen Armee und Marine erlangte. Ein typisches Enter-Messer, hergestellt durch die heimische Firma J. Bailey/Fish Kill, wurde zum Beispiel von George Washington (1732 – 1779) im Unabhängigkeitskrieg getragen. Diese gleiche Waffe ist nun ein Schaustück im Smithsonian Institution – der Sammlung des U.S. Patentamtes.

In der Regel hatte das Enter-Messer eine einseitig geschliffene, leicht gebogene Klinge mit stumpfem Rücken und gelegentlich Kehlungen an beiden Seiten. Das Heft der Waffe war mit einem einfachen kreuzförmigen Schutz ausgerüstet. Die französischen und deutschen Waffen hatten auch einen muschelförmigen Handschutz. Der Griff war aus Horn, Bein, Holz oder Metall gemacht, oft in grün und mit Riefeln verziert.

Britische Messer mit gebogener Klinge hatten meistens flache Knäufe, die aber auch in der Form von grotesken Gesichtern oder Masken gemacht sein konnten wie bei den Kolbenkappen von Pistolen.

Im Gegensatz dazu verwendeten die Amerikaner auch hier ihre bevorzugten Knäufe in der Form des Adlerkopfes. Einige dieser Klingen hatten einen Aufsatz unmittelbar unterhalb des Handschutzes, um die Waffe in der Scheide zu halten, und um gleichzeitig das Eindringen von Feuchtigkeit und Schmutz zu verhindern. Alle Metallteile der Plaute waren überwiegend im Rokokostil verziert. Motive der irregulären österreichischen Soldaten *(Panduren)*, magische Zeichen und Jagdszenen fanden sich häufig auf den Klingen. Ein zusätzliches Kennzeichen dieser Waffe war im 18. Jahrhundert die Kette, gemacht in der Form einer 8, die anstelle des Knöchelschutzes vom Knauf zur Parierstange führte.

Nächste Doppelseite:
Schnapphahn-Gewehre aus der Türkei und von der Balkanhalbinsel:
1. *Albanisches Gewehr, 18. Jahrhundert*
2. *Gewehre, wie sie von der Garde der bosniakischen und albanischen Paschas getragen wurden. Diese Waffen wurden auch zur Jagd benutzt, Balkan, 18. – 19. Jahrhundert*
3. *Janitscharen-Muskete, Konstantinopel, 18. Jahrhundert*

1.
Арнаутка
0
0,1
1,0 м.
0,9
0,8
0,7
0,6
0,5
0,4
0,3
3.
Шишана
0
0,1

0,3
0,4
0,5
0,6
0,7
0,8
0,9
1,0 м
2.
0,1
0
Крџалинка
0,2
0,3
0,4
0,5
0,6
0,7
0,8 м

Das Jagdbesteck

Neben dem Jagdmesser und der Plaute, die zur Gruppe der Hirschfänger gehören, enthielt das Arsenal der Jäger in der Renaissance, im Barock und im Rokkoko noch eine weitere Blankwaffe, die Trousse (franz. la trousse – das Besteck), das Jagdbesteck (Waidpraxe mit Zubehör). Das Jagdbesteck war eigentlich ein Jagdzubehör, das aus verschiedenen Teilen bestand, die in einer Lederscheide getragen wurden, welche am Gürtel befestigt war. Dieses Zubehör bestand aus einem großen Messer, einem kleinen, normalen Messer, einer Gabel, einer Klinge mit Sägerücken, einem Stecher oder Pfriem und einem Wetzstein. Das große Messer hatte eine feste, sehr breite, einseitig geschliffene Klinge. Sie verbreiterte sich nach vorne und endete in einem Bogen ohne Spitze.

Der Messergriff bestand aus zwei Platten, die aus Bein, Horn oder Holz gemacht waren und mit Nieten an der Angel der Klinge befestigt waren. Das Griffende war meistens nur in Form eines stilisierten Tier- oder Vogelkopfes gestaltet. Während des Barocks und des Rokokos konnte der ganze Metallgriff in der Form eines Tieres gegossen sein. Der Handschutz, den nur die Vorderparierstange hatte, war in der Form einer mythologischen Tierfigur geschmiedet. Er war ebenfalls aus Metall und bildete mit der Zwinge ein einziges Stück.

Die Form und Herstellungsart des Heftes, wie auch die beigegebenen Schneid- und sonstigen Werkzeuge zeigen, daß der Ursprung dieser Waffe in den frühen Jagdschwertern gesucht werden kann. Auch das Paradejagdschwert von 1496, das dem Kaiser Maximilian I. gehörte und heute in Wien aufbewahrt wird, hatte einen Griffknauf in der Form eines stilisierten Vogelkopfes. Es war begleitet von zwei kleinen Messern und einem Pfriem mit Griff. Schließlich steht das Jagdbesteck in seiner Anwendung sicherlich dem spätgotischen Dolch und den gleichen, ihm beigefügten Werkzeugen näher, wie er seit dem Beginn des 16. Jahrhunderts in der St. Jürgen Kirche in Lübeck zu sehen ist. Es sollte erwähnt werden, daß solche Werkzeuge als Teile oder Zubehör von Armeewaffen in der Renaissance und Spätgotik nicht selten waren. Erinnert sei nur an das berühmte schottische Dolchmesser. Der Ursprung dieser Waffe läßt sich bis zum „kidney-dirk“ (Nierendolch des 14. Jahrhunderts) zurückverfolgen (Ballok-Dolch), der morphologisch als Phallussymbol galt. Während der Renaissance und im Barock trugen viele bekannte Schotten gerade diese Originalversion des Messers. Mit der Zeit versank die unangenehme Assoziation in Vergessenheit, und der Ballok-Dolch wurde etwas verändert zur Nationalwaffe dieses Teils der britischen Inseln. Die nationale Version dieses Messers ist auch unter dem Namen „Dirk“ bekannt, obwohl die sprachgeschichtliche Bedeutung dieses Wortes nicht ganz klar ist. Daneben trägt diese Waffe auch noch den eigenartigen gälischen Namen „Biadag“.

Die Schneidwerkzeuge umfaßten ein kleines Messer, und ebenso wurde eine Gabel mit diesem Messer aus dem schottischen Hochland getragen. Nachdem der schottische Dirk Teil der Uniform geworden war und besonders nach 1745 trugen Soldaten eine verkleinerte Form, das sogenannte *sgian dubh* oder *skene dhu* (schwarzes Messer). Es war für den täglichen praktischen Gebrauch gedacht und wurde zusammen mit dem Dirk im rechten Kniestrumpf getragen. Auch wurden die eigenartig aussehenden eisernen Dolchscheiden der Landsknechte aus dem frühen 16. Jahrhundert stets mit einem zusätzlichen kleinen Messer und einem Speiler versehen. Schließlich erinnern wir uns des finnischen Messers *puukko,* das immer mit einer kleineren Ausgabe der gleichen Waffe, dem *junki* kombiniert ist. Das Zubehör, das zusammen mit diesen militärischen und zivilen Waffen mitgeführt wurde, hatte damals einen praktischen Zweck, heute hat es nur noch einen Nebenzweck. Im Gegensatz zu diesen Messern war das Jagdbesteck für einen bestimmten Zweck erfunden worden, es sollte nach dem Töten des Wildes benutzt werden. Dieses Vorgehen geschah unter Einhaltung eines strengen Zeremoniells, das kennzeichnend für die Jagd jener Epoche war. In der Hauptsache wurde dieses Messer zum Zerschneiden und Zerwirken der Beute und Trennen der Hornteile benutzt. Das Schneidwerkzeug wurde zum Essen der Spezialitäten für den Jäger benutzt. In seinem Jägerhandbuch beschreibt Hartig das Zerwirken der Beute mit Hilfe des Jagdbesteckes. Vor dem genauen Zerlegen der Beute wurden die vier Läufe zusammen mit dem unbeschädigten Fell vom Rumpf getrennt. Das Fell wurde dann um das Knie herum abgeschnitten, so daß das abgeschnittene Glied in die Halterung des Hirschfängers gehängt werden konnte (des Hirschfängers, der zum Töten des Wildes benutzt worden war). Die Läufe wurden entsprechend dem sozialen Status der Jäger verteilt. Der hochrangigste Teilnehmer erhielt den rechten Vorderlauf, mit einem Eichenzweig oder einer immergrünen Pflanze geschmückt. Die verbleibenden Läufe waren, wie die Schulterblätter, für die in der Rangfolge weniger bedeutenden Jäger bestimmt.

Trotz der weitverbreiteten Popularität des Hirschfängers und des Jagdbestecks sollte man ihre Bedeutung bei der Jagd im Barock und Rokoko nicht überschätzen. Wie Perücken, farbenprächtige und teure Kleidung, Federn, Juwelen und Vollblutpferde trugen sie mehr zum malerischen Bild der Hofjagd bei als zum praktischen Teil der Jagd. Mit Ausnahme der Parforcejagd wurde das Wild in allen Ländern und bei allen Jagdarten mit Feuerwaffen erlegt.

Zum Gesamtbild gehört, daß auch Italien seine eigene besondere Art der Luxusjagd hatte – das war die Jagd im Wasser. Zum In-Szene-Setzen gehörten kleine Inseln, geschickt eingerichtet und mit Jägern besetzt, die ohne Mitleid auf alles Wild schossen, das ihnen von den Treibern ins Wasser gehetzt worden war. Durch Damen des Hofes, die aus Italien und Frankreich stammten, fand dieser Jagdtyp auch Verbreitung in Deutschland. Ein Ereignis, das 1671 auf dem Starnberger See bei München stattfand, fand Eingang in die Jagdgeschichte. Der italienische Einfluß wurde hierbei deutlich. Während Kurfürst Ferdinand Maria mit seinem Gast Erzbischof Max Gandolf in dem Jagdpavillon saß, schoß er die Tiere, die in den See getrieben worden waren. Der Pavillon war von dem italienischen Architekten Santurini in der Form der legendären venetianischen Galeere *Bucentoro* entworfen worden. 1754, fast ein Jahrhundert später, taucht die gleiche Dekoration, die *Bucentoro,* an den Ufern der March auf. Sie war zu Ehren der Habsburger (Maria Theresias, Franz' I., Erzherzog Max' und anderer) anläßlich einer Jagd durch Herzog Joseph Friedrich hergerichtet worden. In beiden Fällen waren die Hauptjagdwaffen verschwenderisch verzierte Feuerwaffen, die zum Erlegen von Aberhunderten Großwildtieren dienten. Darüber hinaus wurde es auch bei der Parforcejagd zunehmend Mode, die Beute vom Pferd aus mit einer Pistole zu erlegen. Das Geschoß erzielte seine beste Wirkung, wenn es in den Kopf des Wildes traf.

Diese Feuerwaffen waren jetzt nicht mehr die schweren und unpraktischen Arkebusen der früheren Zeit. Ein neuer, verbesserter Waffentyp war während der Barockzeit entwickelt worden – das Steinschloßgewehr.

Nächste Doppelseite:
Hinterlader-Jagdflinte mit Schnapphahn, Michael Güll, Wien, 17. Jahrhundert

STEINSCHLOSS-HINTERLADERBÜCH

MICHAEL GÜLL, WIEN

M G

FEUERWAFFEN

Das Steinschloß

Die unzureichende Funktionssicherheit des Luntenschlosses, ebenso die Kompliziertheit und der hohe Preis des Radschlosses veranlaßten sicherlich die Waffenkonstrukteure dazu, nach besseren, einfacheren und preiswerteren Lösungen zu suchen. Es ist tatsächlich unmöglich, ein genaues Datum oder den Ort des Ursprungs des neuartigen Steinschlosses zu finden. So verbietet ein Florentiner Dekret im Jahre 1547 das Tragen von Waffen in der Stadt. Das Dekret legt klar fest: „... *da fucile, o vero da pietra o da accaiaiulo* “. Der bekannte italienische Autor Gaibi behauptet, daß etwa zur gleichen Zeit die Wörter *acciarino* oder *azzalino* (in der lombardischen Mundart) zum Synonym für Steinschloß wurden. Den sprachgeschichtlichen Ursprung könnte man in dem Wort *accendiesca* suchen, einer Stahlart, die auch *accaiarino, azzalino* und *accaiaiuolo* genannt wurde. Zusätzlich war der Ausdruck *fucile (focile)* das Synonym für Steinschloßwaffen.

Dennoch bleibt die Tatsache, daß ein Rechnungsbuch aus dem gleichen Jahr ein Schnapphahn-Steinschloß erwähnt. Interessant ist es, daß dieses zweite, ebenso verläßliche Dokument aus der entgegengesetzten Richtung Europas stammt, aus Schweden. Es ist klar, daß dieser neue Schloß-Typ bald verbreitete Anwendung auf dem Kontinent fand. Wahrscheinlich verbreitete er sich am meisten von Mitteleuropa aus.

Das Steinschloß funktionierte nach dem folgenden Prinzip: ein Stück Pyrit oder Flintstein bzw. Feuerstein *(fusil* auf französisch von den Wörtern *focile* und *fucile)* war in den Hahnlippen festgespannt. Durch einen starken Schlag gegen den Stahl der Batterie erzeugte es Funken, welche das Pulver auf der Zündpfanne entzündeten.

Selbst wenn wir hinnehmen, daß die Arbeitsweise des Hahnes an pickende Hähnchen erinnert, so ist doch schwer nachzuvollziehen, was die Menschen bei diesem Funktionsprinzip an Hühnerdiebe denken ließ. Der ursprüngliche Name war von dem niederländischen Wort *Snap-haun* (Hühnerdieb) abgeleitet oder dem deutschen Wort *Schnapphahn,* welches ja die gleiche Bedeutung hat. Überdies ist anzunehmen, daß das spanische Wort *miquelet* (Hahn) seinen sprachlichen Ursprung in dem Spitzwort für Diebe – *miquelites* – hat.

Nach seinem Auftreten entwickelten sich beim Steinschloßsystem verschiedene, unterschiedliche Merkmale in bezug auf die Anbringung der Hauptteile auf der Schloßplatte. Besonders eine Gruppe der Schnapphahnsysteme umfaßte Bauweisen, die ein außenliegendes Federnsystem hatten. Eine andere hatte die Schlagfeder und alle Hauptteile an der Innenseite des Schloßbleches befestigt. So gehörte der italienische Schnapphahn *alla Romana,* der in den Werkstätten in Brescia und Mittelitalien gefertigt wurde, zu dieser ersten Gruppe. Ein weit bedeutenderer Vertreter dieses Schloßtypes und die Basis für die Entwicklung zahlreicher Variationen war jedoch das Schloß *alla bisaglia.* Dieser Schloßtyp, der sich leicht von dem *„römischen"* Typ unterschied, wurde auch *Patilla, alla Mojaca* oder *Morlaca* genannt (weil die Waffen für die Morlaci vorgesehen waren, die einheimische Bevölkerung des venetianischen Teil von Dalmatien).

Die spanischen *alla catalana-* oder *alla spagnola-*Schlösser waren sehr ähnlich, bezogen sich jedoch nicht direkt auf die *alla bisaglia,* und das gleiche läßt sich auch von den *miquelet (alla micheletta)* sagen, die bis in das späte 19. Jahrhundert in der Türkei und auf dem Balkan beliebt waren.

Die zweite Gruppe von Schlössern umfaßte die *alla Fiorentina-* und *alla Bolognese-*Schlösser, die italienische Version der Schnapphahn-Schlösser, die in Bologna, Emilia, in der Toskana und in Brescia entwickelt wurde. Die ursprünglichen Schlösser und die englischen Schlösser gehörten auch zu dieser Gruppe.

Es muß gesagt werden, daß die Schlösser, welche die Schlagfeder auf der Außenseite des Schloßbleches hatten, aus verschiedenen Gründen unpraktisch waren. Es sei nur daran erinnert, daß diese Teile Stößen ausgesetzt sind und somit beschädigt werden können. Auch wirken auf sie Schmutz und widrige Wetterbedingungen ein. Diese Bauweise wurde bald in Westeuropa durch qualitativ bessere Konstruktionen verdrängt. Auf dem Balkan, in der Türkei, in Afrika und im Kaukasus blieben sie jedoch aus seltsamen Gründen bis zur vollständigen Entwicklung des Perkussionsschlosses in Gebrauch.

Einige frühe Ausführungen des Steinschlosses hatten einen weiteren technischen Nachteil, der wahrscheinlich vom frühen Radschloß herrührte. Zündpfannendeckel und Schlagfläche waren als zwei verschiedene Teile gemacht, was die Handhabung der Waffe verlangsamte und schwieriger machte. Überdies hatte die zweite Gruppe eine Bauweise ohne diesen Nachteil. Das waren die Schlösser mit innenliegendem Federsystem, wie die *alla fiorentina* und der holländische *snaphaan!*

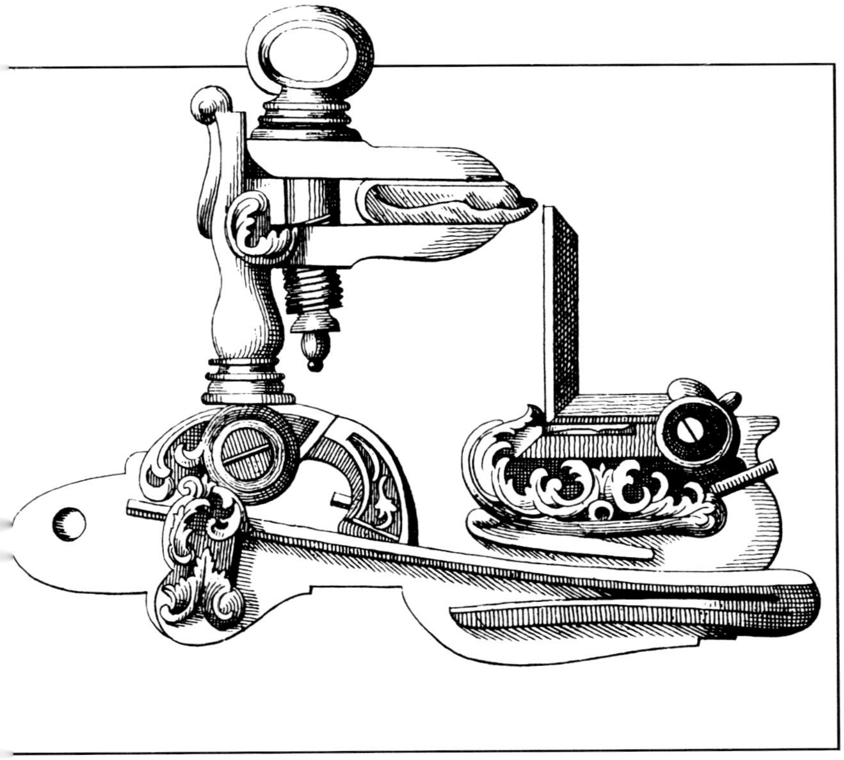

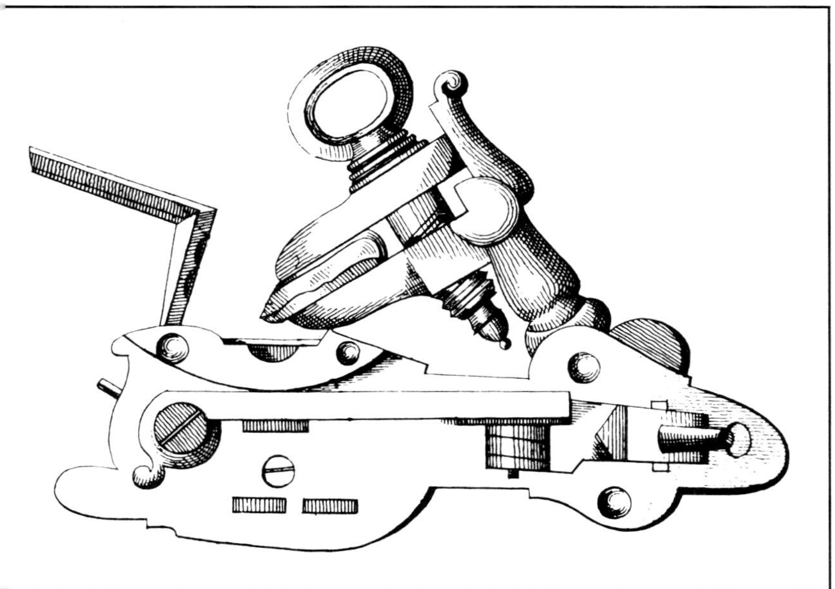

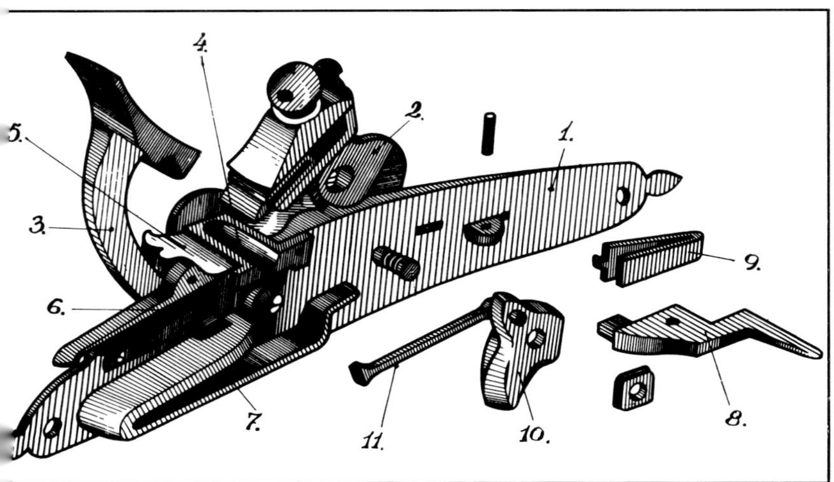

Von oben nach unten: – *spanische „Miquelet" (17. – 18. Jahrhundert) Vorderseite; – „Miquelet" Rückseite; – Schnapphahn: 1. Schloßplatte, 2. Hahn, 3. Schlagfläche, 4. Pfanne, 5. Pfannendeckel, 6. Feder zum Pfannendeckel, 7. Schlagfeder, 8. Abzugstange, 9. Feder zur Abzugstange, 10. Nuß, 11. Öffnungshebel zum Pfannendeckel*

Großbritannien – die Wiege der modernen Jagdwaffen

Nur wenige europäische Länder hielten sich bei dieser Suche nach dem qualitativ besten Steinschloßmechanismus zurück. Deshalb machte auch der größte Teil des Alten Kontinents Bekanntschaft mit seinen Nachteilen und Kinderkrankheiten. In dieser Beziehung muß man es den Engländern zugute halten, daß sie die frühen und unzuverlässigen holländischen Schnapphähne nicht sonderlich beachteten. Es scheint, daß lediglich 1580 ein Teil der Truppen, die nach Irland entsandt wurden, dieses Schloß an den Waffen hatte.

Vier Jahrzehnte später erschien auf der Insel ein heimischer, weit besserer Schloß-Typ. Es war das sogenannte *Englische Schloß*. Im Aussehen unterschied es sich nur wenig vom bisherigen Schnapphahn-Schloß. Es hatte aber einige bedeutende Vorteile. Zunächst einmal waren der Zündpfannendeckel und die Schlagfläche aus einem einzigen Stück gemacht, üblicherweise nun als Batterie bezeichnet. Zweitens hatte das englische Schloß auch eine Sicherheitsraste, was erheblich mehr Sicherheit bei der Handhabung der Waffe gewährleistete. Diese sichere Stellung des Hahnes wurde dadurch erreicht, daß die Nuß, in welcher die Abzugstange einsetzt, mit einer tiefen Kerbung versehen war. Durch spätere Verbesserungen erhielten einige englische Schlösser auch eine seitliche Sicherung. Das war ein Schieber auf der Außenseite des Schloßbleches, der in die Aussparung am Hahn eintrat, während dieser in der Sicherheitsraste der Nuß gehalten wurde. Es ist interessant, daß diese zusätzliche Vorrichtung dem Schloß den Namen eines Tieres eintrug. Besonders dieser Typ von Sicherungsschieber wurde Hundehaken genannt, so daß später das ganze Schloß *Hund-Schloß* (dog-lock) hieß.

Leider befand sich im frühen 17. Jahrhundert die Qualität der heimischen und der importierten Waffen nicht immer auf einem hohen Stand. Schlechte Handwerksarbeit und Mängel im Entwurf wurden besonders während der unglücklichen Feldzüge von Charles I. offenkundig. Um eine Mindestqualität der Waffen zu sichern, setzte 1631 das Wahlkomitee eine besondere Kommission ein, die unmittelbar dem Siegelbewahrer unterstellt war.

Im Jahre 1637 wurde durch königliches Dekret diese Kommision in eine ständige Körperschaft umgewandelt. Sie trug den Namen „Gunmakers' Company of London" (Vereinigung der Londoner Büchsenmacher). Der wichtigste Punkt in den Statuten dieser Vereinigung beschreibt das Abstempeln von getesteten Waffen. Diese angelegten Maßstäbe hatten weitreichende Auswirkungen auf die Qualität britischer Waffen und hoben sie auf den höchsten Stand in der Welt.

In Übereinstimmung mit den Vorschriften wurden alle Läufe vor dem Verkauf zwei Prüfungen unterzogen. Bei

Rechts: *Fasanenjagd, Stich aus N. Cox' Buch „The Gentleman's Recreation", herausgegeben von R. Blome, London, 1686*

Nächste Doppelseite:
Steinschloß-Karabiner, Rußland, 2. Hälfte des 17. Jahrhunderts

PEARCHING the PHEASANT
p. 179
To The Right Hon:ble Kenneth M'Kenzie
Earle of Seafort. Lord M'Kenzie, &
Kentaill, Baron of Ardelu, Islandonan, &
Lews. Shiriff principall of the Shires of Ross.
& North Nass &c
This Plate is humbly dedicated by Richard Blome
Arth. Soly sculp

Ружье охотничье с кремневым замком

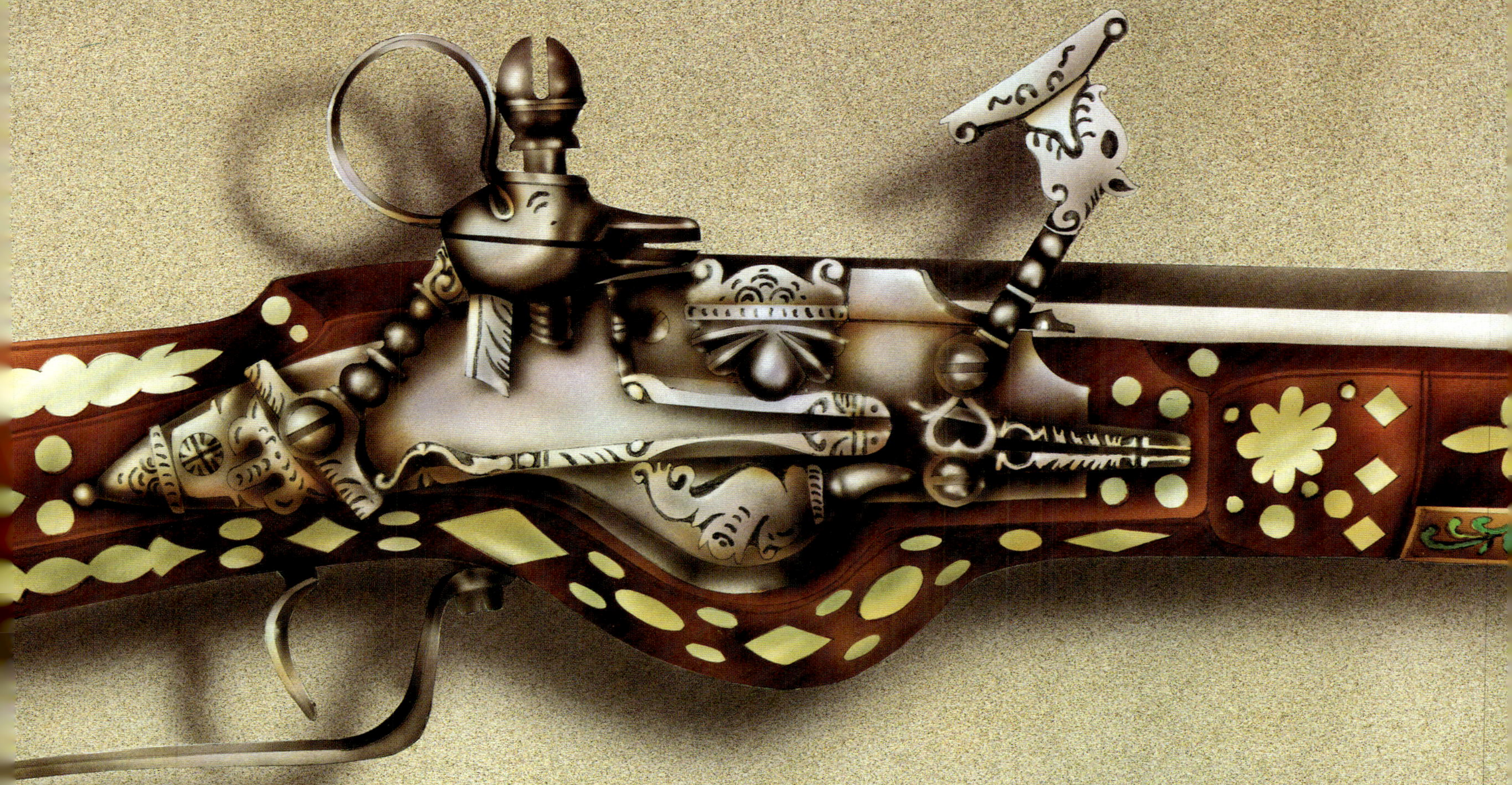

Россия, 17. в.

der ersten Prüfung wurde der Lauf im Rohzustand, bei der zweiten nach der Endbearbeitung der Waffe getestet. Der Laufrohling wurde in einem Gestell befestigt, wobei die Mündung auf einen Sandwall zeigte und mit der doppelten Standardpulverladung sowie einem Normalgeschoß geladen. Wenn der Lauf der verstärkten Ladung standhielt, wurde der mit dem Zeichen für die erste Prüfung gestempelt. Es war eine Krone über dem Buchstaben V (für viewed = Gesehen). Wenn die Waffe fertiggestellt war, wurde sie ein zweites Mal geprüft, und erst danach erhielt sie den Stempel des zweiten und letzten Tests – eine Krone über den Buchstaben G. P. (Gunmakers' Proof – Büchsenmacherprüfung).

Um Dumping-Preise durch preiswertere, jedoch qualitätsgeminderte Waffen zu verhindern, waren die Waffentests von jeglicher Gebühr befreit. Zusätzlich wurde 1631 auf Bitte des Staatsrates eine Preisliste für alle Dienstleistungen der Büchsenmacher herausgegeben. Diese Preisliste vermittelt uns einige interessante Daten

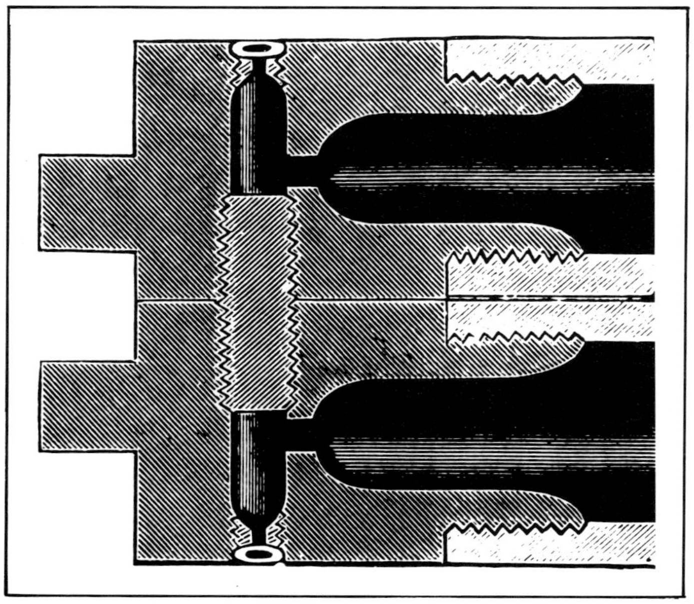

Henry Nock's Kammern, 1787

über die neue Steinschloßwaffe. Ein Karabiner mit Steinschloß, komplett mit Zubehör, kostete ein Pfund, während eine Arkebuse mit „Zündschloß" (d.h. Radschloß) 1.16 Pfund wert war. Folglich war die neue, viel wirksamere und unkompliziertere Waffe billiger als die veraltete Radschloßwaffe. Es waren diese Einfachheit in der Handhabung und die niedrigen Herstellungskosten, die dazu beitrugen, daß die Steinschloßwaffen nicht nur auf den Schlachtfeldern, sondern auch in den Jagdrevieren in England eine glänzende Karriere machten.

Die Steinschloßwaffe hatte jedoch viele Hindernisse zu überwinden, bevor sie den gebührenden Platz im Arsenal der Jäger fand. Zunächst einmal reichte bis zur zweiten Hälfte des 17. Jahrhunderts der Einfluß der Gunmakers' Company of London keine zehn Meilen weit. Daher waren noch immer die größten Teile Englands von Waffen zweifelhafter Qualität überschwemmt. Andererseits wurden zu der Zeit, als sich das neue Steinschloß auszubreiten begann, einige falsche Maßnahmen bezüglich des Tierschutzes in England ergriffen. Nach R. Akenhurst erhielt 1634 der Herzog von Bedford die königliche Erlaubnis, seine bekannten Sümpfe trockenzulegen. Diese Landgewinnungsarbeit führte zu einer Verringerung der Artenvielfalt, besonders bei den Sumpfvögeln. Unmittelbar nach diesem Ereignis brach der Bürgerkrieg auf der Insel zwischen den Königlichen und den Republikanern aus, der zur Herrschaft Oliver Cromwells führte. Diese Zeit hatte unheilvolle Auswirkungen auf die Jagd in Großbritannien. Raubbau am Wald (hauptsächlich für den Schiffsbau) führte zu einer dramatischen Verkleinerung des Großwildbestandes. Auch widmeten sich die Jäger einem anderen Handwerk – dem Krieg. Fähige Schützen, ausgerüstet mit den gut gemachten Steinschloßgewehren oder mit Musketen für die Vogeljagd, fügten aus dem Hinterhalt den regulären Truppen große Verluste zu. Bischof Ruffer schrieb etwas ähnliches 1644. In seinem Bericht über die Verteidigung von Lathom House sagt der Bischof: „Auf den Turmspitzen waren die besten und ausgesuchtesten Schützen postiert, die sonst den Grafen bei der Jagd und anderen Unterhaltungen als Waidmänner, Wächter, Vogelsteller begleiteten. Und ebenso hielten sie hier Wacht mit geschraubten Gewehren (d.h. gezogenen Büchsen, Anm. d. Verf.) und langen Vogeljagdflinten zum großen Verdruß und Schaden des Feindes..." Allgemein kann man sagen, daß im Bürgerkrieg in einem hohen Maße Jagdwaffen bevorzugt wurden, nicht nur wegen ihrer besseren Qualität, sondern auch wegen eines einfachen Grundes – es gab nie eine ausreichende Anzahl an Militärwaffen.

Als Charles II. 1660 die Monarchie wieder herstellte, waren die britischen Jagdreviere verödet. Nach der Rückkehr auf seine Ländereien mußte sich der Adel der Großwildjagd enthalten oder für viele Jahre mit Falken jagen.

Entsprechend mußten auch die Neuheiten, wie etwa die Parforcejagd, die diese Leute über den Kanal mitbrachten, einigen Veränderungen unterworfen werden. In England war diese Art der Jagd auf kleineres Wild ausgerichtet, auf Hasen und besonders auf Füchse. Überdies wurde die Fuchsjagd zu einem Teil der britischen Tradition. Der Master (Herr) übernahm die Rolle des Piquer, der Wipper-in (Einpeitscher) ähnelte dem Relais und der Ruf „Tally-ho" verursachte die gleiche Begeisterung, als wenn das Tier „abgeschossen" würde.

Im Jahre 1634 erhielt der Herzog von Bedford die königliche Erlaubnis, seine berühmten Sümpfe trockenzulegen. Diese Landgewinnungsmaßnahme verringerte erheblich die Fauna, besonders bei den Wasservögeln.

Jedoch war eine andere Neuheit, die Charles II. im Exil kennengelernt hatte, viel bedeutender für die Geschichte der Jagdwaffen. Der englische Adel und der Hof hatten nämlich während des Aufenthaltes in Frankreich genügend Zeit, sich die Jagd auf Flugwild anzugewöhnen.

Nach der Rückkehr nach England übte man weiterhin diesen Sport aus, während sich gleichzeitig seine Beliebtheit über die ganze Insel ausbreitete.

Nur drei Jahrzehnte nach der Restauration der Monarchie veröffentlichte R. Blome das Buch *The Gentlemen's Recreation* – „Die Ergötzung der vornehmen Herrschaften". In diesem Buch macht sich der Jagdfachmann zu einem Anwalt für die Jagd auf Vögel nur im fliegenden Zustand. In diesem Zusammenhang beschreibt er verschiedene Methoden der Vogeljagd und erwähnt, daß in dieser Zeit das Schießen vom Pferde aus beim Adel beliebt war. Der Autor führt weiter aus, daß man Wachteln leicht in der Luft schießen könne. Jedoch erlaubten die ballistischen Fähigkeiten der Waffen und des Schießpulvers zu dieser Zeit nicht immer ein Schießen auf fliegende Ziele. Es scheint, als wäre Blome über diese Tatsache nicht richtig unterrichtet gewesen. Jedenfalls behauptet er, daß der Lärm der Hunde die Fasanen zunächst aus dem Busch heraustreibe. Der Jäger schleiche sich dann hinzu und schösse sie auf dem Boden. Enten, Gänse und Reiher wurden mit Vogelflinten geschossen, deren Läufe bis zu 6 Fuß lang waren. Ungeachtet der außerordentlichen Länge dieser Waffe konnten diese scheuen Vögel sicherlich nur auf der Erde geschossen werden und nicht im Fluge.

Im 17. und 18. Jahrhundert war es für die Jäger sehr schwierig, ein Ziel zu treffen, das sich in einer Ebene senkrecht zur Schlußlinie bewegte. Es ist gut bekannt, daß für den tödlichen Schuß auf einen Reiher die Auftreffenergie von wenigstens 4 Kugeln mit 2,5 mm Durchmesser notwendig ist. Eine größere Energie war im Falle von Fasanen und Enten gefordert, so daß schließlich 5 Kugeln mit 3 mm Durchmesser notwendig waren. Im 17. Jahrhundert war die Zeitspanne zwischen der Zündung in der Kammer und dem Einschlag des Geschosses im Ziel so lang, daß es eigentlich unmöglich war, Streuung und Trefferlage vorherzusagen. Richard Akenhurst bemerkt witzig, daß ein unerfahrener Jäger, der auf den ersten Vogel in einem Schwarm zielte, erstaunt feststellen konnte, daß er den letzten getroffen hatte!

Vogelflinten mit extrem langen Läufen blieben wegen der gleichen Ansichten in Gebrauch, die auch G. Markham schon sechs Jahrzehnte vorher geäußert hatte.

Nächste Doppelseite:
Steinschloß-Jagdgewehr, Frankreich, Anfang des 18. Jahrhunderts

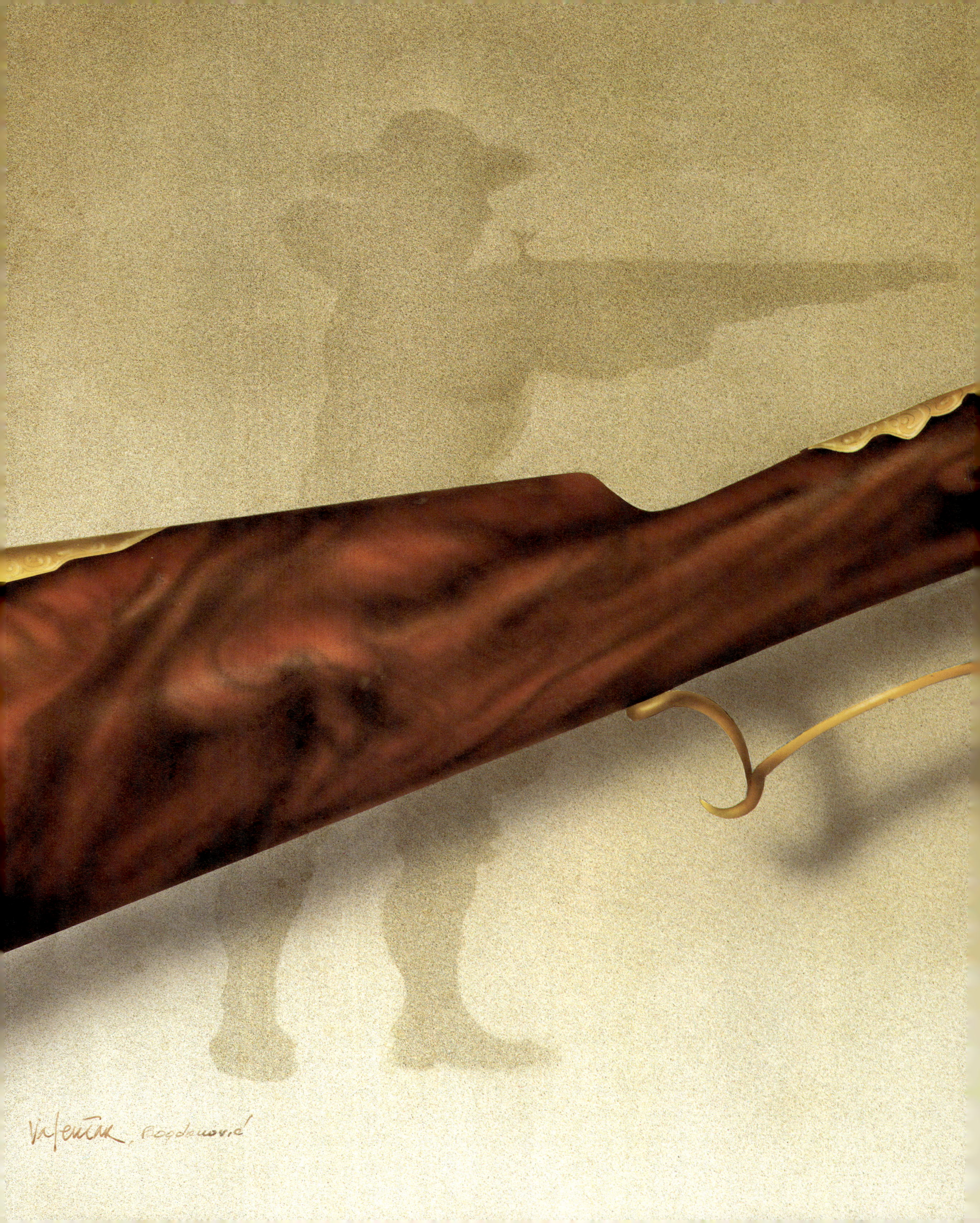

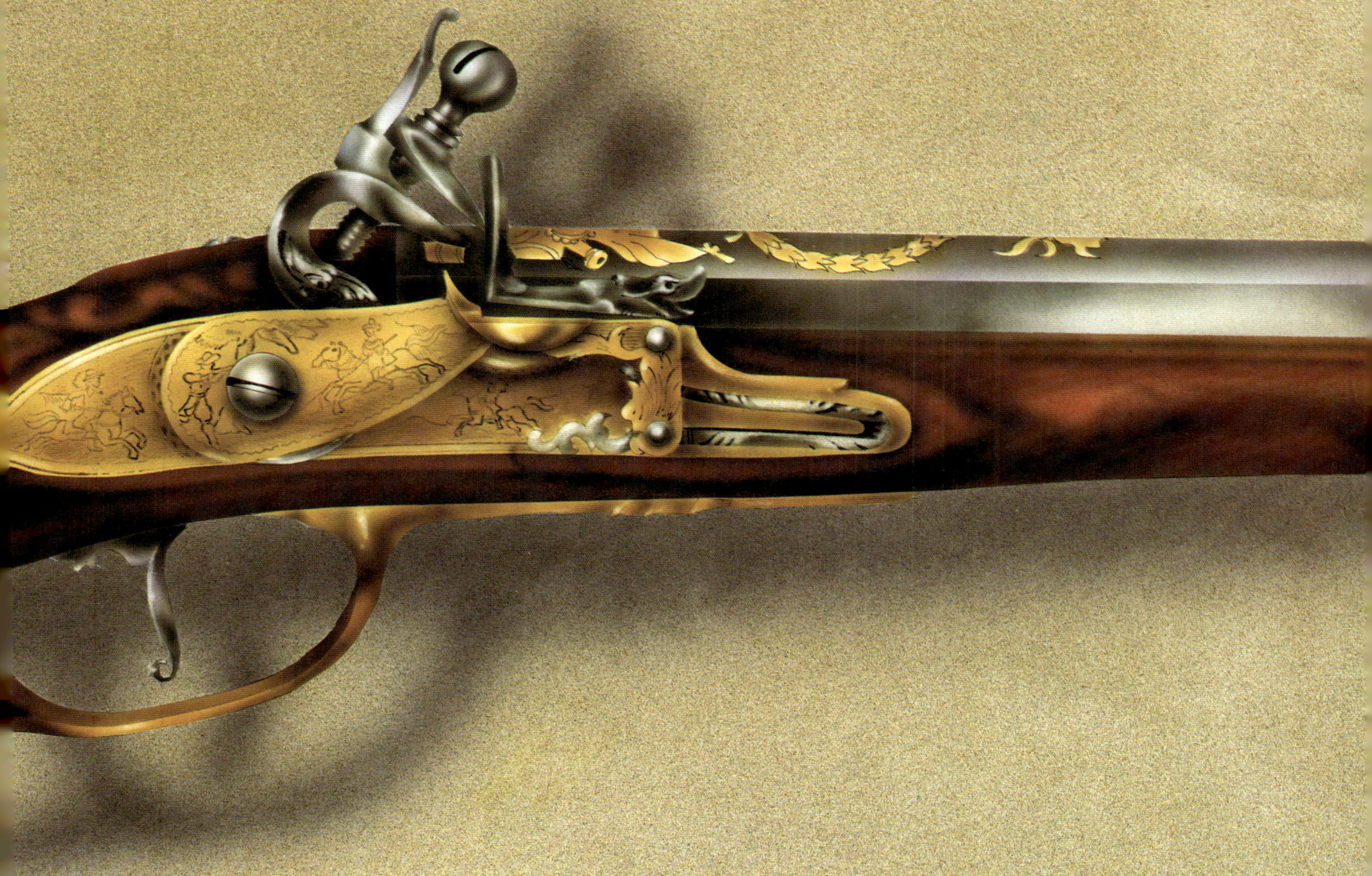

Fusil de chasse á silex

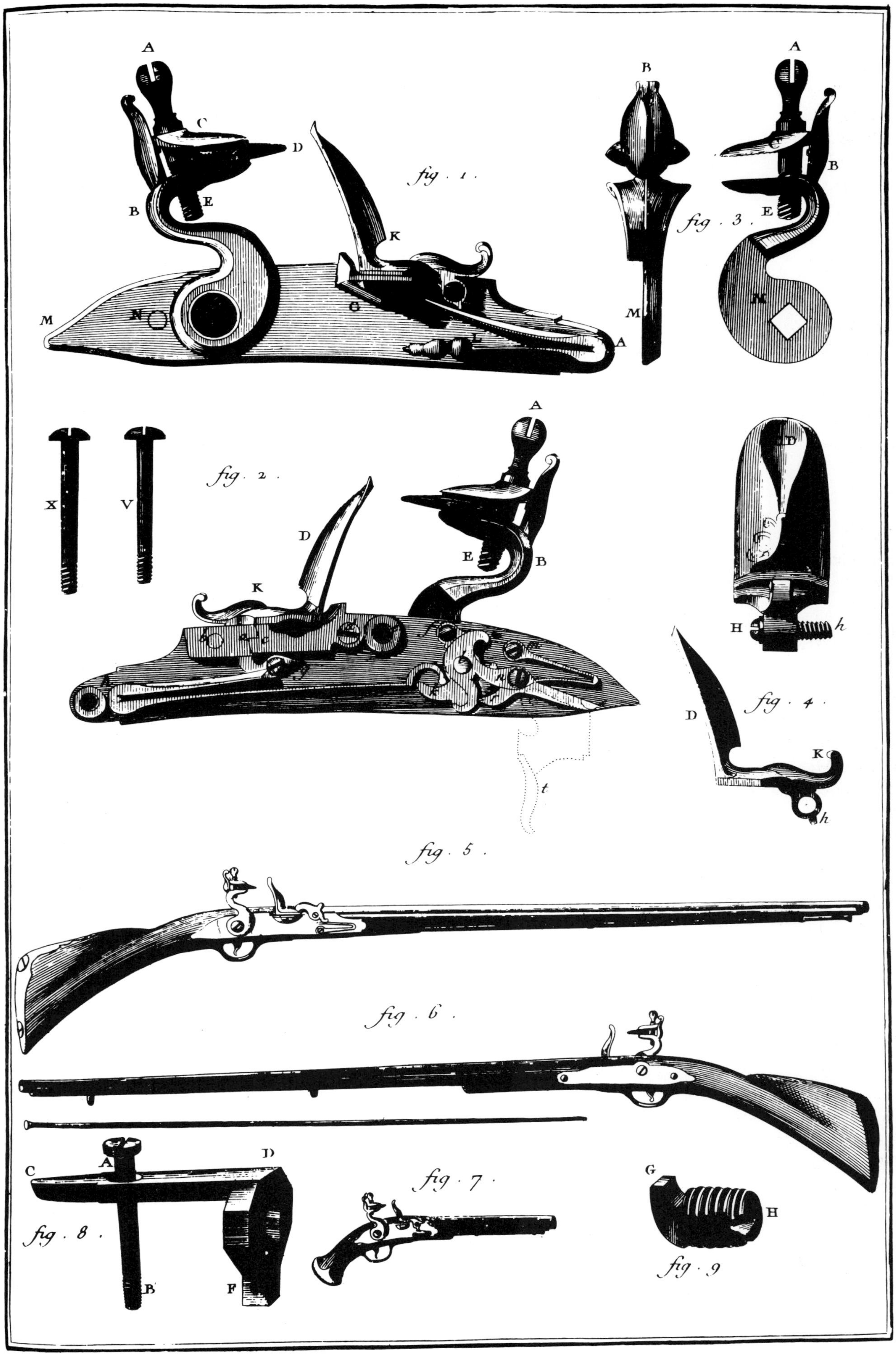
fig. 1.
fig. 2.
fig. 3.
fig. 4.
fig. 5.
fig. 6.
fig. 7.
fig. 8.
fig. 9.
A
B
C
D
E
K
M
N
L
X
V
H
h
t
F
G

Es sollte erwähnt werden, daß französische Waffen sich in England verbreiteten, als der mediterrane Jagdstil aufkam. Die Franzosen entwickelten ihr ausgezeichnetes Steinschloß in der zweiten Hälfte des 17. Jahrhunderts. Sie verbesserten den Schaft, so daß die Waffe am Schultergelenk angelegt werden konnte, was die Handhabung und das Zielen mit langen Jagdwaffen deutlich vereinfachte.

Die sich verbreitende Beliebtheit der praktischen, kontinentalen Flinten auf der Insel führte zu einem starken Import französischer Waffen. Was die Sache schlimm machte, war, daß die Händler keine Anhaltspunkte zur Qualitätsbestimmung der Waffen hatten. Das hatte seinen Hintergrund darin, daß man in erster Linie auf äußere Effekte Wert legte. Zeitweise war die verschwenderisch verzierte Waffe auf den Jagden mehr eine Dekoration als ein nützliches Jagdwerkzeug. Dieser Sachverhalt führte in England zu einem weiteren Qualitätsverfall der Waffen. Um die Dinge wieder in Ordnung zu bringen, reaktivierte Charles II. 1672 die Gunmakers' Company of London. Zunächst einmal weitete der König die Zuständigkeit der Company auf das ganze Land aus, während gleichzeitig strengere Maßstäbe angelegt wurden. Diese wirksamen Maßstäbe führten in erster Linie zu einer allmählichen Qualitätsverbesserung der einheimischen Waffen. Überdies verhinderten sie auch die Einfuhr minderwertiger Flinten vom Kontinent. Schließlich begann sich am Ende des 17. und zu Beginn des 18. Jahrhunderts ein besonderer englischer Jagdwaffentyp zu entwickeln.

Das erste Merkmal der einheimischen Waffen war ein ungewöhnlich eleganter Schaft, der auch typisch für die militärische „Brown Bess"-Muskete war. Die geraden Linien des Kolbens, der ohne zusätzlichen Pistolengriff war, zogen sich auch an den Seiten des gesamten Schaftes entlang. In Europa wurde im allgemeinen der Kolben nicht an die Wange des Schützen gelegt. Der britische Schaft erlaubte einen leichteren Zugang zum Abzug und somit eine höhere Feuergeschwindigkeit, aber er war weniger belastbar und fest. Ferner verzierten englische Büchsenmacher ihre Arbeiten mit mehr Geschmack. Sie ignorierten fast völlig jeden übertriebenen Luxus und die starken Schnörkel des europäischen Barocks und Rokokos. Wenn auch „modische" Motive von Europa in England während des 17. und 18. Jahrhunderts übernommen wurden, so wurden diese Stile nicht einfach kopiert. Die Inselbewohner benutzten kontinentale Elemente (meistens Wild-Gruppen) mit mehr Geschmack, oft als Silbereinlagen unmittelbar im Holz. Eines dieser kleinen Details wurde typisch für englische Waffen nach ihrer Umgestaltung. Am Ende des 18. Jahrhunderts war der Vorderteil des Abzugbügels in Form eines Kleeblattes gestaltet. In der Mitte des Jahrhunderts wurde dieser Teil umgestaltet in die modische Form einer Eichel. Am Ende erhielt er die Form einer Ananas!

Jedenfalls war die Neigung, „abstrakte" Motive in Form von Bandornamenten oder hochstilisierten Barockmuscheln abzubilden, in England sehr viel verbreiteter. Diese Einstellung bei der Waffenverzierung legte den Grundstein zu der traditionellen abstrakten Waffenverzierung, wie wir sie bis heute kennen.

Bezüglich der technischen Verbesserungen der Waffen muß zugegeben werden, daß die englischen Hersteller während des 17. und auch zum größten Teil im 18. Jahrhundert nicht sehr erfinderisch waren. Erst am Ende des 18. Jahrhunderts traten verschiedene, talentierte Büchsenmacher auf. Sie wurden wegen ihrer Verbesserungen am Steinschloß bekannt.

Hier denken wir in erster Linie an die Beiträge, die Henry Nock und die Gebrüder Joseph und John Manton leisteten.

Henry Nock war im späten 18. Jahrhundert ein angesehener britischer Büchsenmacher. Er war wegen seiner zahlreichen und wichtigen Erfindungen für die Armee bekannt. Einer der entscheidenden Augenblicke für die Geschichte der Jagdwaffen war der, als Nock sich seine neuartige Schwanzschraube patentieren ließ.

Linke Seite:
Steinschloßwaffen, Denis Diderot, Paris, 1751 – 1772

Nächste Doppelseite:
Luntenschloß-Gewehr, Kunitomo-Schule; Japan, um 1750

Wie bereits erwähnt, erforderte die herkömmliche Konstruktion der Pulverkammer die Anwendung der unpraktischen langen Läufe, deren einziger Sinn war, die Verbrennung des gesamten Pulvers zu gewährleisten. Henry Nock entwarf eine Schwanzschraube, bei welcher der Durchmesser der Pulverkammer etwas kleiner als der des Laufes war. Das war im Grunde nur eine gerundete Aushöhlung, die aus der Verschlußschraube herausgeschnitten war. Ein enger Kanal („ante-chamber" = Vorkammer) war vom Mittelpunkt dieser Aushöhlung gebohrt, um eine Pulverladung aufzunehmen, und der war im rechten Winkel mit dem Zündkanal verbunden, der nach außen zum Zündloch der Waffe führte. Im Falle der herkömmlichen Kammer entzündete die Flamme die Ladung durch ein Zündloch an der rechten Seite, was ein langsames und allmähliches Abbrennen bewirkte. Bei der neuen Konstruktion wirkte die Flamme auf den mittleren Bereich der Ladung. Das zündete fast gleichzeitig die gesamte Ladung, was den Abbrand des Pulvers verstärkte und die Anfangsgeschwindigkeit des Geschosses erhöhte. Die Grundlage war auf den Wunsch zurückzuführen, die Gesamtlauflänge der Waffen zu reduzieren. So brachten die Briten schließlich Waffen heraus, die nur eine Lauflänge von 30 – 32 Zoll hatten. Darüber hinaus begann auf der Insel aus dem gleichen Grund die Herstellung von doppelläufigen Flinten, die auf dem Kontinent bereits seit längerer Zeit sehr beliebt waren.

Dennoch bedeutet das noch nicht, daß Nocks Originalentwurf schon perfekt gewesen wäre. Die Mängel zeigten sich deutlich bei den Jagdwaffen, wenn man auf bewegliche oder fliegende Ziele schoß. Es ist gut bekannt, daß bei dieser Art des Schießens die Schußgeschwindigkeit wichtig ist. Das ist die Zeitspanne zwischen Zielen, Betätigen des Abzuges und dem Augenblick, wenn das Geschoß das Ziel trifft. Aus eben diesem Grund waren die herkömmlichen Vogelflinten nicht brauchbar für das Schießen auf fliegende Vögel. Mit der Einführung von Nocks Vorkammer war die Zeitspanne von der Betäti-

Entenjagd im England des 17. Jahrhunderts. Eine Illustration aus „The Gentlemen's Recreation"

gung des Abzugs bis zur Zündung der Hauptladung verlängert worden. Der Grund der Verlängerung lag in dem längeren Weg der Zündflamme. So bekamen die Jäger leichtere Waffen mit kürzeren Läufen und längerer Zündzeit. Das spornte den begabten Konstrukteur an, seine Erfindung so schnell wie möglich zu verbessern. Im Jahre 1787 versah Nock die Schwanzschraube anstatt nur mit einer Ausbuchtung mit einer tiefen Aushöhlung für die Ladung. Das abgerundete Ende dieser Aushöhlung war durch eine kurze Passage mit der geräumigen Vorkammer verbunden, die von einer Seite zur anderen durch die Schwanzschraube geschnitten war. Ein Ende dieser Vorkammer war durch eine Schraube verschlossen, um für die Reinigung einen Zugang zu haben. Da beim Laden etwas Pulver in die Vorkammer durchfiel und der Kanal, der sie von der Hauptkammer trennte, nur etwa 3 mm lang war, war das Zündloch tatsächlich in der gleichen engen Verbindung mit der Ladung wie bei der herkömmlichen Schwanzschraube (H. C. B. Rogers).

Das Werk der Gebrüder Manton an der Verbesserung der Ausführung des Steinschlosses und ihre Verbesserung der ganzen Waffe war folgerichtig von den Patenten Henry Nocks abgeleitet. Indem sie die Ideen anderer Konstrukteure weiterentwickelten, leisteten die Manton-Brüder ihre eigenen Beiträge zur Lösung des Problems der Schnelligkeit und Sicherheit der Hahnwirkung und der Batterie. Bisher lag die Schlagfeder direkt auf der Nuß auf, und zwischen dem unteren Ausleger der Batterie und der Batteriefeder gab es eine gleitende reibende Verbindung. Solche Anordnungen verursachten starke Reibungskräfte, wobei ein Teil der verfügbaren Federkraft verloren ging. Gleichzeitig wurde der Ablauf aller Vorgänge verlangsamt. Um das zu verhindern, bauten britische Büchsenmacher ein Stahlrädchen in die Batterie ein oder an. Die Verbindung zwischen dem Kropfen der Schlagfeder und der Nuß wurde durch ein T-Stück, die sogenannte Kette geschaffen. Solche Verbindungen gewährleisteten eine größere Reibungsfreiheit und Schlagkraft jedes einzelnen Teiles innerhalb des Schlosses und somit eine sichere und schnellere Zündung.

Um die Sicherheit in Funktion und Handhabung noch weiter zu erhöhen, war es nötig, das Zündloch wirksam und dauerhaft zu schützen. Es korrodierte durch den Abbrennvorgang beim Zünden und brannte nach und nach aus. In der Zeit zwischen 1805 und 1810 nahmen die Gebrüder Manton Henry Nocks alte Idee auf, ein besonderes Stück Platin den Läufen einzufügen, durch das dann das Zündloch gebohrt wurde. Um zusätzlich die Zündung vor dem schädlichen Einfluß von Regen und Feuchtigkeit zu schützen, kam eine besonders schmale Zündpfanne in Gebrauch. Ihre Kanten waren eingeschnitten, um das Eindringen von Wasser zu verhindern.

Oben: *„Gunmakers' Proof“ – Prüfstempel auf britischen Waffen*

Links: *„Brown Bess“. Militär-Muskete, 18. Jahrhundert*

Auf Grund des Raubbaus an den Wäldern während der Regierungszeit Oliver Cromwells nahm die Zahl an Hochwild auf der Insel deutlich ab. Nach der Restauration der Monarchie enthielten sich die Grundherren viele Jahre der Rotwildjagd. Bei der Parforce-Jagd wandte man sich daher in Großbritanien mehr kleinerem Wild zu – besonders den Füchsen.

Schließlich sollten wir Mantons Visierschiene erwähnen. Ihre Einführung erlaubte es versierten Büchsenmachern, den Treffpunkt über den Haltepunkt anzuheben. Die Läufe bei früheren Jagdwaffen mit der alten Visiereinrichtung verdeckten oft das anvisierte Ziel. Das verursachte große Probleme, besonders wenn man auf bewegliche Ziele schoß, mit anderen Worten auf Vögel im Fluge.

Alle diese Verbesserungen führten dazu, daß britische Steinschloßwaffen einen hohen Standard erreichten und weltweit einen guten Ruf erlangten.

Wenn man über die Entwicklung der Jagdwaffen spricht, so sollten wir nicht aus dem Blick verlieren, welche Rolle England bei der Entwicklung von Jagdmunition und Schrot spielte.

Wie bekannt, stellte sich das Problem, Ladungen entsprechender Qualität herzustellen, seit dem Aufkommen der ersten Feuerwaffen. Bis zum 18. Jahrhundert gab es verschiedene Techniken, Geschosse oder Kugeln für Jagdwaffen herzustellen.

Zum Beispiel wurden Schrotkugeln entweder in Formen gegossen oder sie wurden durch ständiges „Schütteln" abgeschnittener Bleistückchen in besonderen Gefäßen hergestellt. Jedoch wurden auch einfache, unfertige Bleistückchen benutzt. Die Erzeugnisse, die bei allen diesen Herstellungsmethoden herauskamen, waren unregelmäßig in Form und Größe. Das hatte einen deutlichen Einfluß auf die äußere und innere Ballistik der Waffen.

Eine Revolutionierung in der Herstellung von Schroten wurde durch einen gewissen W. Wots aus Bristol herbeigeführt. Unter der Nummer 1347 meldete er am 28. März sein Patent an. Wots wandte ein sehr einfaches, aber geniales Prinzip an, das man in der Natur sehen kann. Es ist das Phänomen des Regentropfens. Mit besonderen Schöpflöffeln schüttete dieser Mann aus verschiedenen

Rechts: *Jäger aus dem 17. Jahrhundert, nach Velasquez' Portrait von Ferdinand von Österreich*

Nächste Doppelseite:
Türkische Janitscharen-Muskete mit „Miquelet"-Schloß, 18. Jahrhundert

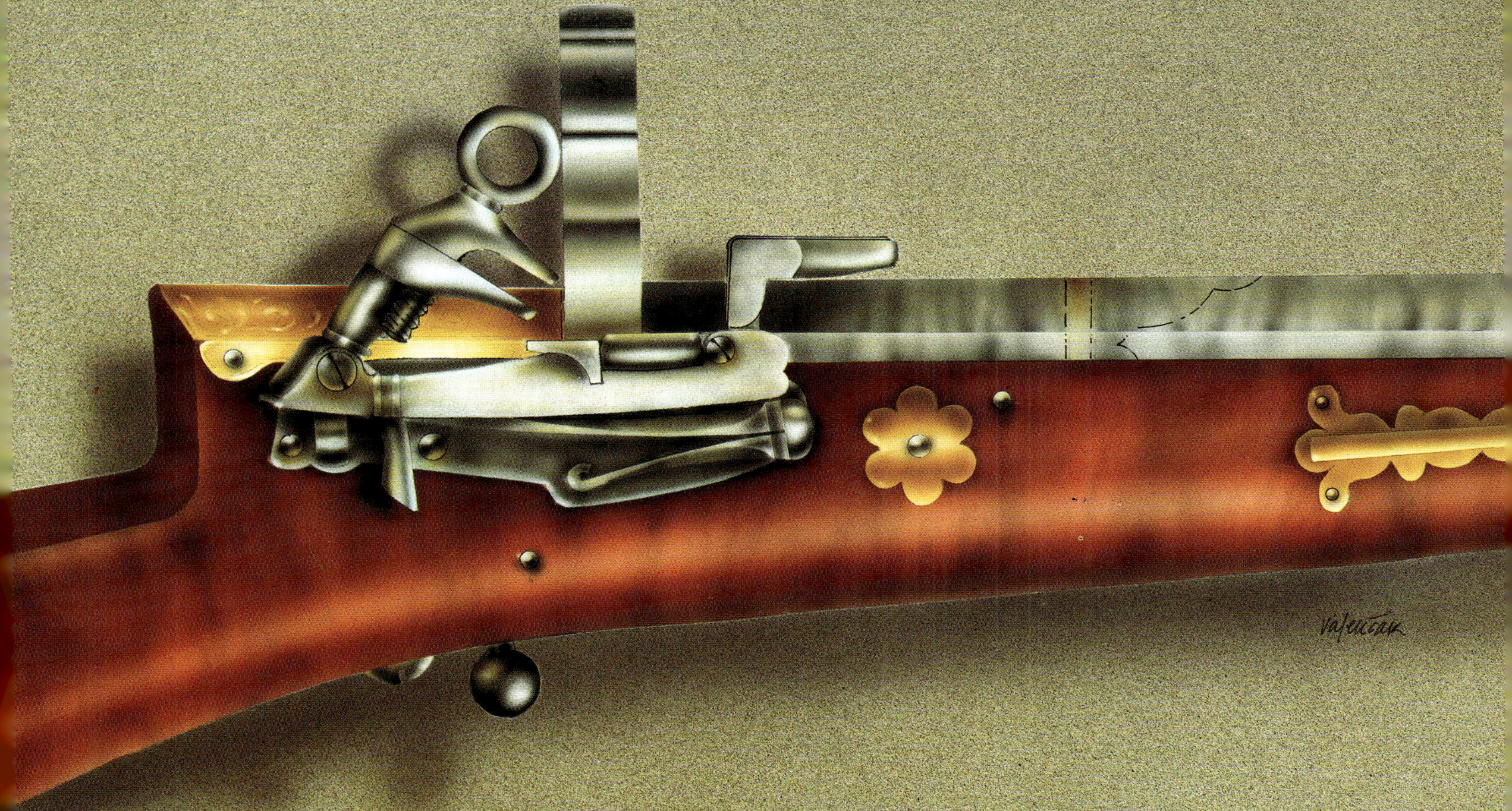

Tüfek

Ein unerfahrener Jäger, der auf den ersten Vogel in einem Schwarm gezielt hatte, konnte mit Erstaunen feststellen, daß er den letzten getroffen hatte! Grund hierfür war der „Nachbrenn“-Effekt bei seiner Vogelflinte.

Höhen (3 – 45 m) geschmolzenes Blei mit Arsenzusatz in Gefäße mit kaltem Wasser. Das Blei wurde durch Siebe mit unterschiedlicher Maschengröße geschüttet. Die Höhe des Falles und die Maschengröße des Siebes bestimmten den Durchmesser der Kugeln, die auf diese Weise eine vollkommene Kugelform annahmen.

Es ist ganz sicher, daß Wots nicht der erste war, dem diese Idee kam. Diese Technik war bereits bekannt, aber der kluge Schmelzer war der erste, der sie sich patentieren ließ und die Massenproduktion begann.

Wenig später entwarf Wots auch eine Zentrifuge, um Schrotkugeln verschiedener Größe herzustellen, und er baute den notwendigen Turm von genau 45 m Höhe in der Nähe seines Hauses. Auf Grund der Wirksamkeit seiner „Erfindung“ verdiente Wots während seines Lebens die Summe von 10000 Pfund.

Es sollte angemerkt werden, daß die gleiche Methode der Schrotherstellung heute noch in Gebrauch ist. Wenn auch die Schmelztechnologie und die Härte anders sind, so ist das Grundprinzip des Gießens aus bestimmten Höhen erhalten geblieben.

Rechts: *Jagd auf fliegende Vögel. Stich von J. E. Ridinger, Augsburg, 1740*

Nächste Doppelseite:
Steinschloß-Jagdgewehr, Iwan Puschkin, Rußland, um 1780

Unten: *Französisches Steinschloß, Anfang 18. Jahrhundert*

Иван Пушкин

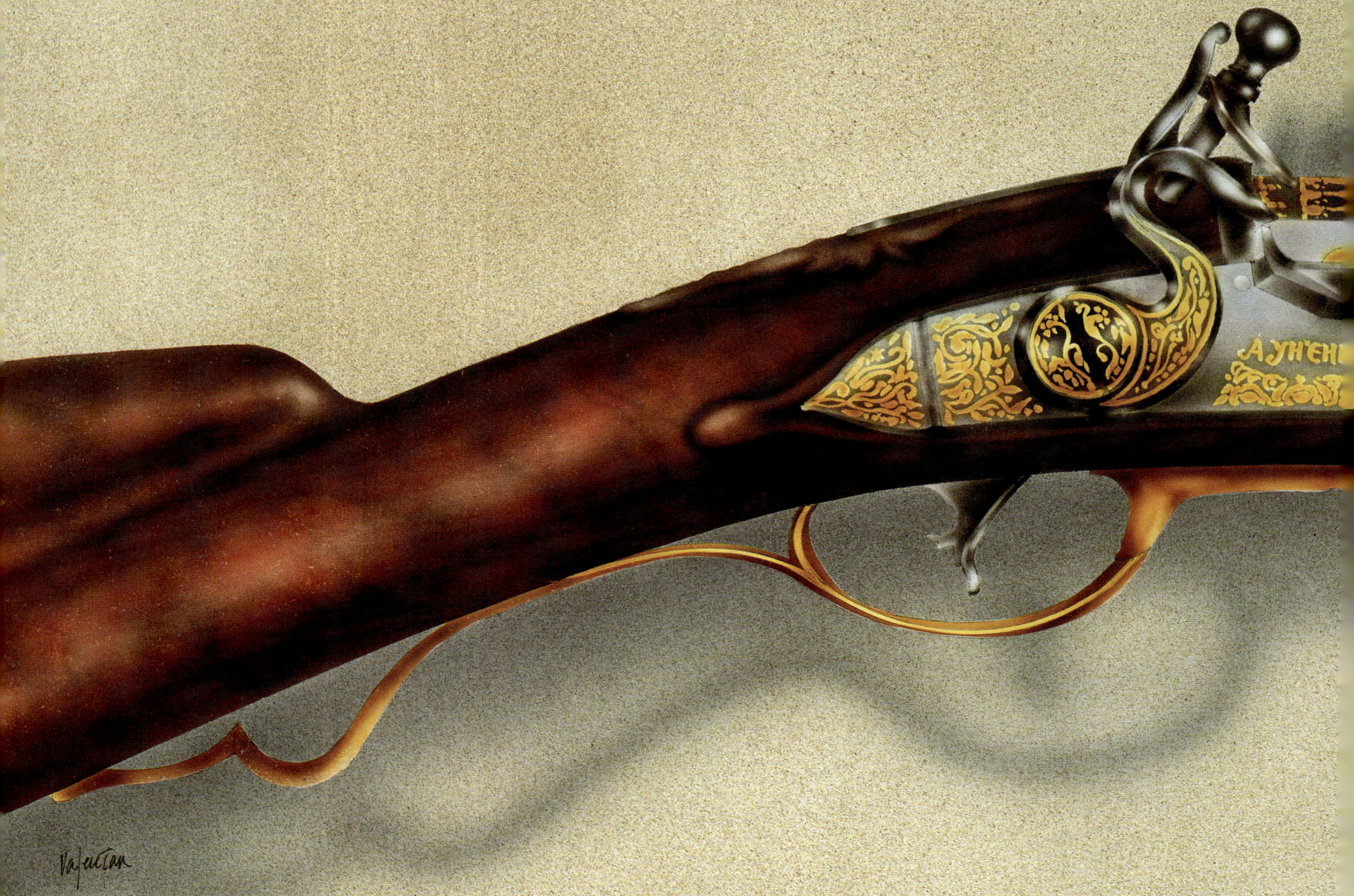

1780. Г.

Охотничье кремневое ружье

Vom Schnapphahn zum Steinschloß

Im Gegensatz zu Großbritannien, wohin das verbesserte Steinschloß importiert wurde, durchlief in Frankreich dieses Schloß alle Entwicklungsstadien. Frühe französische Versionen des Schnapphahns zeigten die gleichen Nachteile wie jene, die an den Waffen anderer Gegenden auftraten. Eine wesentliche Veränderung trat jedoch bei der Entwicklung dieser Waffe ein, als Ludwig XIII. (1610 – 1643) den französischen Thron bestieg. Der König war nicht nur an künstlerisch verzierten, sondern auch an technisch verbesserten Waffen interessiert. Unter zahlreichen talentierten Büchsenmachern, die in seiner Waffenwerkstatt arbeiteten, waren auch begabte Handwerker aus Lisieux, die Brüder Marin und Pierre le Bourgeoys. Dieser Familie schreibt man die Erfindung des zeitgenössischen Steinschlosses zu. Es scheint, daß Marin le Bourgeoys der erste war, der im dritten Jahrzehnt des 17. Jahrhunderts ein Schloß entwarf, bei dem sich alle wichtigen Teile auf der Innenseite des Schloßbleches befanden. Zusätzlich bildeten der Pfannendeckel und die Schlagfläche zusammen ein einziges Teil, die sogenannte Batterie, die von einer eigenen Feder angedrückt wurde.

Marin befestigte die Nuß am Hahn. Ähnlich wie bei der britischen Konstruktion hatte die Nuß zwei Rasten in Form einer Kerbung. Die erste und tiefere war als Ruhe- oder Sicherheitsrast gedacht, während die zweite, weniger tiefe als Schlagrast fungierte. Die erste Raste diente auch als einfache Sicherheitsvorrichtung. Sie war so tief, daß die Abzugstange nicht so leicht durch ein zufälliges Ziehen des Abzuges freigegeben werden konnte. Ein weiterer wichtiger Bestandteil der Konstruktion Bourgeoys' war die vertikale Lage der Abzugstange, die bei alten Systemen noch horizontal war. Eine solche Konstruktion des Schlosses und der Abzugstange gestattete zum ersten Male eine sichere und einfache Handhabung von Steinschloßwaffen. Auf Grund dieser Merkmale begann das französische System seinen Siegeszug in Europa. Auch wurde es bald von ausländischen Büchsenmachern angenommen, so daß es in der zweiten Hälfte des 17. Jahrhunderts bereits den alten Kontinent beherrschte.

Es sei bemerkt, daß nur drei Originalwaffen der Gebrüder Bourgeoy erhalten sind. Ein Exemplar wird im Pariser Armeemuseum aufbewahrt, das zweite in der Leningrader Eremitage, während das dritte Exemplar, welches zur Sammlung des Amerikaners S. Renwick gehörte, kürzlich auf einer Auktion in London für 125000 Pfund versteigert wurde.

Im Jahre 1643 bestieg Ludwig XIV. (1643 – 1715) den französischen Thron. Während seiner Regierungszeit erreichte die Waffenmanufaktur ihren Gipfel, erlebte aber auch ihren Niedergang. Während des ersten Jahrzehnts seiner Regierungszeit setzte der „Sonnenkönig" die Politik seines Vorgängers auf den Gebieten von Kultur und Kunst fort. Demzufolge wurde allen Fertigkeiten besondere Beachtung und finanzielle Unterstützung zuteil. Man könnte das auch der weisen Politik des damaligen Finanzministers Colbert zuschreiben. Dank eines solch günstigen Klimas suchten die Verzierungen der französischen Waffen in der Barockzeit ihresgleichen. Künstler wie A. Jacquard, P. Cordier d'Abigny, F. Marcou, Thurenne und natürlich Jean Baptiste Berain leisteten ebenfalls ihren Beitrag zu den Verzierungen von Jagdwaffen und Pistolen.

Interessant ist, daß Berain (1639 – 1711), der von unbestrittener Bedeutung für das Aufkommen von Luxuswaffen ist, von Beruf gar kein Büchsenmacher war. Dieser begabte Architekt, Zeichner und Kupferstecher schuf

zahlreiche Stiche, die nicht nur französischen, sondern auch anderen europäischen Büchsenmachern als beliebte Vorlagen dienten.

Zusätzlich druckte Berain 1667 einige Werke unter dem Titel *Diverses pièces très utiles pour les archibuzier* („Verschiedene, sehr nützliche Stücke für die Arkebusenmacher"). Handwerker, die in Metall arbeiteten, übertrugen seine Vorlagen auf Waffen in verschiedenen Techniken. In Frankreich waren es meistens Reliefs (Hoch-, Halb- oder Flachreliefs), tiefe Gravuren oder Gold- und Silberornamente. Alle Teile der Waffen wurden durch den Einsatz der folgenden Techniken verziert: von der bronzenen und goldenen Ausrüstung bis zum Schaft aus Edelhölzern. Eng allen gängigen Stilen folgend (Barock und Rokoko), verwendeten die Handwerker eine Vielzahl figuraler und ornamentaler Motive. Die Folge war

Oben und unten: *Verzierung von Steinschloßwaffen. Stich von C. Simonin, Paris, 1684*

Nächste Doppelseite:
Perkussions-Jagdwaffen:
1. *Entenkanone, Pether aus Oxford, 40 mm Laufbohrung, zweite Hälfte 19. Jahrhundert*
2. *Doppelläufige Flinte, Kaliber 14, Mayer, Brüssel, 1850*
3. *Jagdgewehr (Kaliber 6) für die Großwildjagd, W. G. Rawbone, Kapstadt, Laufbohrung 35 mm, zweite Hälfte 19. Jahrhundert*

1.

2.

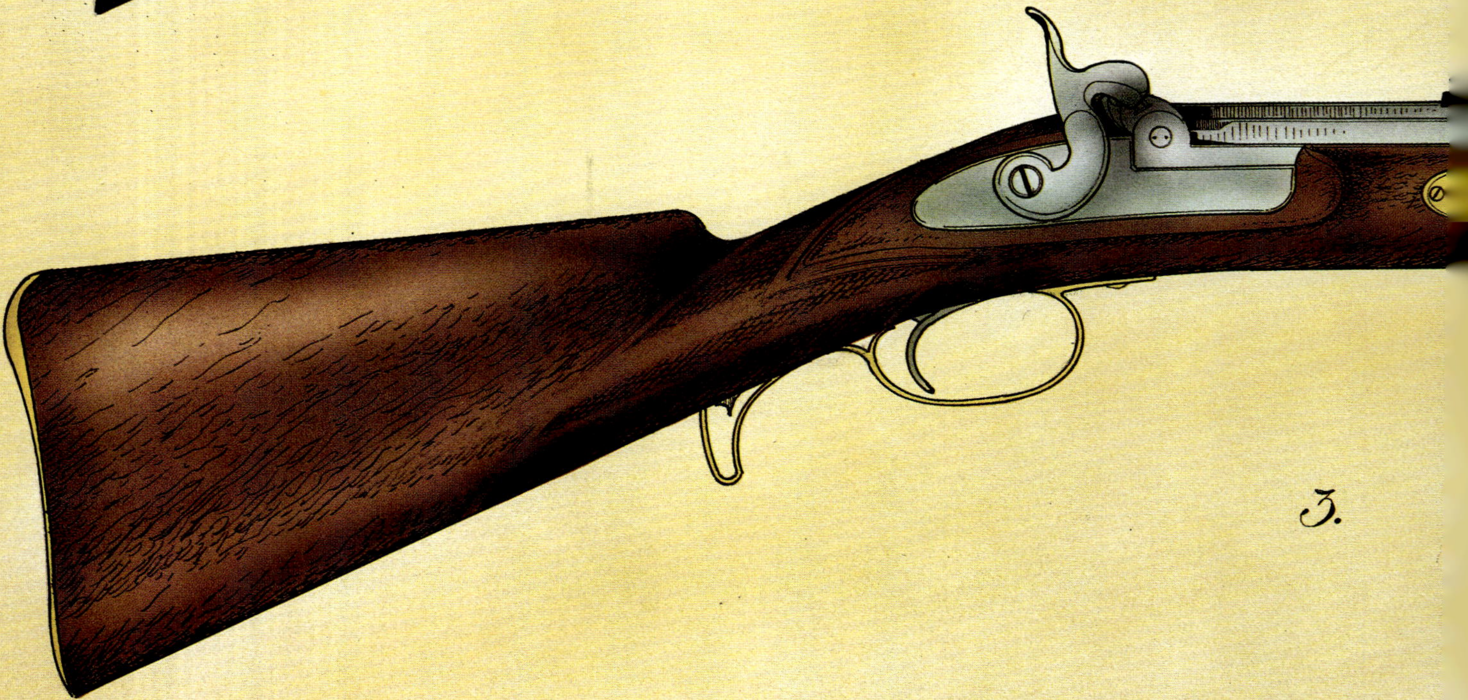

3.

Single Barrel Puntgun 4 gauge. Pether, Oxford

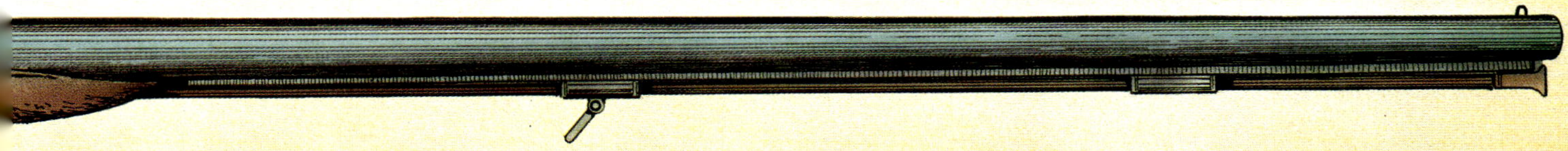

Double Barrel Shotgun 14 gauge. Meyer, Brüssel

Hunting Rifle 6 gauge. W. G. Rowbone

B. Bogdanović

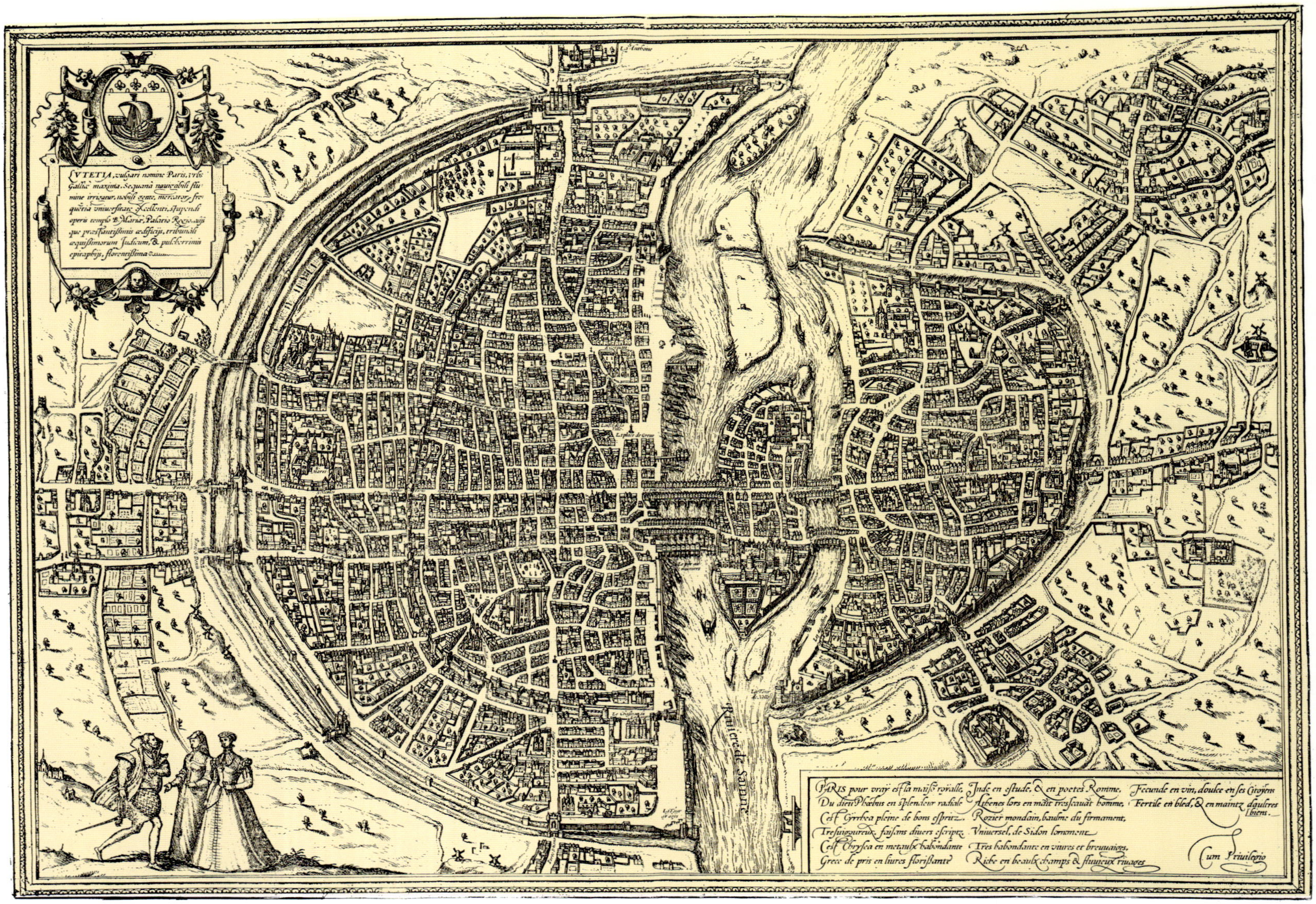

manchmal ein sichtlich übertriebener Luxus. Nur während des Empire wurde ihre Einbildungskraft ein wenig gezügelt, und sie wandten sich einer eleganteren und einfacheren Verzierung zu. Während der Regierungszeit Napoleons I. waren die Beschläge meistens aus Stahl gemacht, während Reliefs als Technik fast ganz aufgegeben worden waren. Fackeln, Vasen, Kriegstrophäen, Girlanden und einfache Borten, die in der Empire-Zeit beliebt waren, wurden meistens in feiner und wenig aufdringlicher Art eingraviert.

Im taktischen und technischen Bereich zeigten die französischen Jagdwaffen in der Zeit nach der Erfindung der Brüder Bourgeoys keine deutlichen Veränderungen. Der größte Wert der französischen Waffen zeigte sich in der Ausstattung mit einem praktischen Schaft, der auf Grund der Beliebtheit der Jagd auf bewegliches Wild in Gebrauch kam. Die Tatsache bleibt jedoch, daß in Frankreich doppelläufige Schrotflinten viel früher populär wurden als in Großbritannien.

Wegen der schlechten Qualität des Pulvers und der veralteten Konstruktion der Pulverkammer behielt diese Waffe lange Läufe und ein kleines Kaliber. Aus dem gleichen Grund war der hintere Teil des Laufes schwer und breit, so daß die Waffe in der Regel schlecht ausbalanciert war. Unter den technischen Neuheiten sollte man sicher noch den Studel erwähnen, der im sechsten Jahrzehnt des 17. Jahrhunderts in Gebrauch kam.

Der Grund des allmählichen Zurückbleibens und des Niedergangs der französischen Waffenherstellung ist nicht in dem mangelnden Talent oder der fehlenden Phantasie der Konstrukteure zu suchen. Die Schuld muß der Politik gegeben werden. Das berühmte Edikt von Nantes, erlassen unter der Regierung Henrys IV. (am 13. April 1598) wurde 1685 widerrufen. Dieser offenkundig falsche politische Schritt führte zur Emigration von über 50000 Hugenotten, unter denen sich viele ausgezeichnete Handwerker und erfahrene Büchsenmacher befanden. So wurde der erste Schlag gegen die französischen Manufakturen für Luxus- und Jagdwaffen durch die Regierung Ludwigs XIV. am Ende selbst geführt. Eine Gelegenheit zum neuen Aufbau der Waffenherstellung war nach dem Tode dieses absolutistischen Herrschers gegeben. In der Zeit von 1716 – 1720 verzeichnete die Herstellung von teuren Waffen tatsächlich eine steigende Tendenz. Jedoch eine schlechte Wirtschaftspolitik, die im Bankrott der Staatsbank gipfelte, versetzte den französischen Manufakturen den zweiten Schlag, von dem sie sich nie ganz erholten.

Links: *Karte von Paris, Holzschnitt von Sebastian Munster, 1575*

Die Hugenotten und gezogene Büchsen in der Neuen Welt

Gerade die zuvor genannten Gründe, die zum Niedergang der französischen Waffenherstellung beitrugen, führten zur Entwicklung des gleichen Gewerbes in den entstehenden Vereinigten Staaten. Nach dem verhängnisvollen Jahr 1685 zerstreuten sich die verfolgten Hugenotten über den gesamten Alten Kontinent. Bei ihrer Suche nach einer neuen Heimat überquerten viele von ihnen den Atlantik. Für viele hugenottische Büchsenmacher waren in Nordamerika Lancaster Valley und York in Pennsylvania das Ziel. Dort gingen sie weiter ihrem Gewerbe nach. So verwundert es nicht, daß viele berühmte amerikanische Büchsenmacher wie Fevre und Ferrée Nachnamen französischen Ursprungs hatten. Auch der berühmte Hiram Maxim entstammte einer Hugenottenfamilie.

Während des ersten Jahrzehnts des 18. Jahrhunderts stießen viele deutsche und österreichische Flüchtlinge, die den gleichen Beruf hatten, zu diesen Siedlern. Dies führte zu einer hohen Konzentration erfahrener Handwerker in Pennsylvania, die eine entscheidende Rolle in der Entwicklung amerikanischer Jagdgewehre spielten.

Was die ersten Siedler in einem gnadenlosen Überlebenskampf brauchten, waren in erster Linie Feuerwaffen. Sie gebrauchten sie für die Jagd, zur Eroberung neuen Landes und auch zur Verteidigung ihres Besitzes und des nackten Lebens. Deshalb ist es auch kein Wunder, daß hochwertige Waffen sehr gefragt waren. In der ersten Zeit benutzten die Siedler jedoch noch die traditionellen Waffen, die aus Europa importiert wurden und noch die bekannten Nachteile hatten. Vogelflinten wurden weiterhin von Jägern aus dem Tal des Hudson und in Neuengland benutzt.

Später wurden bei den Grenzbewohnern Waffen mit gezogenem Lauf zunehmend beliebter. Diese frühen Büchsen mit gezogenem Lauf kamen aus Pennsylvania, was nicht verwunderlich ist, wenn man die Herkunft der Handwerker dieser Zeit bedenkt. Wie bekannt, hatten zu der Zeit deutsche Büchsenmacher bereits eine zwei Jahrhunderte alte Erfahrung im Ziehen von Läufen. In ihrer neuen Heimat stellten sie ebenfalls Büchsen mit gezogenem Lauf her, behielten aber die traditionellen europäischen Normen bei. So brachten deutsche Büchsenmacher genaue Kopien ihrer berühmten Jäger-Büchse in den Handel, die großkalibrig war (19,05 bis 22,22 mm) und mit 76 bis 90 cm einen ziemlich kurzen Lauf hatte.

Leider waren diese Läufe ohne jegliche Normen oder Vereinheitlichungen gezogen, so daß die Ausführung von Lauf zu Lauf unterschiedlich ausfiel. Die Waffen wurden mit Kugeln geladen, deren Durchmesser etwas größer war als das tatsächliche Kaliber des Laufes. Das Laden mit Ladehammer und Rammstock erforderte somit einige Mühe.

Grenzbewohner und Trapper erkannten schnell, daß eine solche Waffe für amerikanische Bedingungen wenig brauchbar war. Wegen des großen Kalibers ihrer Büchse konnten die Jäger nur eine relativ geringe Munitionsmenge mit sich führen. Auch dauerte es zu lange, die Büchse zu laden. Ferner war das amerikanische Pulver gröber als das europäische; daher brannte es langsamer ab und entwickelte eine geringere Leistung. Das alles rief nach einer dringenden Veränderung in der Herstellung einheimischer Büchsen. Auf Grund der gemachten Erfahrungen reduzierten die Büchsenmacher von Lancaster Valley das Kaliber der Waffe auf 12,2 mm und verlängerten den Lauf auf ca. 102 cm. Die alte Munition wurde durch eine Kugel ersetzt, deren Durchmesser etwas kleiner war als das Kaliber des Laufes und die, mit Fett oder Talg eingeschmiert, leicht in den Lauf bis zur Pulverkammer hinunterglitt.

Nach vielen weiteren Verbesserungen kam 1740 die endgültige Version der Lancaster Valley-Büchse heraus. Ihr Kaliber betrug 11,4 mm, und sie hatte einen ca. 111 cm langen Lauf. Solche Läufe hatten sieben Spiral-Züge, die dem Geschoß auf dem Weg zur Mündung eine Dreivierteldrehung verliehen. Eine volle Drehung erreichte es nach 2 – 3 m. Auch hatten diese Läufe eine leichte Mündungsverengung. Mit der Einführung eines gefetteten Schußpflasters anstelle des Einschmierens der Kugel wurde auch die Schußleistung erheblich gesteigert.

Das langsam abbrennende amerikanische Pulver verursachte ein allmähliches und gleichmäßiges Ansteigen

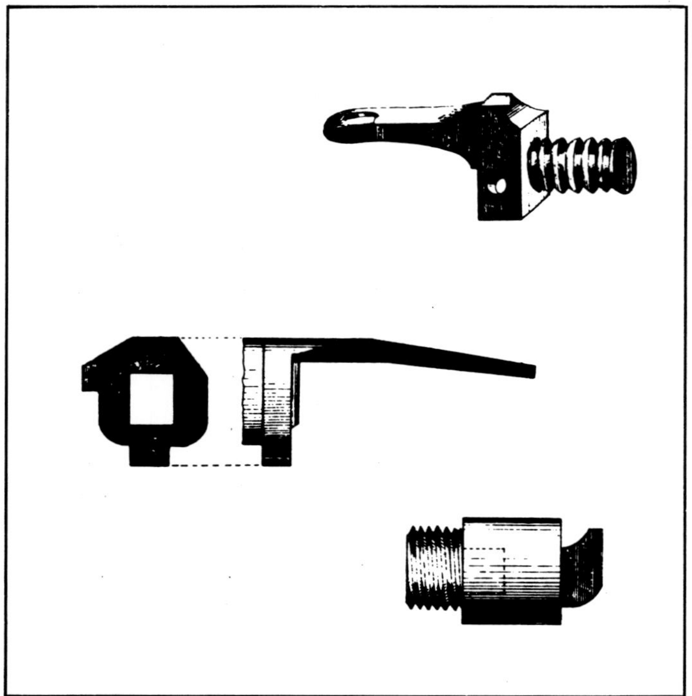

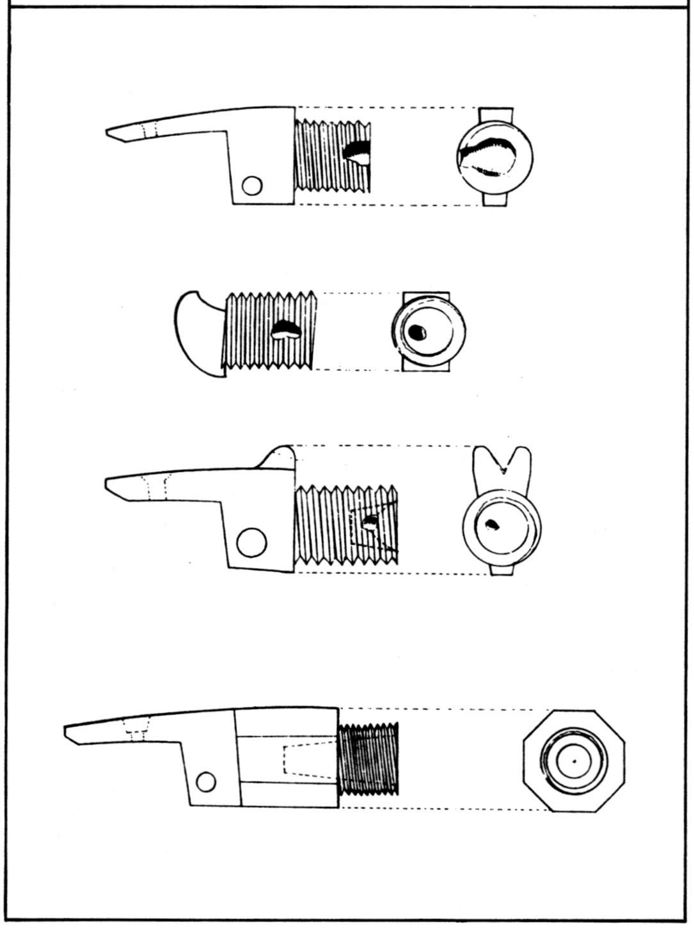

des Druckes in dem langen Lauf der neuen Waffe und sorgte so für das Einpressen des Geschosses in die Züge und damit für den Drall. Dies bewirkte eine bessere ballistische Kurve und eine größere Reichweite des Geschosses oder der Kugel.

Gleichzeitig reinigten und schmierten die eingefetteten Geschosse die Züge.

Diese Läufe waren mit eleganten leichten Schäften mit vollem Vorderschaft und besonderen Kolben ausgestattet. Der Kolben war leicht abgeflacht, ungewöhnlich kurz und mit einer konkaven Schaftkappe versehen, die genau der Schulterform angepaßt war. Eine andere Besonderheit dieser Büchse war der Zubehörkasten (patch box), der in die rechte Kolbenseite eingearbeitet war. Aus ästhetischen Gründen war der Kolben oft mit Mustern verziert, die an ein Tigerfell erinnern. Die Methode, um das zu erreichen, war etwas ungewöhnlich: der Kolben aus Ahornholz wurde mit einem geteerten Seil umwikkelt, das dann angezündet wurde. Die schwarzen Spuren, die unter dem abgebrannten Seil zurückblieben, ähnelten den Streifen im Fell eines Tigers.

Nach ihrem Herstellungsort wurde diese Waffe Pennsylvania- oder Kentucky-Büchse genannt, und unter diesem Namen ging sie in die amerikanische Geschichte ein.

Die Kentucky-Büchse hatte für die damalige Zeit eine hervorragende Leistungsfähigkeit. Mit einer Ladung von 100 grains Pulver, konnte eine Kugel von 0.45 inch (11,43 mm) Durchmesser eine Anfangsgeschwindigkeit von 2150 ft/s (ca. 700 m/s) entwickeln. Svenson zufolge konnte die Kentucky-Büchse jedes Ziel in einer Entfernung bis zu 100 yards (ca. 90 m) wirksam treffen. Der erfahrene Schütze konnte sicher sein, aus 20, 50 oder 80 m das Auge eines Büffels, ein von Ast zu Ast springendes Eichhörnchen oder den Kopf eines aus seinem Versteck hervorlugenden Truthahnes zu treffen!

In seinem 1804 erschienenen bekannten Buch *To All Sportsmen, Farmers und Gamekeepers* („Für alle Jäger, Bauern und Wildhüter") erklärte der englische General George Hanger begeistert, er habe noch nie eine präzisere Waffe kleineren Kalibers gesehen als die Kentuckybüchse. Man sollte aber nicht die Tatsache vergessen, daß er unter dem militärischen Aspekt urteilte.

Als englischer Hauptmann konnte Hanger während des amerikanischen Unabhängigkeitskrieges am eigenen Leibe spüren, wie präzise diese heimische Waffe in der Hand der „Rebellen"-Scharfschützen war.

Rechts: *Amerikanischer Trapper mit dem berühmten Kentucky-Gewehr, Anfang 19. Jahrhundert*

Ganz oben und oben: *Verschiedene Typen von Schwanzschraube mit Baskülenschwanz und Verschlußhaken, 19. Jahrhundert*

Nächste Doppelseite:
Doppelläufige Perkussions-Flinte, Petar Goljatkow, Rußland, Tula, um 1850

Петр Гольяков в Туле

Hunting rifle, Tula, 1850

Hunting rifle, Tula, 1850

Die ersten europäischen Damaszener-Läufe

Es besteht kein Zweifel darüber, daß die Mittelmeerländer Einfluß auf die Entwicklung der Jagdwaffen ausübten. In der Tat hatten Italien und Spanien eine sehr lange Tradition in der Herstellung von Waffen. Im 16. Jahrhundert waren besonders in Italien viele Werkstätten Zentren der Herstellung von Feuerwaffen. Büchsenmacher aus Gardone Val Trompia, Brescia, Mailand und Florenz bildeten über zwei Jahrhunderte die Weltspitze als Hersteller von wertvollen Musketen, Büchsen und Pistolen. Ihre Waffen waren mit ausgesuchtem Geschmack und Maß verziert. Die technische Qualität der Produkte war nicht weniger kennzeichnend. Das läßt sich besonders von den Läufen sagen, die zu einem wichtigen Exportartikel wurden. Wegen ihres kleinen Kalibers und der Verzierung des Stahls durch Facettieren und Kannelieren blieben italienische Läufe für lange Zeit ein Inbegriff für hohe Qualität. Montiert in *schioppo azzalin da oselar* (Vogelflinten) trugen sie sehr zur Qualität und dem weitverbreiteten Gebrauch südeuropäischer Waffen für die Jagd auf fliegende Wildhühner bei. Die gleichen Läufe wurden für die berühmten *Tschinken* auch nach Schlesien ausgeführt.

Seit dem 17. Jahrhundert wurden in den Werkstätten auf der Pyrenäenhalbinsel hochqualitative Läufe hergestellt. Die Spanier benutzten dazu ein etwas eigenartiges Rohmaterial: alte Hufeisen und Nägel! Diese *de herraduras*-Läufe waren unter den Jägern in ganz Europa im 18. Jahrhundert hoch geschätzt. In England und Frankreich war es eine Prestigeangelegenheit, Waffen mit einem spanischen Lauf zu besitzen.

Überdies muß man es spanischen Büchsenmachern zuschreiben, daß sie bereits hundert Jahre vor der gleichen „Erfindung" von Henry Nock und der Manton-Brüder die Zündlöcher mit einem besonderen Goldeinsatz schützten. Ungeachtet der hohen Qualität südeuropäischer Läufe wäre es falsch, sie mit den sehr viel besseren aus dem Orient zu vergleichen. Allem Anschein nach beherrschten die Europäer die Herstellungsweise des beliebten (falsch bezeichneten) Damaszener-Stahls etwa seit Beginn des 18. Jahrhunderts. Tatsächlich übernahmen die Spanier die „neue" Technologie sehr schnell, was die Qualität ihrer Läufe auf ein noch höheres Niveau brachte. Im Jahre 1795 war Isidoro Soler, ein Büchsenmacher aus Madrid, in der Lage, eine genaue Beschreibung der Herstellungsweise von Damaszener-Läufen zu veröffentlichen.

Dieses „Geheimnis" war im Grunde schon viele Jahrhunderte früher in Japan, der Türkei, Persien und Indien bekannt. Die Büchsenmacher erhitzten nämlich ein Bündel dünner Barren (aus jeweils weichem und hartem Eisen) und schmiedeten es, während sie es um einen Metalldorn verdrehten. Der Durchmesser des Dorns ergab ungefähr das Kaliber. Die so hergestellten Läufe

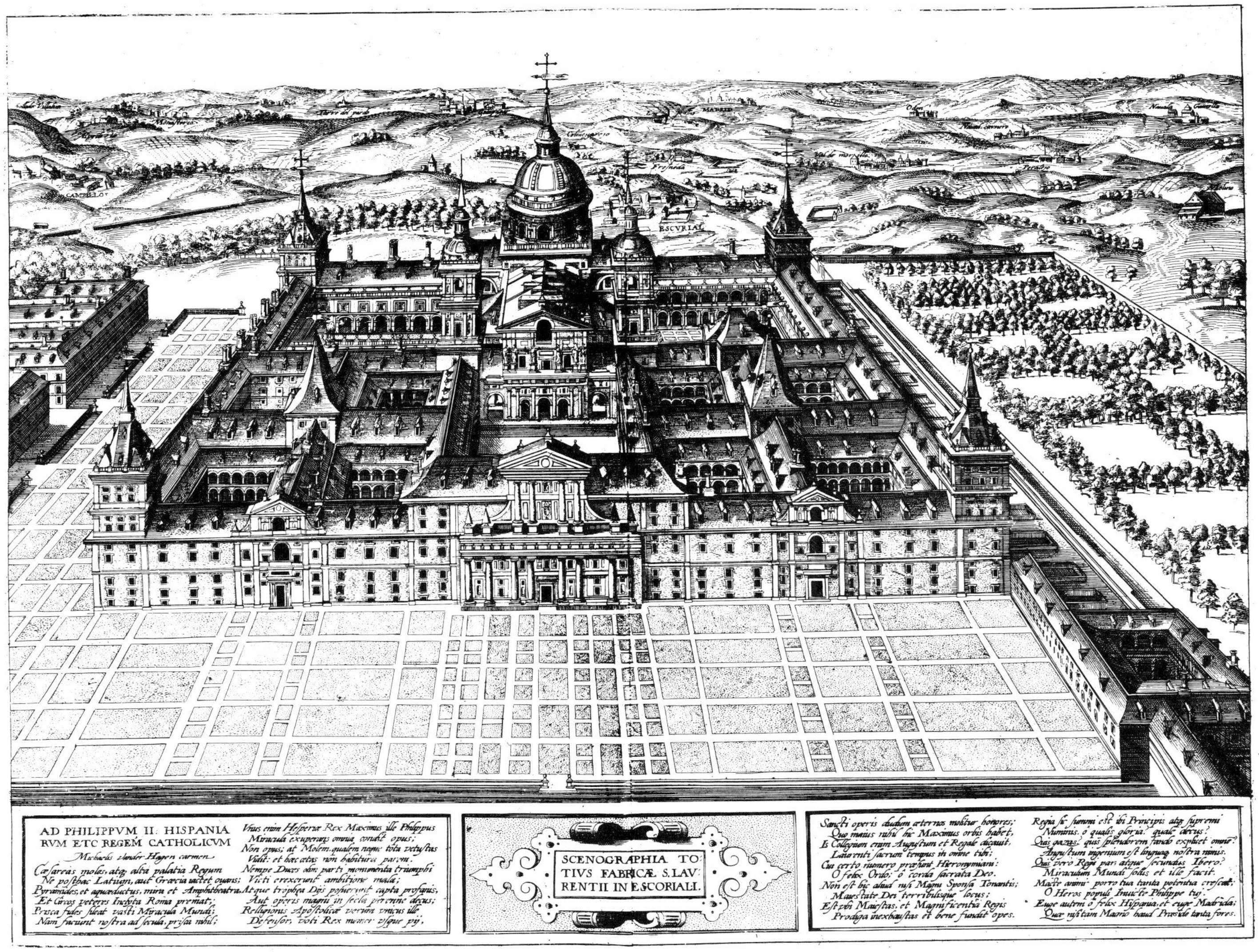

Escorial nordwestlich von Madrid, Kupferstich van J. B. Homman, 1760

zeichneten sich durch verflochtene Fasern und eine bestimmte Kristallstruktur aus, die sie auch sehr hohe Gasdrücke aushalten ließ.

Italienische und spanische Waffen hatten noch ein weiteres charakteristisches Merkmal. Die Waffenhersteller dieses Raumes blieben aus Tradition der heimischen Version des Schnapphahns treu, was den Durchbruch des französischen Steinschlosses für lange Zeit verhinderte. Auf Grund der engen wirtschaftlichen Beziehungen dieser Länder mit dem Orient blieb das spanische Miquelet-Schloß auch bis zum Aufkommen des Perkussionsschlosses in der Türkei, in Persien, auf dem Balkan und im Kaukasus in Gebrauch. Dieser Anachronismus wurde durch die Tatsache noch gefestigt, daß das Miquelet-Schloß einen kraftvollen Schlag des Hahnes und damit einen sicheren Zündfunken für die Zündung gewährleistete.

Außerdem war dieser einfache und plumpe Mechanismus bedeutend billiger als das Steinschloß und eher für den Nachbau durch technologisch weniger leistungsfähige Werkstätten geeignet.

Ungeachtet dieser Widerstände drangen französische Einflüsse am Ende des 17. Jahrhunderts in die Mittelmeerländer ein. Italienische Werkstätten begannen, einige typische französische Elemente in der Waffenverzierung zu übernehmen, während in Spanien mit dem *a tres modas-* und *a la moda-*Mechanismus eine eigenartige Mischung zwischen der einheimischen *catalana-*Version und dem klassischen französischen Steinschloß aufkam.

Schließlich führte am Ende des 18. Jahrhunderts der technische Fortschritt in anderen europäischen Ländern zum allmählichen Zurückbleiben und Abstieg der Waffenschmieden von Gardone, Brescia, Mailand, Madrid und Ripoll.

Nächste Doppelseite:
Zubehör für Perkussions-Waffen (um 1850):
Oben, von links nach rechts: *Kugelzange, Zündhütchenbehälter, Piston-Spanner, Pulverflasche*
Unten: *Ladestock*

Rechts: *Treiber bei einer Jagd, China, indische Farbe auf Brokatseide um 1700. Eine ähnliche Art repräsentativer Hofjagd wurde auch in Japan praktiziert.*

Feuerwaffen erobern das „Land der aufgehenden Sonne“

Wenn man über den spanischen Typ des Schnapphahns spricht, sollte man die Geschichten erwähnen, die mit seinem Ursprung verbunden sind. Der einen Version zufolge wurde das *a la Catalana*-Schloß 1560 von dem Waffenschmied Simon Macuarte „erfunden“. Die eigentliche Pointe der Geschichte liegt in der Tatsache, daß dieser Herr gar kein Spanier war. Er gehörte angeblich einer deutschen Büchsenmacherfamilie an (mit Nachnamen Markwort), die 1530 durch Kaiser Karl V. nach Madrid mitgebracht worden war.

Die zweite Geschichte bestreitet gar die Mitwirkung der Spanier an der Konstruktion des spanischen Schnapphahns. Sie ist noch viel absurder, weil sie auf der widerspruchsvollen Behauptung beruht, portugiesische Seefahrer hätten den erwähnten Mechanismus aus Japan mitgebracht. Die Entwicklung von Feuerwaffen unterscheidet sich in Japan deutlich von der in Europa.

Diese technische Neuerung war bis zum zweiten Viertel des 16. Jahrhunderts im japanischen Inselreich vollkommen unbekannt. Es ist noch immer ungewiß, in welchem Jahr die Europäer zum ersten Male den Einwohnern von Kyushu und Tanega-shima die Wirkung ihrer Musketen demonstrierten. Einige halten es für möglich, daß dies 1542 oder 1543 geschah, andere behaupten, das Ereignis habe im 12. Jahr der Tenmon-Ära stattgefunden (1545).

Im allgemeinen berichtet die Geschichte von einem portugiesischen Händler, der das Interesse der Einwohner von Tanega-shima an seiner, ihnen unbekannten Waffe bemerkte. In bewährter, kaufmännischer Weise führte er sogleich Handhabung und Wirkung der Muskete vor. Hier ein Augenzeugenbericht über das Ereignis: „(Der Portugiese) trug eine flache Vorrichtung, die 2 bis 3 Fuß maß. Das eine Ende war zu und hatte ein kleines Loch, durch das die Ladung gezündet wurde. Die Vorrichtung wurde wie folgt benutzt: Sie streuten ein unbekanntes Pulver hinein, taten ein Stück Blei darauf und entzündeten das Pulver durch das Loch. Das Blei wurde vorwärts geschleudert und traf das Ziel. Während des Feuerns sah man ein Licht wie einen Blitz aufleuchten und man hörte ein Geräusch wie einen Donner, so daß die Umstehenden sich die Ohren zuhalten mußten.“

Der Herrscher der Insel war von der Wirkung der „wundervollen Vorrichtung“, die so poetisch beschrieben wurde, tief beeindruckt. Wie in jeder Legende kam der Herrscher mit Hilfe seiner Tochter, einer schönen Prinzessin, in den Besitz der holländischen Muskete. Ungeachtet der Glaubwürdigkeit dieser kleinen Episode begann in allen Teilen Japans in der Mitte des 16. Jahrhunderts die Herstellung einheimischer Feuerwaffen. Tatsächlich war es für geschickte heimische Handwerker nicht schwer, das einfache Luntenschloß nachzubauen.

Mit der Zeit entwickelten sich viele unterschiedliche Richtungen in der Feuerwaffenherstellung, von denen die folgenden Erwähnung finden sollten:

– *Tanegashima ryu,* gekennzeichnet durch runde, facettierte, schlanke Läufe, einfache Schlösser und schwarz lackierte Schäfte

– *Sakai ryu* (nahe Osaka), gekennzeichnet durch achteckige Läufe, Schlösser mit Bambusmotiven verziert, dunkel gefärbte Schäfte mit Messingornamenten

– *Kunimoto ryu* (Mitteljapan – Provinz Kai), gekennzeichnet durch achteckige Läufe, verstärkte Mündung und leichte Schäfte mit verschwenderischer Messingverzierung.

Während der Zeit des Tokugawa Shogunates oder der Herrschaft des „langen Friedens“, übte der wirtschaftliche Wohlstand Japans einen großen Einfluß auf die Entwicklung der Feuerwaffen aus. Es ist jedoch kennzeichnend, daß die Hersteller sich mehrheitlich auf das äußere Erscheinungsbild der Waffen verlegten, besser gesagt, auf ihre Verzierung. Die technische Seite wurde in einem solchen Ausmaß vernachlässigt, daß es nicht verwundert, wenn das Luntenschloß bis zum Aufkommen der Perkussionszündung in Gebrauch blieb. Erst in der Mitte des 19. Jahrhunderts wurde dieses veraltete Schloß, wenn auch in begrenzter Anzahl, als Zünd-Einrichtung übernommen. Die Japaner übersprangen im Grunde genommen eine ganze Entwicklungsstufe bei der Entwicklung ihrer Feuerwaffen. Das Radschloß und der Schnapphahn wie auch das Steinschloß waren weitgehend unbekannt. Deshalb ist auch die Geschichte über die Portugiesen, die den Schnapphahn von Japan nach Spanien gebracht haben sollen, haltlos (Schließlich brachten sie das Luntenschloß nach Kyushu.). Auch sonst gibt es verschiedene Gründe für die Stagnation in der Entwicklung von Feuerwaffen. Zunächst sollte man nicht die Verehrung vergessen, welche die Japaner traditionell dem Schwert und ganz allgemein den Blankwaffen entgegenbringen. Die Feuerwaffe war wenig geachtet und war nur Zeichen für den Reichtum des Besitzers. Sie fand deshalb auch nicht ihren Weg in die Arsenale der japanischen Jäger, die dem Bogen und dem Spieß Vorrang ein-

Nächste Doppelseite:
Doppelläufige Perkussions-Flinte, J. J. Dotter, Würzburg, 1854

Double-barrel Shotgun

J.J.DOTTER.WÜRZBURG 1854.

räumten. Andererseits dauerte die Isolation des Reiches bis ins 19. Jahrhundert, was ein Eindringen technischer Neuerungen von außen verhinderte.

Dennoch sollte man den hohen Standard der japanischen Läufe anerkennen. Sie waren ein durchdachtes Erzeugnis heimischer Büchsenmacher, die schon seit Jahrhunderten wassergehärtete Klingen schmieden konnten. Die Läufe, die mit dieser Technik hergestellt wurden, hatten eine so hohe Qualität, daß sie 1880/1890 sofort vom primitiven Luntenschloß zum zeitgenössischen Hinterladersystem umgerüstet werden konnten. Überdies widerstanden sie dem Druck des modernen rauchschwachen Pulvers.

Die Waffenschmiede aus dem „Land der aufgehenden Sonne“ machten auch einige falsche Schritte in der Laufherstellung. Hier denken wir in erster Linie an ihre Versuche im 18. Jahrhundert, Läufe aus Bronze zu gießen. Tatsächlich wurde ein deutscher Abenteurer aus Ulm, Wolfgang Braun, von Daimyo von Hirado (Kyushu) damit beauftragt, den ersten japanischen Mörser aus Bronze zu gießen. Die Japaner beherrschten sehr schnell die Bronzegußtechnik und setzten sie bei der Laufherstellung ein. Wegen ihres Gewichtes wurden diese Läufe nie allgemein gebräuchlich und wurden hauptsächlich bei Festungskanonen benutzt. Auf Grund ihres schönen, äußeren Erscheinungsbildes erringen japanische Gewehre und Pistolen mit Bronzeschlössern und -läufen noch immer Interesse bei Waffenliebhabern und Sammlern.

Links und unten: *Kolben eines japanischen Gewehres, 18. Jahrhundert. Erkennbar sind Verzierungen der Kunimoto-Schule*

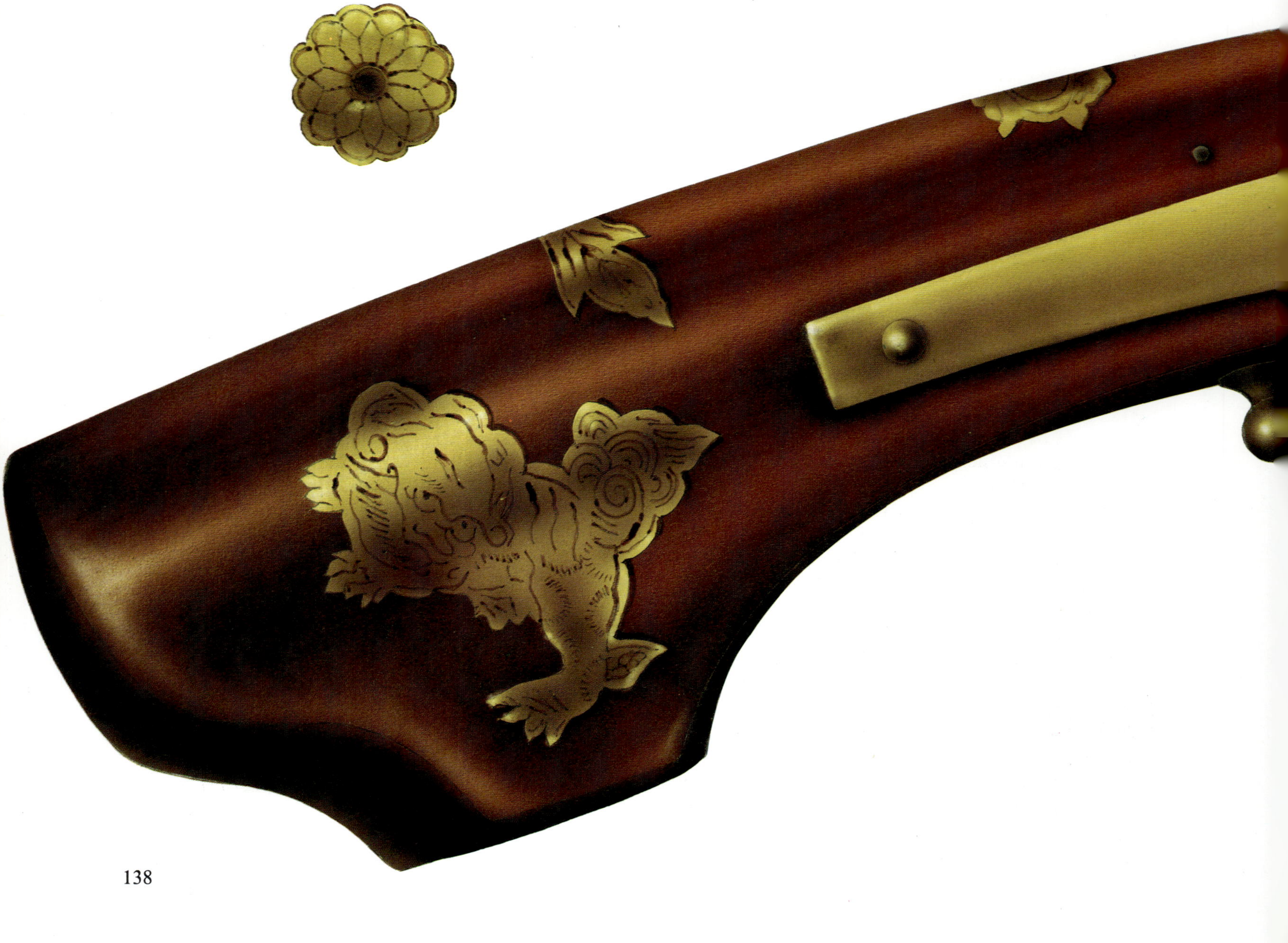

Traditionen des Ostens

Im Gegensatz zur selbstauferlegten Isolation Japans unterhielt die Türkei enge Beziehungen zu Europa und verfolgte aufmerksam die Entwicklung der dortigen Kriegstechnik. Die meisten Autoren stimmen darin überein, daß die Osmanen sehr früh die Vorteile der Feuerwaffen erkannten, besonders der Artillerie und sie bereits Ende des 14. Jahrhunderts in ihre Armee einführten. Es gibt viele Argumente, die diese These stützen.

Zunächst einmal sorgten entwickelte wirtschaftliche Verbindungen mit den Mittelmeerländern für fast ungehinderte Möglichkeiten, diese technischen Neuheiten aus Venedig, Genua und Ascona herauszuschmuggeln. Zweitens verfügten die Türken seit dem dritten Jahrzehnt des 15. Jahrhunderts über geschickte Schmelzer aus Italien, Deutschland und Ungarn. Schließlich erbeutete das machtvolle Osmanische Reich während der siegreichen Feldzüge des 15. und 16. Jahrhunderts eine große Anzahl Handfeuerwaffen im eroberten Serbien und rekrutierte dort erfahrene heimische Schmelzermeister. Alles das deutet darauf hin, daß das türkische Heer schon vor 1440/43 über Handfeuerwaffen verfügte, das Jahr, das Inalçik als untere Zeitgrenze setzt. Die Waffen ähnelten sicher ihren italienischen Vorbildern, was auch durch einige, uns aus dem 15. Jahrhundert überkommene Exemplare bestätigt wird. Diese Exemplare tragen den besonderen Kayi-Stempel, das Zeichen der Waffenschmiede des Osmanischen Reiches.

Auf Grund des hohen Standes der Eisenveredlung (Damaszener- und andere orientalische Stähle) übertrafen türkische Läufe (wie die japanischen) bei weitem ihre europäischen Vorbilder an Qualität. Bei frühen Waffen waren sie achteckig, schwer und ausgestattet mit verschiedenen spitzbogigen Lochvisieren zum Gebrauch für unterschiedliche Entfernungen. Die Türken montierten ihre Läufe auf besonders dicke Schäfte von fünfeckigem Querschnitt. Seit Beginn des 16. Jahrhunderts wurden solche Waffen mit einem Serpentinenschloß ausgestattet, das sich deutlich von dem Schloß mitteleuropäischen Ursprungs unterschied. Diese Arkebusen *(malasi fitili tüfek)* wurden hauptsächlich von den regulären Fußtruppen, den berühmten Janitscharen benutzt, nach denen sie auch „Janitscharen-Gewehr" genannt wurden. Bereits 1521 war diese Truppe, die einen Teil des Belagerungsheeres Sulaimans des Prächtigen vor Belgrad stellte, mit Luntenschloß-Arkebusen ausgerüstet. Neben anderen Autoren wird das auch von F. Dawney bekräftigt: „... die gefürchteten, unvergleichlichen Janitscharen ... ihre Hauptwaffe war das Luntenschloß, das sie 7 Jahre vor den Persern übernommen hatten ..."

Nächste Doppelseite:
Vierläufiges Gewehr mit Perkussions-Schloß, Belgien, um 1830–1840

Four barrelled revolving gun, Belgian

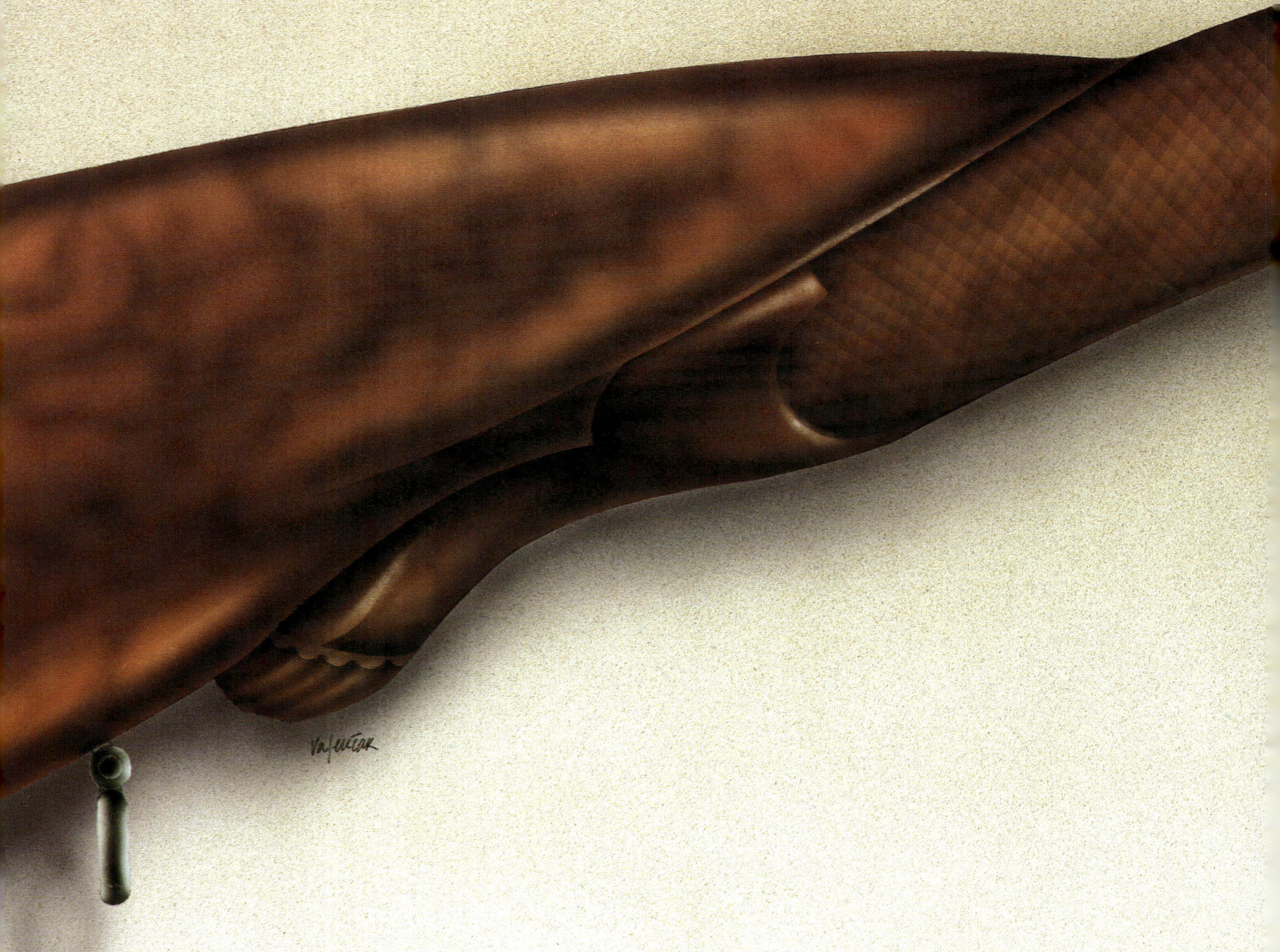

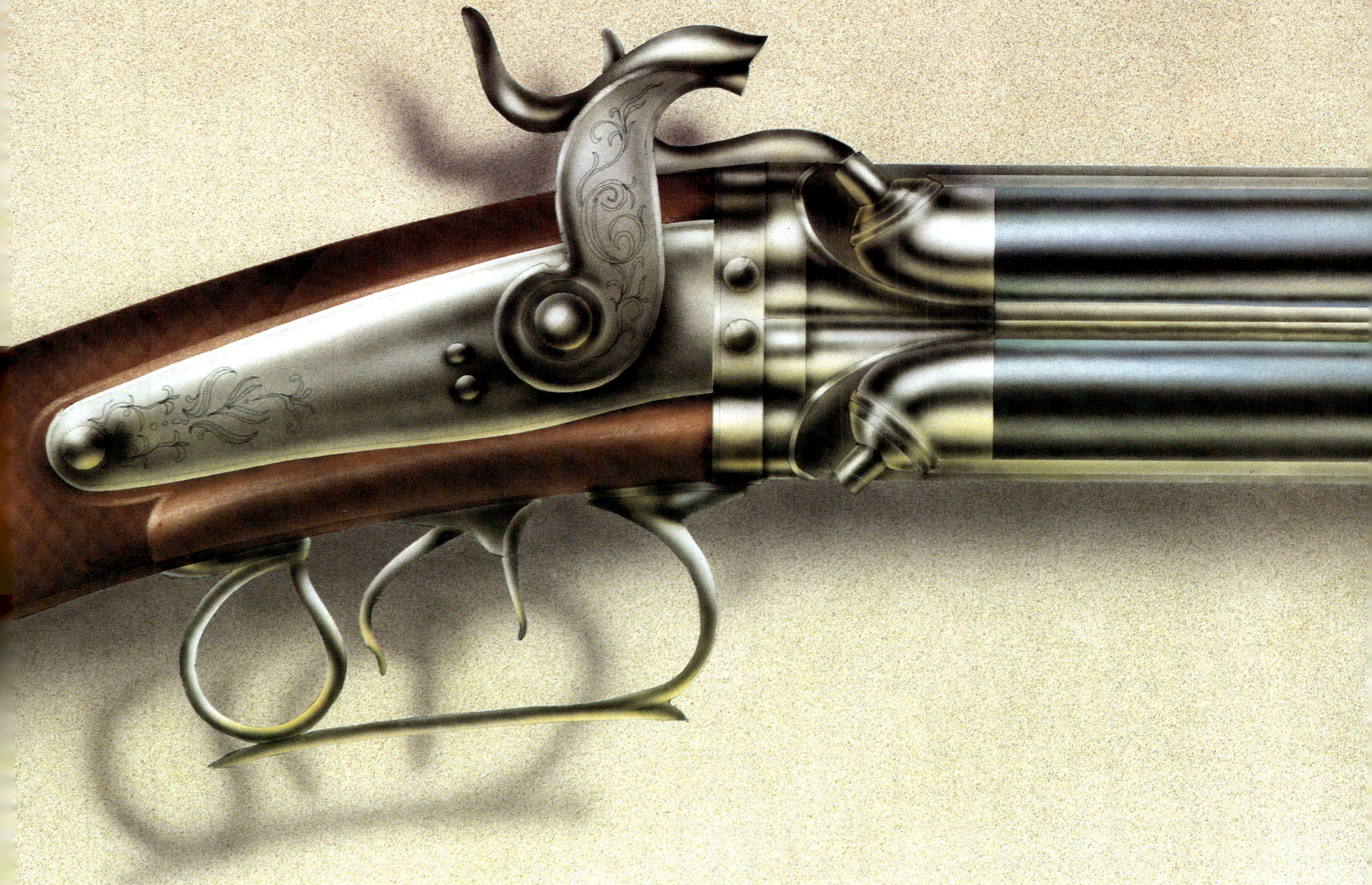

about 1830-1840

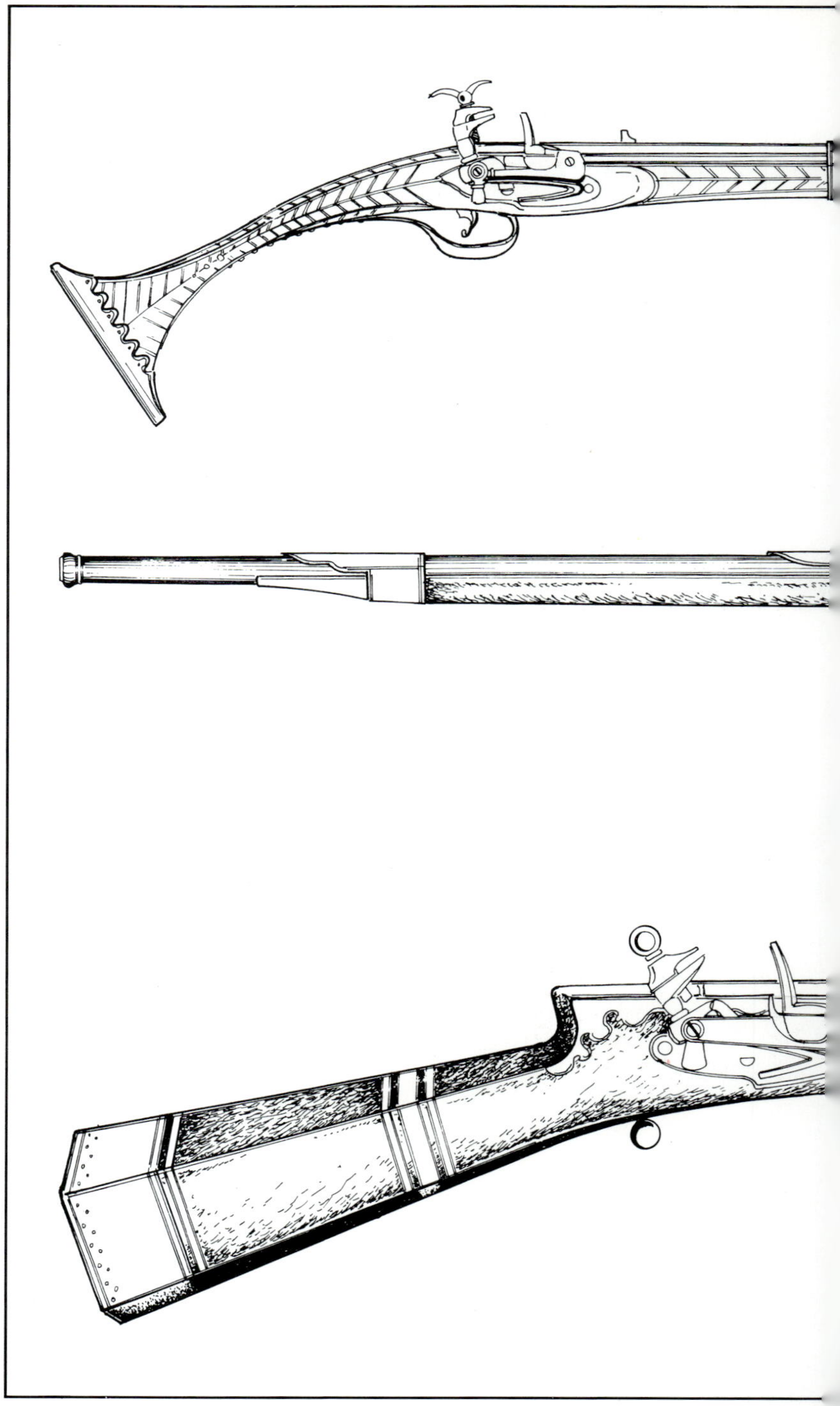

Die Türken bewahrten bestimmte Bräuche ihrer Vorfahren aus der Steppe. Wie die Perser waren auch sie Anhänger der beweglichen Jagd vom Pferderücken aus, die den Gebrauch von Feuerwaffen ausschloß.

Ohne größere Veränderungen in der Konstruktion blieb die „Janitscharen-Büchse" bis in das späte 19. Jahrhundert in Gebrauch! Es ist interessant, daß die praktisch denkenden türkischen Militärs das kostspielige und komplizierte Radschloß unbeachtet ließen. So ersetzten die Osmanen im 17. Jahrhundert, dank (erneuter) wirtschaftlicher Beziehungen mit den Mittelmeerländern, das Luntenschloß auf ihren Waffen durch das praktische *Miquelet*-Schloß (Schnapphahn). Dieses einfache Schloß wurde jedoch viel langsamer als in Europa übernommen. Ludwig Ferdinand, Graf von Marsigli, erwähnt das Nebeneinanderbestehen beider Schlösser im osmanischen Heer, und zwar bis in das dritte Jahrzehnt des 18. Jahrhunderts.

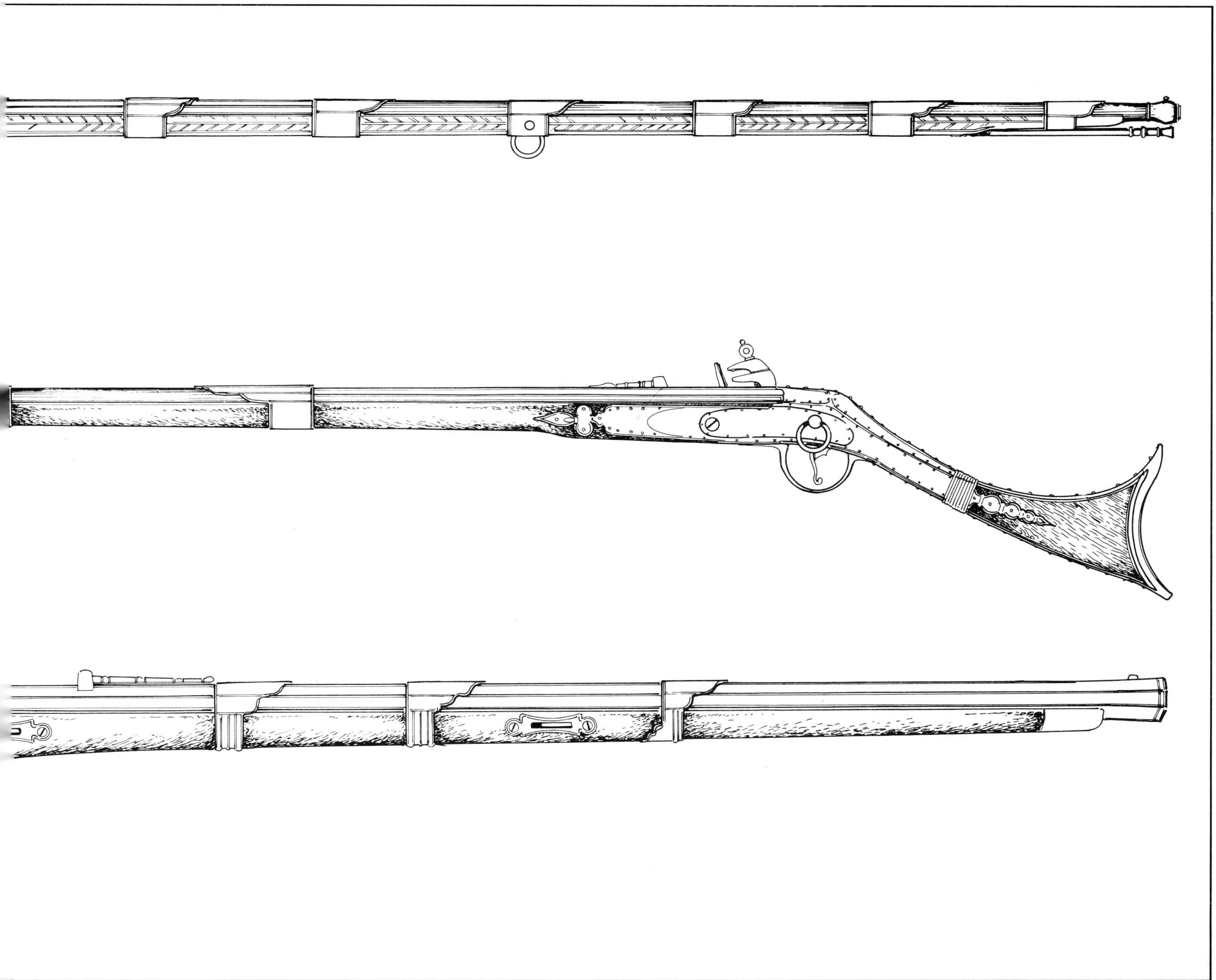

Jagd- und Militärgewehre vom Balkan und aus der Türkei, 18. – 19. Jahrhundert

Oben: *Albanisches Gewehr, 18. Jahrhundert.* Mitte: *Gewehr vom Balkan, 18. – 19. Jahrhundert.* Unten: *Türkische „Janitscharen"-Muskete, 18. Jahrhundert*

Es ist einleuchtend, daß die schweren Janitscharen-Büchsen wegen ihrer Unhandlichkeit nicht für die Jagd benutzt werden konnten. Türkische Jagdwaffen wurden mit viel leichteren, glattgebohrten Läufen geringeren Kalibers ausgestattet, die auf den traditionellen fünfkantigen Schäften saßen. Im 17. Jahrhundert verbreitete sich auf dem von den Türken beherrschten Balkan ein besonderer Waffentyp. Diese Waffe war für die Jagd viel besser brauchbar als die leichten Ausführungen der Janitscharen-Waffen. Sie war hauptsächlich für den Kampf vorgesehen. Wegen ihrer langen und schlanken Läufe und des geringen Gewichtes erwiesen sich diese präzisen Büchsen jedoch für die Jagd in den gebirgigen und schwer zugänglichen Balkanländern als sehr brauchbar. Dank ihres geringen Gewichtes war es leichter, sich bewegende Ziele zu treffen. Im Hinblick auf ihre taktisch-technischen Eigenschaften läßt sich durchaus sagen, daß sie den europäischen Vogelflinten glichen.

Während des 17. Jahrhunderts begannen die norditalienischen Waffenschmieden in Gardone, Brescia und Pontebe mit der Herstellung der sogenannten *Albanischen* Büchsen, die mit dem bereits erwähnten *alla-*

*Morlaca-(Mojaca-)*Schloß ausgestattet waren. Diese Waffe war für albanische und dalmatinische Truppen in venezianischen Diensten vorgesehen.

Jedoch kamen diese praktischen Büchsen schon bald auch auf dem inneren Balkan in allgemeinen Gebrauch. Von heimischen Büchsenmachern nachgebaut, wurde diese Waffe auch mit lokalen Besonderheiten versehen. Interessanterweise waren die albanischen Büchsen, trotz ihres italienischen Ursprunges, mit ungewöhnlich leichten und kurzen Kolben versehen. Sie waren entweder T-förmig (ähnlich dem nordafrikanischen oder marokkanischen Typ) oder wie eine Wünschelrute geformt (der arabische oder Berber-Typ). Die ganze Waffe war sehr oft mit ziseliertem Messing oder getriebenem Silber verziert und mit 6 – 8 Laufringen (Capucinen) ausgestattet.

Oben: *Kolbendetail von einer türkischen „Janitscharen"-Muskete, 18. Jahrhundert*

Diese leichten Büchsen wurden überwiegend in den europäischen Teilen des Osmanischen Reiches für die Jagd benutzt, die nicht so durch östliche Tradition belastet waren. Die Türken selbst bewahrten immer noch Züge und Gewohnheiten ihrer Vorfahren aus der Steppe. Sie hatten noch großes Vergnügen an der Jagd zu Pferde, die den Gebrauch von Feuerwaffen ausschloß. Deshalb war die alte Art, mit den berühmten zusammengesetzten Bögen zu jagen, sehr beliebt. Auch die Jagd mit dem *djerid,* einem besonderen Spieß, war nicht weniger populär. Diese Jagdart wurde gleichzeitig als eine Übung für das Kriegshandwerk betrachtet und von allen Schichten der türkischen Gesellschaft betrieben. Der *djerid* war ein leichter Speer mit einem 3 Fuß (1 m) langem Schaft und einer 7 Zoll (17,5 cm) langen quadratischen Stahlspitze. Die Jäger trugen drei identische *djerids* in einem besonders flachen Köcher, der am Sattel hing. Es gab auch eine besondere Version des Jagdschwertes, dessen Scheide noch Platz für ein oder zwei orientalische Speere hatte.

Um mit dem *djerid* zu jagen, mußte der berittene Jäger sehr geschickt und findig sein. Der Reiter mußte die Beute jagen, bis er sich ihr so genähert hatte, daß er einen erfolgversprechenden Wurf mit der ungewöhnlichen Waffe tun konnte. Der Reiter richtete sich in dem Augenblick in den Steigbügeln auf und schleuderte den *djerid* ins Ziel.

Hatte er das Ziel verfehlt, so mußte der Reiter den Spieß in vollem Gallop vom Boden aufheben.

Dieser Sport wurde in der Türkei noch ziemlich lange ausgeübt. Sultan Mahmoud verbannte ihn 1826 von seinem Hof, aber in der Provinz wurde er weiterhin praktiziert. Der Ausdruck *cirit* steht auch jetzt noch in der türkischen Sprache für den Sportspeer!

Rechts: *Jagdszene aus Sharaf al-Din's „Zafar-Nameh", Persien, 1529. Die traditionelle Jagd mit Blankwaffen war sowohl in Persien als auch in der Türkei beliebt.*

JAGDWAFFEN DES EMPIRE UND DER NEUGOTIK

Wenn wir den überspannten Anachronismus im Osten unbeachtet lassen, so bleibt die Tatsache, daß die Jagdwaffen mit Steinschloß im 19. Jahrhundert einen hohen Grad an Perfektion erreicht hatten. Ungeachtet ihrer mechanischen Vorzüge waren die Jäger aber weder mit der ballistischen Leistung noch mit der Verläßlichkeit und Schlußfolge ihrer Waffen zufrieden. Um diese Nachteile auszuschalten, war es besonders wichtig, die Zündung zu ändern, anders gesagt, die Zündmethode. Die Grundidee war, es mit Perkussion – Schlag – zu bewerkstelligen. So war die Chemie gefragt, und es ist kein Wunder, daß jenes Schloß, das auf der Entzündung des Zündmittels durch Schlag basierte, zunächst „chemisches Schloß“ genannt wurde. Jedenfalls brachte die Arbeit mit explosiven Verbindungen einen Aufschwung in der Geschichte der Feuerwaffen hervor. Das führte zur Entwicklung moderner Munition in der Zeit von 1880 bis 1890, was wiederum zum Aufkommen von Hinterladern und selbstladenden Waffen beitrug.

Dieser rasanten Entwicklung des 19. Jahrhunderts gingen jedoch einige wesentlich ältere Erfindungen voraus. Wenn wir einzelne Versuche, die vor dem 18. Jahrhundert gemacht wurden, unbeachtet lassen, so kann man die Geburt des zeitgenössischen Zündmittels auf 1786/88 datieren, als Claude Louis Bertollet die Wirksamkeit der Mischung von Kaliumchlorat ($KCLO_3$), Schwefel und Holzkohle entdeckte. Dieser begabte französische Chemiker bezahlte teuer für seine Entdeckung – seine Werkstätte in Esonne flog in die Luft. Diese Explosion war jedoch auch lehrreich: Sie zeigte auch alle Gefahren auf, die mit der Herstellung von „Bertollets Salz“ verbunden waren. Brisante Zündmittel wurden zuerst durch A. J. Forsyth im praktischen Gebrauch eingesetzt. Deshalb wird er auch als der Begründer einer neuen Ära in der Geschichte der Bewaffnung angesehen. Wie wir noch sehen werden, spielte die Hauptrolle in dieser Geschichte, wie nicht anders zu erwarten, die Jagd!

Neben seinem eigentlichen Beruf als Geistlicher der Pfarrgemeinde von Belhelvie in Aberdeenshire (Schottland) hatte Reverend Alexander John Forsyth zwei Hobbies. Er jagte gerne Gänse auf einem nahegelegenen See, und er experimentierte in seinem kleinen chemischen Laboratorium, das sich im Garten befand. (Die Gemeindemitglieder nannten es nicht ohne Ironie „des Pfarrers Schmiede“.) Wie andere erfahrene Jäger lange vor ihm beobachtete der presbyterianische Geistliche während der Vogeljagd die Nachteile seiner langen Steinschloß-Vogelflinte im Kaliber 12. Gerade Steinschloß-Musketen erzeugten einen „Nachbrenn-Effekt“, d.h. von der Erzeugung des Zündfunkens am Schloß bis zur Ankunft des Geschosses am Ziel war für die Gänse ausreichend Zeit, vom Lichtblitz gewarnt wegzufliegen.

Forsyth versuchte, diesen Nachteil durch das Anbringen eines besonderen Schloß-Deckels auf seiner Waffe zu beseitigen, der Zündstrahl und Rauch verdecken sollte. Diese komische Konstruktion erinnerte ein wenig an die eigenwilligen, rauchschluckenden Büchsen aus dem 17. Jahrhundert. Als er einsah, daß dies nur ein Behelf war, widmete sich der Geistliche dem Problem einer schnelleren Schußabgabe, d.h. der Zündung des Zündmittels in der Pfanne. Dank seiner Kenntnisse in Chemie erinnerte er sich an Bertollets Erfindung und begann, in der „Pfarrer-Schmiede“ mit Mischungen aus Schwarzpulver und Kaliumchlorat oder Knallquecksilber zu experimentieren. Seine ursprüngliche Idee war, diese Mischung lediglich als ein Zündmittel in der herkömmlichen Steinschloßmuskete zu benutzen. Forsyth kam jedoch bald zu dem richtigen Schluß, daß die brisante Verbindung nicht nur durch Abbrand, sondern auch durch Schlag gezündet werden konnte.

Folglich rüstete er im Winter 1805/1806 seine herkömmliche Vogelflinte auf Schlagzündung um und jagte damit erfolgreich Wildgänse. Zufrieden mit den Ergebnissen, erarbeitete Forsyth unter Mithilfe von James Watt, dem genialen Erfinder der Dampfmaschine, die notwendige Dokumentation und übermittelte sie den zuständigen Stellen in London. Im Juli 1807 wurde Forsyth das Patent erteilt, und der geistliche Konstrukteur konnte seinen eigenen Waffenladen unter dem Namen „Forsyth und CO., Herstellung von Patent-Waffen“ (Picadilly Nr. 10) eröffnen. Es sei bemerkt, daß der neue

Nächste Doppelseite:
N. J. Löbnitz Hinterlader-Kipplauf-Karabiner mit Unterhammer-Schloß, Dänemark, Kopenhagen, um 1840

N. LÖBNITZ
PATENT KIÖBENHAVN

N. J. Löbnitz breech-loading fowling carbine

Ladenbesitzer einen Mr. James Purdey beschäftigte, der später die bekannte Firma „James Purdey & Söhne" gründete.

Forsyths Schloß basierte auf dem folgenden Prinzip: anstelle der herkömmlichen Pfanne war ein besonderer Stahlnippel in den Lauf geschraubt. Ein Loch von 3,3 mm Durchmesser war in diesen Nippel (Piston) gebohrt, das die Verbindung zwischen dem hinteren Laufende und der schmalen Zündpfanne (3 mm breit und 1,5 mm tief) herstellte. Über dem Nippel befand sich ein drehbarer Behälter (wegen seiner besonderen Form auch „Riechfläschchen" genannt), der das Zündmittel aufnahm. Durch Drehen des Behälters um 180 Grad rieselte eine kleine Menge des Zündmittels in die Zündpfanne. Das „Riechfläschchen" wurde in seine Ausgangsposition zurückgedreht. Der Schlagstift, am Hammer befestigt, entzündete durch Schlag das Zündpulver. Die so verursachte Explosion zündete durch die Zündbohrung die Hauptladung.

Gleichgültig wie genial sie in der damaligen Zeit auch erschienen sein mag, Forsyths Konstruktion war alles andere als perfekt. Es gab zunächst einmal Fälle, in denen es vorkam, daß das gesamte Zündpulver in dem Behälter explodierte. Zweitens war das Zündpulver sehr feuchtigkeitsempfindlich und gleichfalls empfindlich gegen Stöße oder beim Transport. Schließlich war die ganze Konstruktion unmäßig kompliziert und teuer, trotz der Möglichkeit, mehrere Schüsse mit einer Behälterfüllung zu zünden. Das alles zeigte die Notwendigkeit, schnellstens eine sichere Verpackung für das brisante Zündmittel zu entwickeln.

Die vierzehnjährige Gültigkeit des Forsyth-Patents verhinderte jedoch, daß irgend eine andere Person in Großbritannien mit explosiven Mischungen ähnlicher Art experimentierte. Deshalb ließ sich 1812 Samuel Johannes Pauly, ein Büchsenmacher aus Genf, seine Zündmischung in Paris patentieren (Kaliumchlorat + Schwefel + Holzkohle mit Gummi arabikum als Zusatz). Sie war in Pillenform gepreßt und durch zwei Papierscheibchen geschützt. Diese Kapseln ähnelten den Pulverplättchen für Spielzeugpistolen.

Ungeachtet der Einschränkungen, die durch das Patent der presbyterianischen Geistlichen auferlegt waren, riskierte es Joseph, der jüngere Bruder des berühmten John Manton, 1816 seine Konstruktion eines Perkussionsschlosses, basierend auf Paulys Zündpille, der Öffentlichkeit vorzustellen. Darüber hinaus ließ sich Joseph zwei Jahre später (3. August 1818) eine verbesserte Kon-

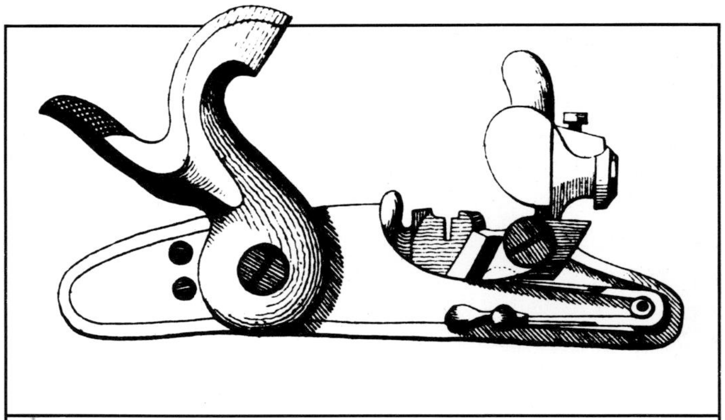

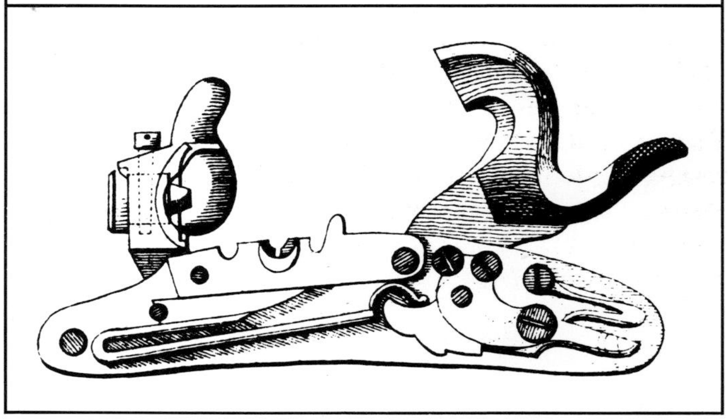

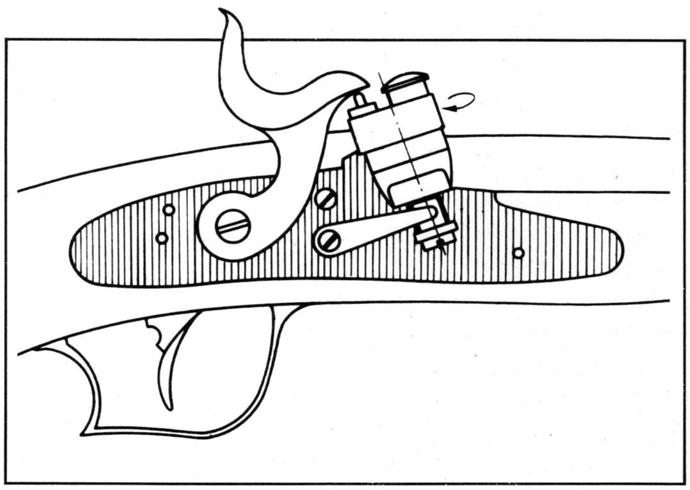

Von oben nach unten:
- *Tuben-Perkussionsschloß, System Augustin, M. 1844, Außenseite;*
- *Augustin-Schloß-Innenseite;*
- *Zündhütchen-Perkussionsflinte, Meyer, Belgien 1844;*
- *Forsyth's „Riechfläschchen"; Schloß von 1807*

struktion patentieren: das Röhrenschloß, das röhrenförmige Kupferkapseln, gefüllt mit Knallquecksilber, verwendete (Patent-Nr. 4285). Die verbesserte Ausführung dieses Schlosses fand sofort Anwendung bei Jagdwaffen, insbesondere bei großen Boot-Büchsen, die für die Wildhuhn-Jagd verwendet wurden. Neben guter Handhabung und Unempfindlichkeit gegenüber Feuchtigkeit erzeugten nämlich Mantons Kapseln einen starken Zündstrahl, der notwendig war, die ungewöhnlich große Pulverladung dieser Waffe zu zünden.

Alle diese Konstruktionen waren aber immer noch reichlich kompliziert und unpraktisch für den allgemeinen Gebrauch. Ihren höchsten Entwicklungsstand erreichten die damaligen Perkussionswaffen durch die Anwendung des äußerst einfachen, fingerhutförmigen Kupferzündhütchens mit einer Zündmittelladung in seinem Boden. Dieser Zündhütchentyp wurde auf den Piston aufgesetzt, der mit einer Zentralbohrung direkt hinunter zur Kammer und der sich darin befindlichen Ladung verbunden war. Der bekannte tschechische

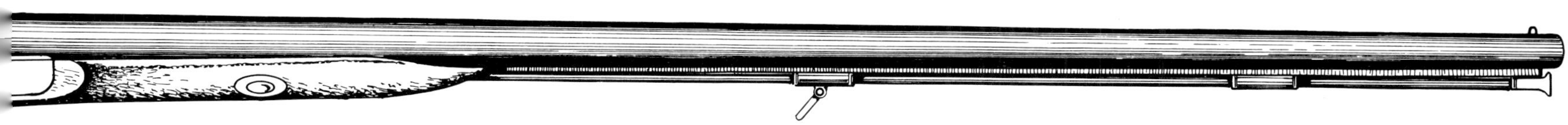

Autor J. Lugs vertritt die Ansicht, daß bis heute eine Rivalität zwischen Amerikanern und Briten besteht, wem das Verdienst zukommt, das Kupferzündhütchen erfunden zu haben.

Alle Argumente sprechen für die letzteren. Tatsächlich konstruierte bereits 1815 der englische Landschaftsmaler Joshua Shaw ein Perkussionsschloß mit einem Piston und einer einfachen Stahlkapsel. Diese Kapseln konnten auch mehrmals benutzt werden, weil sie mit einem Zündmittel in Pillenform bestückt wurden. Zwei Jahre später verbesserte Shaw seine Erfindung, in dem er Kupfer für die Herstellung der (mehrfach verwendbaren) Kapseln benutzte. Man sollte dabei jedoch nicht vergessen, daß alle diese Ereignisse noch in Gültigkeitsdauer von Forsyths Patentrechten stattfanden. Erst nach seiner Auswanderung in die Vereinigten Staaten (1816) konnte sich der Maler seine Erfindung patentieren lassen und mit der Produktion beginnen. In seiner neuen Heimat begegnete man dem eingebürgerten Amerikaner mit Verständnis und Anerkennung. 1841 wurde Shaw selbst Opfer seiner Erfindung. Bei einer Explosion verlor er seine rechte Hand. (Der Kongreß entschädigte ihn tatsächlich beträchtlich!)

In England lernte der praktische Tüftler Joseph Manton irgendwie Shaws Kupferzündhütchen kennen, nahm das Risiko auf sich und begann bereits 1818 mit der Herstellung.

1821 lief schließlich Forsyths Patent aus. Bereits am 10. November ließ sich der bekannte William Westley Richards seinen Entwurf einer Kammer für Schlagzündung gesetzlich schützen. Genau zwei Jahre später ließ sich John Day die ersten britischen Kupferzündhütchen patentieren. Das Interessanteste an der Geschichte ist jedoch, daß der Titel „Erfinder des Schlagzündhütchens“ im Vereinigten Königreich an Joseph Egg ging, einen Büchsenmacher von Picadilly. Es scheint, Eggs einziges Verdienst war, daß bereits 1816 Shaws Kupferzündhütchen auf wundersame Weise in seinem Laden auftauchten!

Heute ist es unwichtig, wer als erster Kupferzündhütchen anwendete. Wichtiger ist, daß dem Perkussionsschloß fast das Gleiche widerfuhr wie früheren Schloßkonstruktionen. Im Gegensatz zu Militärkreisen nahmen nämlich Jäger (Forsyth war der erste) diese praktische Neuheit sofort nach ihrem Erscheinen an.

Einerseits waren Jäger viel weniger konservativ und belastet von Traditionen, andererseits konnten sie sich auf Grund ihrer finanziellen Lage luxuriöse neue Waffen leisten. Man sollte jedoch nicht die Tatsache übersehen, daß Forsyth der erste war, dem in der Person des konservativen Lord Chatham, Oberbefehlshaber der Artillerie, Widerstand begegnete. Des ungeachtet belieferte der hartnäckige Schotte in der Zeit von 1807 – 1821 den Markt mit etwa 4000 „Riechfläschchen“-Schlössern, die überwiegend in Jagd- und Sportwaffen eingebaut wurden. Im Gegensatz zu Lord Chatham lobte bereits 1814 der bekannte und passionierte Jäger Mr. H. Baring Forsyths Erfindung überschwenglich. In gleicher Weise unterstützte der kluge und erfahrene Oberst Peter Hawker beständig Joseph Manton.

Rechts: *Trap-Schießen, Hornsey Wood, 19. Jahrhundert*

Flinten

Mit der Zeit wurden die unbestreitbaren Vorteile der Perkussionswaffen zunehmend deutlicher. Zunächst wurde klar, daß widrige Wetterbedingungen keinen Einfluß auf die Zündhütchen hatten. Zweitens wurde der Jäger nicht durch den Zündfunken oder durch Rauch in der Zündpfanne behindert. Die Einwirkung von Zündgasen war beträchtlich verringert, die Schußfolge erhöht. Folgt man schließlich russischen Meßwerten, so lagen bereits in den zwanziger Jahren des 19. Jahrhunderts die Versager bei Steinschloßwaffen zwischen 10 – 20 %, im Vergleich zu nur 0,03 % bei Perkussionswaffen! Ähnliche Ergebnisse wurden 1836 in Großbritannien erreicht. Die Prozentrate von Versagern bei Steinschloßwaffen betrug 15,36 % im Vergleich zu 0,6 % bei Perkussionswaffen.

In Hinblick auf die Jagdwaffen war das wichtigste Merkmal sicherlich die Schußfolge. In dem Zusammenhang sei erwähnt, daß die entscheidende Rolle bei der Annahme der Perkussionswaffen das sogenannte Trap-Schießen spielte.

Trap-Schießen war besonders in Großbritannien beliebt, und mit der Zeit verbreitete es sich in ganz Europa. Es war ein Sportereignis, das folgendermaßen ablief: Die „Jäger" mußten die größtmögliche Anzahl Tauben schießen, die gleichzeitig aus hölzernen Kästen (traps) freigelassen wurden. Es ist verständlich, daß Perkussionsflinten im schnellen Schießen wirksamer waren als Steinschloßwaffen mit ihrem bekannten Nachglimm-Effekt.

Im frühen 19. Jahrhundert übte dieser Sport sogar einen Einfluß auf die Entwicklung eines besonderen Typs einer kurzen, großkalibrigen Flinte aus. Kennzeichnend war ein Halbschaft und das Fehlen der Ladestockbuchse. Jedenfalls bestimmten die Regeln des bekannten Gun Club von Notting Hall, herausgegeben 1861, für das Trap-Schießen den Gebrauch der traditionellen Doppelflinte im Kaliber 12 mit einer Schrotladung von einer Viertel Unze, also ca. 35 Gramm.

In Großbritannien wurden die herkömmlichen Flinten entweder in ein- oder doppelläufiger Ausführung gebaut. Die einläufigen Flinten waren fast ausschließlich eine Handelsware geringerer Qualität, und sie wurden auch zu einem niedrigeren Preis verkauft. Diese Flinten waren tatsächlich einer der Hauptexportartikel der britischen Waffenherstellung, und sie stellten auch die wichtigste

Einnahmequelle dank der unersättlichen Märkte in Amerika und Afrika.

In der Regel wurden diese Waffen zum Schießen von Tauben, Fasanen und Wasservögeln benutzt, wobei sich die Lauflänge nach der Art des Wildes richtete. Fasanen wurden meistens in dichten Büschen oder im Dickicht gejagt, was eine kurze Waffe erforderte; Tauben wurden mit Waffen mit deutlich längeren Läufen gejagt, während Wasservögel mit den schon erwähnten schweren Entenflinten geschossen wurden. Die Entenflinte wurde aus der Karrenbüchse des 16. Jahrhunderts entwickelt beziehungsweise aus langen Vogelflinten, die Blome im 17. Jahrhundert erwähnte. Diese Flinten wurden für eine Jagdart benutzt, die besonders in Norfolk beliebt war.

Hierbei pirschte man sich über das Wasser mit der langen, großkalibrigen Entenflinte an eine Schar Wasservögel heran.

Jedenfalls hatte eine normale einläufige Flinte das Kaliber 12, während die Lauflänge von 650 bis 800 mm reichte.

Andererseits waren doppelläufige Querflinten sehr viel teurer, aber auch von höherer Qualität und vielseitiger einsetzbar. Die Bezeichnung Querflinte bedeutet nicht, daß es keine Bockflinten in der Zeit der Vorderlader gab. Man sollte aber nicht vergessen, daß diese Variante nicht häufig vorkam, was in erster Linie an der Schwierigkeit lag, die sich beim Anbringen des klassischen Perkussionsschlosses stellte.

In England wurden Doppellaufwaffen im Kaliber 16, 14 und 12 und mit einer Lauflänge von etwa 750 mm hergestellt. In der gleichen Zeit benutzten Jäger auf dem Kontinent Waffen verschiedenen Kalibers – von 20 bis 16 und mit etwas längeren Läufen – bis zu 800 mm Länge. Außer im Kaliber unterschieden sich englische und kontinentale Flinten auch im äußeren Erscheinungsbild. Besonders die englischen Büchsenmacher beharrten auf der herkömmlichen eleganten Schaftform aus dem 18. Jahrhundert mit den schon erwähnten Vor- und Nachteilen. Ihre Läufe waren rundherum kantig gearbeitet und mit der Schiene nach Manton ausgerüstet. Jenseits des Englischen Kanals, in Frankreich und Belgien, waren die Waffen seit der 1. Hälfte des 18. Jahrhunderts mit einem schachbrettartig gemusterten Pistolengriff ausgestattet. Deutsche Büchsenmacher zeigten sich etwas verschwenderischer. Ihre Abzugbügel waren manchmal (in einem Stück mit dem Kolben) aus Horn oder Holz gemacht, während der Pistolengriff mit mythologischen Tierköpfen verziert war. Auch waren Läufe, nach alten

Erst im frühen 18. Jahrhundert erlernten die Europäer die Geheimnisse der Herstellung von Damaszener-Stählen. Diese Technik breitete sich von Spanien über den gesamten Alten Kontinent aus. Bei Jägern waren Damaszener-Läufe wallonischen (belgischen) und französischen Ursprungs besonders beliebt.

spanischen Vorbildern hergestellt, auf dem Kontinent in Mode. Vorne nämlich waren sie rund, während sie am hinteren Teil in Höhe der Pulverkammer achteckig gearbeitet waren.

Wenn man von Unterschieden spricht, sollte man auch den Streit bezüglich des rückliegenden Schlosses erwähnen, das um 1820 aufkam. In Großbritannien wurde diese Neuheit als eine übertrieben lange und schwächliche Bauform kritisiert.

Deshalb fand das rückliegende Schloß auf der Insel in erster Linie bei Luxuswaffen Verwendung, die auf Bestellung gefertigt wurden. Im Gegensatz dazu wurde die gleiche Bauform auf dem Kontinent begeistert angenommen. Überdies wurde sie auch bei militärischen Waffen benutzt. In den zeitgenössischen Jagdwaffenkatalogen wurde dieses Schloß als das „berühmte belgische rückliegende Schloß“ angekündigt.

Ungeachtet ihres Herkunftsortes hatten die Schrotflinten zwei gemeinsame Merkmale. Zunächst einmal verwendeten die meisten Büchsenmacher aus Tradition keine Läufe für ihre Waffen, die durchgehend zylindrisch gebohrt waren. Findige Handwerker lernten durch lange praktische Erfahrung, daß eine Änderung in der Bohrung in der Regel eine dichtere Schußgarbe erzeugt und damit einen genaueren Schuß ermöglicht. Bis zur Erfindung der Choke-Bohrung (Würgebohrung) war niemand in der Lage, eine mathematische Begründung hierfür zu geben. Diese Tatsache hielt jedoch die Büchsenmacher nicht davon ab, eigene Versuche hinsichtlich der inneren Gestaltung der Läufe anzustellen. Das zweite gemeinsame Merkmal bei den Jagdwaffen war die Anwendung der Zündarten. Bis zum Aufkommen der Kupferzündhütchen hatten Jäger mit allen möglichen Schlössern experimentiert. So wurden während der ersten Jahrzehnte des 19. Jahrhunderts nebeneinander Pillenschlösser, Röhrenschlösser und besondere Mechanismen mit Behältern à la Forsyth benutzt. Das klassische Perkussionsschloß fand erst nach der praktischen Anwendung von Shaws Zündhütchen und seinen Pistons seinen festen Platz an den Jagdwaffen.

Links: *Ziehen eines Laufes, Birmingham, England, Mitte 19. Jahrhundert*

Nächste Doppelseite:
Rigby's Flinte für die Entenjagd, Kaliber 4, London & Dublin, um 1850

Damaszener-Läufe, hergestellt aus Hufeisennägeln

Französischer Laminette-Damaszener-Stahl

Englischer Damaszener-Stahl

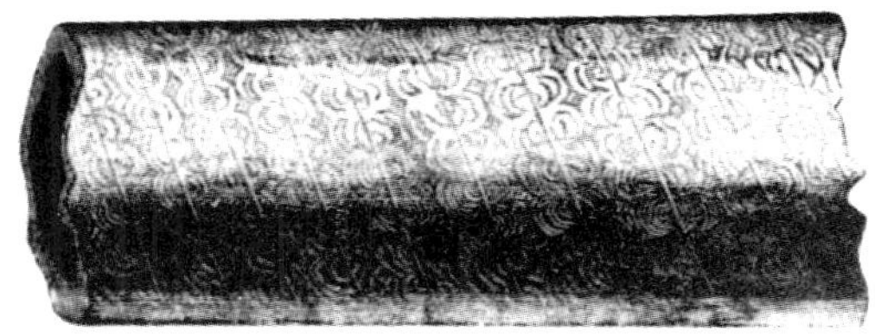

Damaszener-Stahl mit einem Motiv in der Form von Rosen

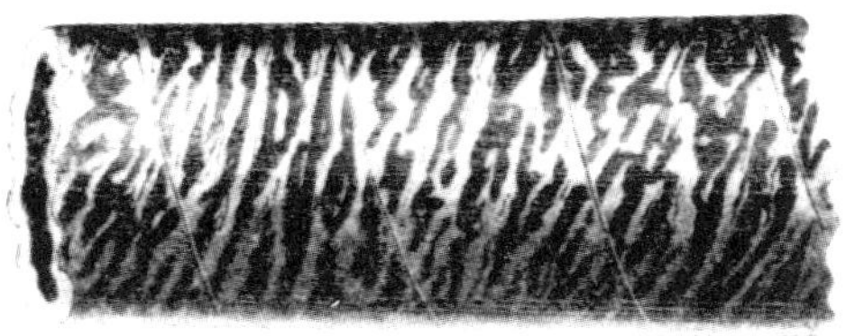

Englischer „lamellierter Stahl"

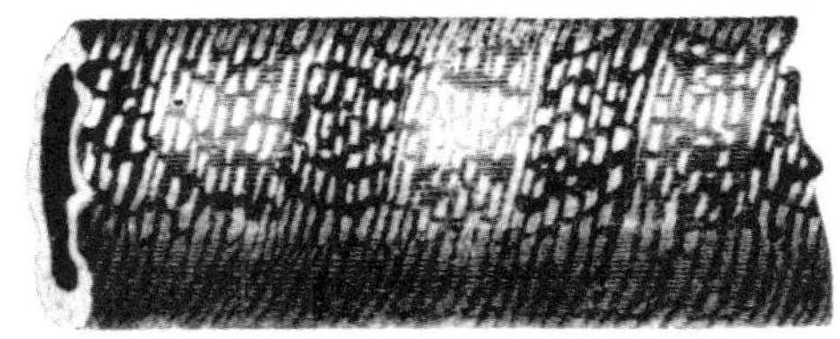

Bernard-Damaszener

Herstellungsmethode der Damaszener-Läufe

Unten: *Damaszener-Kaliber*

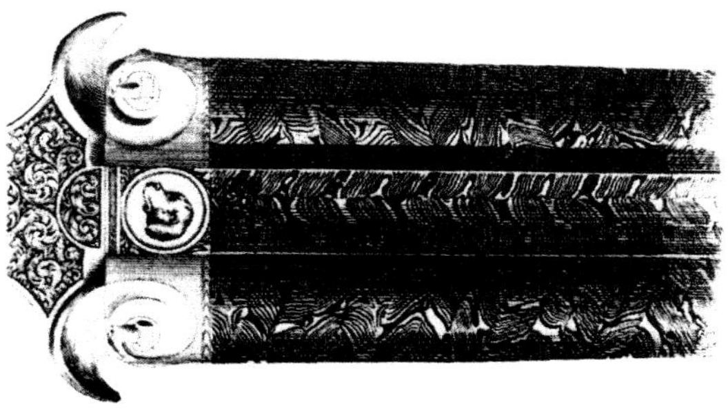

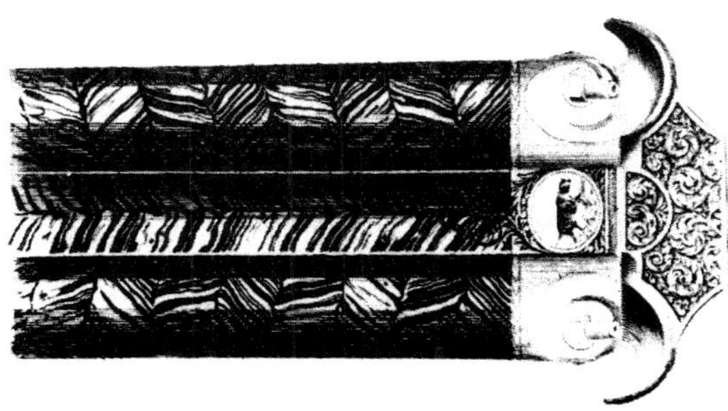

Rigby shot gun 4 gauge

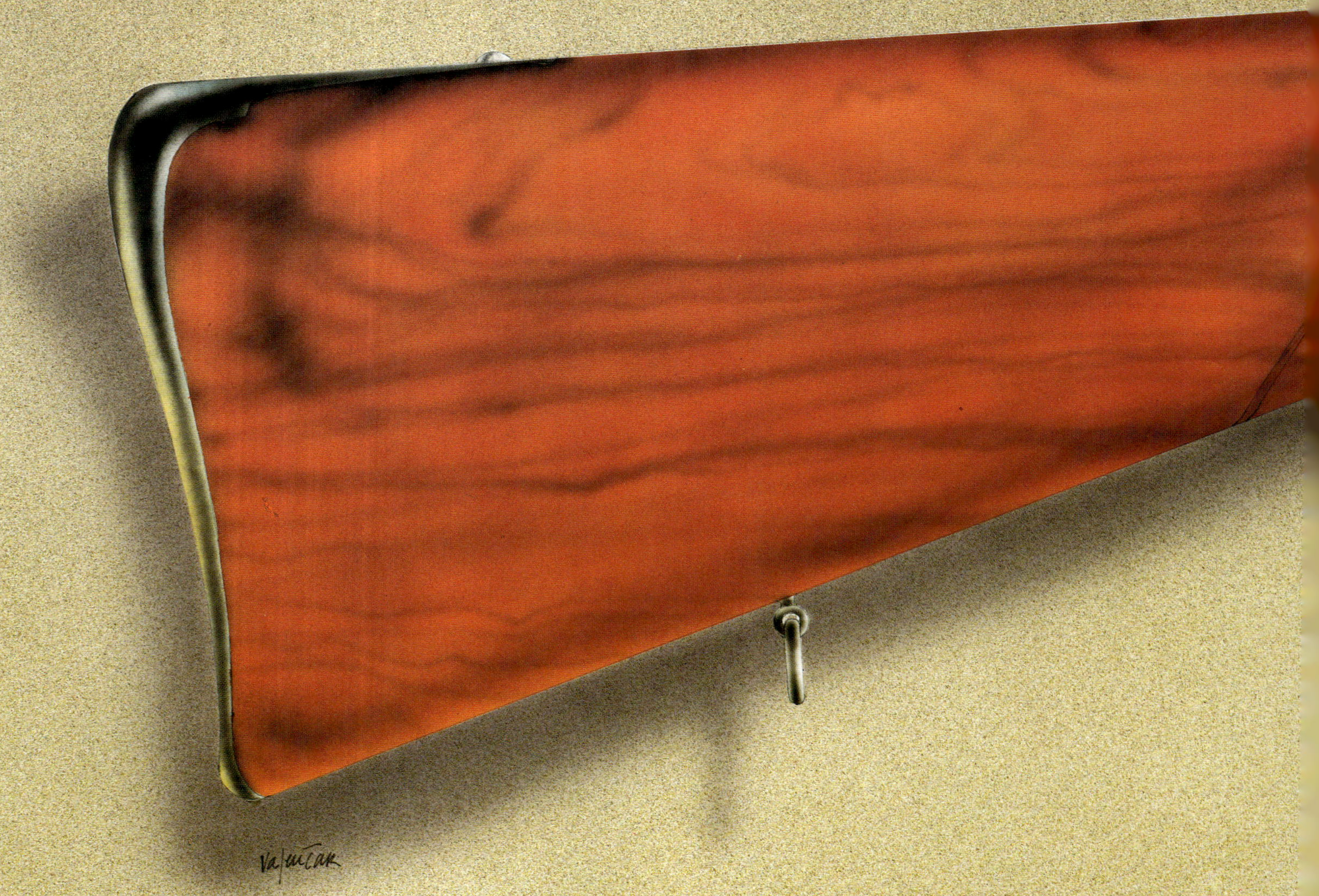

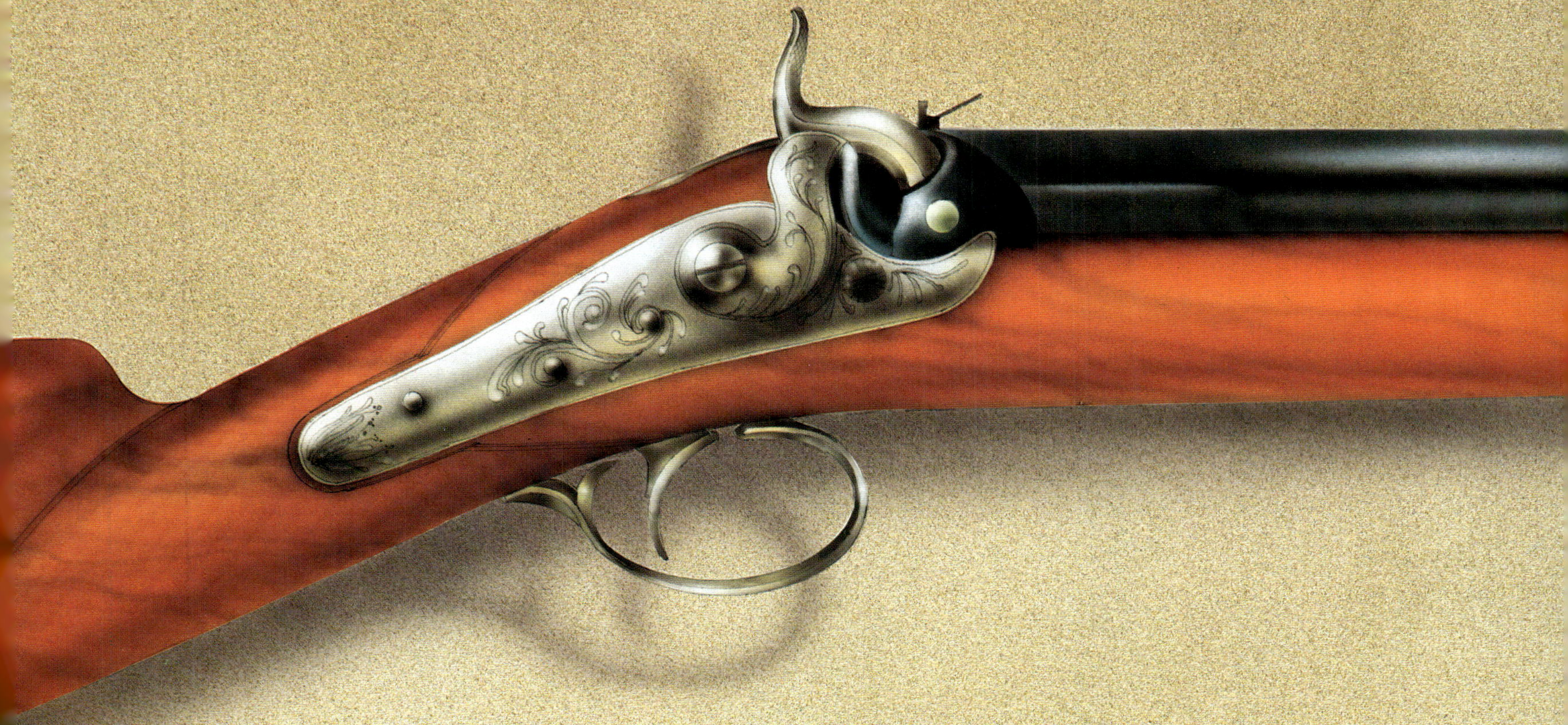

Rigby, London & Dublin, 1850

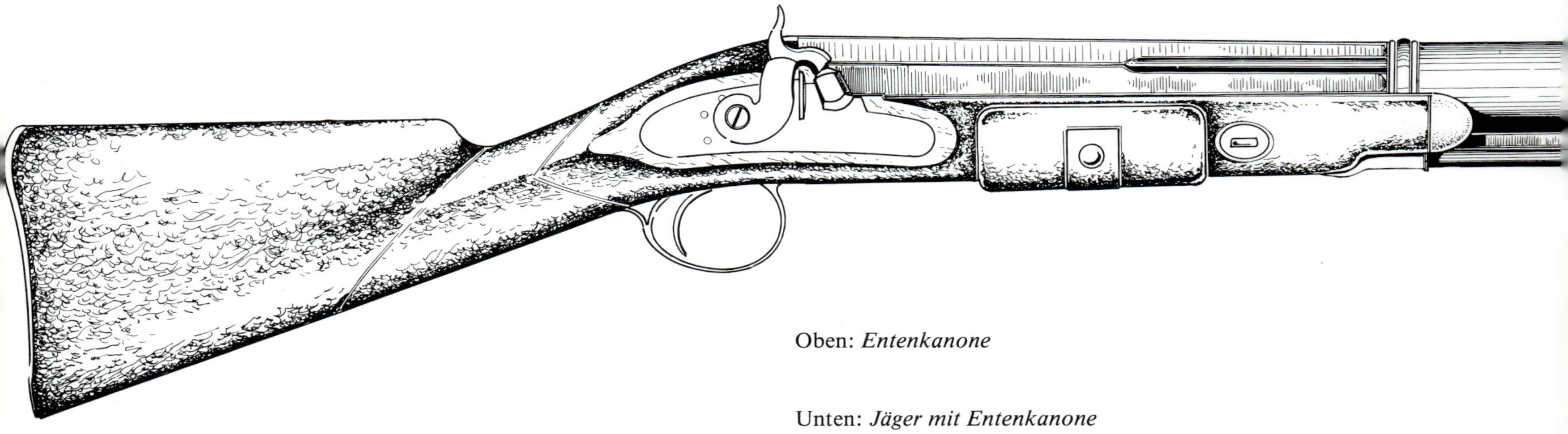

Oben: *Entenkanone*

Unten: *Jäger mit Entenkanone*

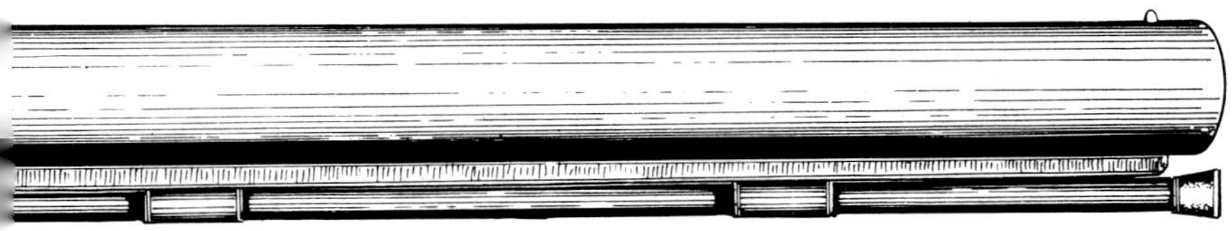

Gewehre

Im 19. Jahrhundert war die Entwicklung des Perkussionsschlosses eng an die zügige Entwicklung des Gewehres gebunden. Tatsächlich war es bereits seit 300 Jahren in Europa, besonders in deutschen Ländern, üblich, Waffen mit gezogenen Läufen herzustellen. Im Verlaufe des 19. Jahrhunderts bildeten sich bei den Gewehren unterschiedliche Merkmale aus, so daß man sie in verschiedene Typen hinsichtlich des zu bejagenden Wildes einteilen kann. So war eine sehr schwere Waffe, an der, wenn notwendig, ein Hirschfänger befestigt werden konnte, für die Jagd auf das Wildschwein bestimmt. In den österreichischen Alpen wurden Gemsen mit einem etwas leichteren ein- oder doppelläufigen Gewehr gejagt. Diese Waffen hatten (achtkantige) Läufe, die über-/untereinander angebracht waren. Deutsche Gewehre konnte man auch an dem stets vorhandenen Stecherabzug erkennen, den es bei französischen und belgischen Waffen ähnlicher Verwendung nicht gab.

Zweifellos spiegelt sich auch in britischen Waffen mit gezogenem Lauf der deutsche Einfluß. Britische Büchsenmacher entwickelten jedoch mit der Zeit verschiedene Gewehrtypen, um den Nachfragen des Marktes besser gerecht zu werden. Zunächst einmal sind da die Erzeugnisse, die für den heimischen Markt gedacht waren – traditionelle und kleinkalibrige Jagdgewehre. Zweitens war man in den Kolonien, wegen der besonderen Tierwelt dort, an Waffen interessiert, mit denen man Dickhäuter, Großkatzen und Tiere von Rotwildgröße erlegen konnte. Schließlich war es bis 1880 auch notwendig, den großen nordamerikanischen und südafrikanischen Markt zu beliefern.

Kleinkalibrige Gewehre waren nicht sehr bedeutsam. Sie waren für die Jagd auf Kaninchen und Krähen aus 30 – 100 m Entfernung bestimmt. Ihr Kaliber reichte von 30 bis 40 (7,62 – 10,16 mm). Eigentlich waren es nur verkleinerte Versionen der herkömmlichen Jagdwaffen.

Klassische Jagdgewehre sind für uns von viel größerer Bedeutung. Während der ersten Jahrzehnte des 19. Jahrhunderts war diese Waffe mit einem einfachen, achtkantigen Lauf ausgestattet, der eine große Anzahl (bis zu 11) feiner Züge hatte.

Das Gewehr wurde mit etwa 70 g Pulver und einem Geschoß, das mit Kugelpflaster umwickelt war, geladen. Das Kaliber der Waffe wurde durch die Anzahl von Bleikugeln ausgedrückt, die auf ein englisches Pfund gingen – und reichte von 13 bis 18. Auch waren die frühen englischen Jagdgewehre ausgestattet mit der tieferen Laufschiene, dem typischen Halbschaft, dem mit Fischhaut verschnittenen Griff, der erhobenen Backe am Kolben sowie einem Riemenbügel, der am vorderen Ende der Ladestockbuchse angebracht war.

Es ist kennzeichend, daß doppelläufige Gewehre erst vom vierten Jahrzehnt des 19. Jahrhunderts an in Groß-

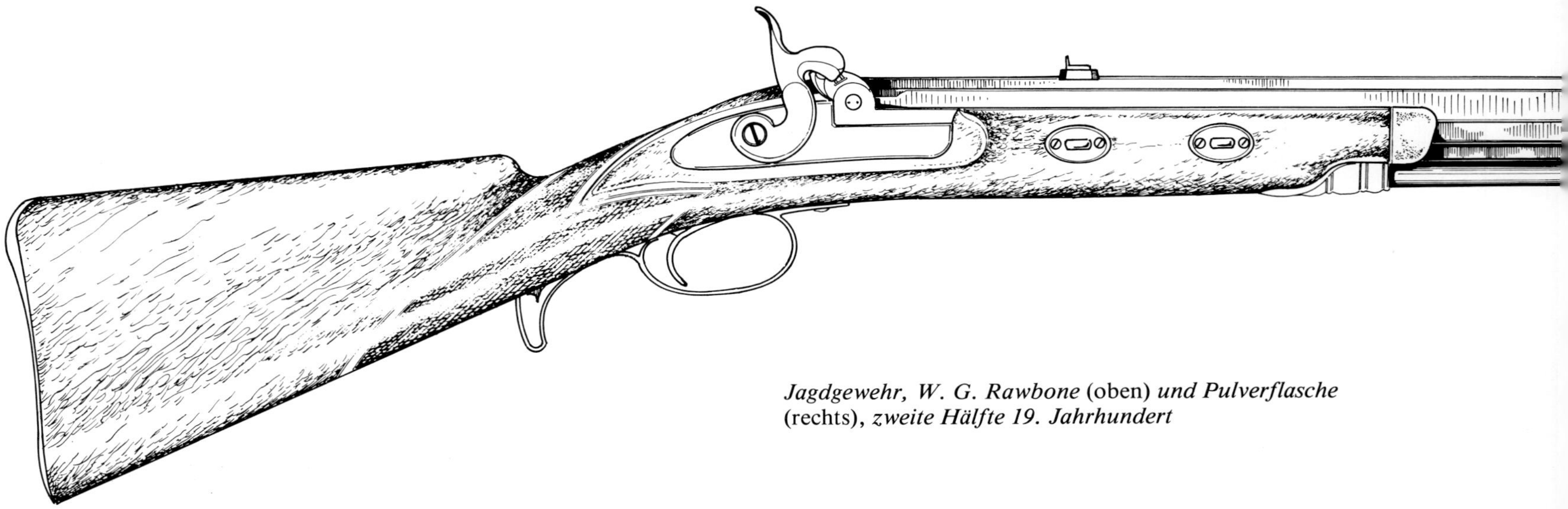

Jagdgewehr, W. G. Rawbone (oben) *und Pulverflasche* (rechts), *zweite Hälfte 19. Jahrhundert*

britannien Eingang fanden. Dieser Umstand ist eng mit der Krönung Viktorias verbunden. Prinz Albert von Sachsen-Coburg war nämlich als eifriger Rotwildjäger bekannt. Auf der Suche nach geeigneten Jagdrevieren entdeckte er die Schönheit Schottlands. So begann das königliche Paar häufiger Balmoral zu besuchen, wo Prinz Albert das Rotwild mit Doppellaufgewehren jagte. Zweifellos trug diese Art der Werbung zur Popularisierung dieser Waffe auf der Insel bei. Wenn man die Herkunft des englischen Prinzgemahls bedenkt und die Tatsache in Betracht zieht, daß in den deutschen Ländern und den Alpen Rotwild und Gemsen schon seit langer Zeit mit Doppellaufgewehren gejagt wurden, so können wir schwer einigen Autoren folgen, die behaupten, Doppellaufgewehre im Vereinigten Königreich seien eine eigenständige Erfindung aus Balmoral.

Diese frühen britischen Doppellaufgewehre waren überwiegend im Kaliber 50 (12,7 mm) hergestellt und hatten eine große Anzahl von Zügen.

Sie konnten mit einer relativ geringen Pulvermenge geladen werden, die es jedoch noch ermöglichte, Rotwild aus 50 – 100 yards (45 – 90 m) zu erlegen. Bei der Jagd auf größeres Wild kamen die Jäger jedoch in Schwierigkeiten. Bekanntlich verleiht der gezogene Lauf dem Geschoß einen Drall, der die Flugbahn stabiler macht und die Treffgenauigkeit des Geschosses erhöht.

Im Falle der Großwildjagd fehlte dem Geschoß oft wegen der zu geringen Treibkraft der Pulverladung die Energie, um die tödliche Wirkung zu erzielen. So hatte zum Beispiel das Gewehr des bekannten J. Purdey, das sonst eine sehr genaue Waffe von Kaliber 16 (16,8 mm) war, wegen seiner geringen Pulverladung eine im Grunde doch unzureichende Leistung.

Das Problem konnte nicht einfach dadurch gelöst werden, daß man die Pulverladung erhöhte. Der plötzlich höhere Gasdruck hätte lediglich das Geschoß mit solcher Kraft aus dem Lauf getrieben, daß die Züge ihm keinen Drall hätten verleihen können. Die schon erwähnten Nachteile gezogener Waffen wurden besonders in den Kolonien deutlich, wo große, exotische Tiere nur durch Waffen mit hoher Energie-Abgabe erlegt werden konnten.

Um die neuen Bedürfnisse zu befriedigen (größere Treffsicherheit, angemessenes Kaliber, größere Energieabgabe im Ziel), suchten Konstrukteure in Lösungen Zuflucht, wie sie bei militärischen Waffen benutzt wurden.

Im Jahre 1836 übernahm die britische Armee „Lovell's Improved Brunswick Pattern Rifle". In der Zeit von 1840 – 1843 erwarb Rußland eine gleiche Waffe, die nach ihrem Herstellungsort (Lüttich) „Liège-Gewehr" genannt wurde. In beiden Fällen handelt es sich um die gleiche Waffe, die Hauptmann Berner, der spätere Brigadegeneral der Jägerverbände in den Brunswick-Einheiten, entworfen hatte. Die britische Ausführung hatte das Kaliber .704 (17,88 mm) und die russische das Kaliber .700 (17,78 mm).

Nächste Doppelseite:
Luftgewehr (Windbüchse) für die Jagd, Kaliber 10 mm, System Girardoni, Anfang des 19. Jahrhunderts

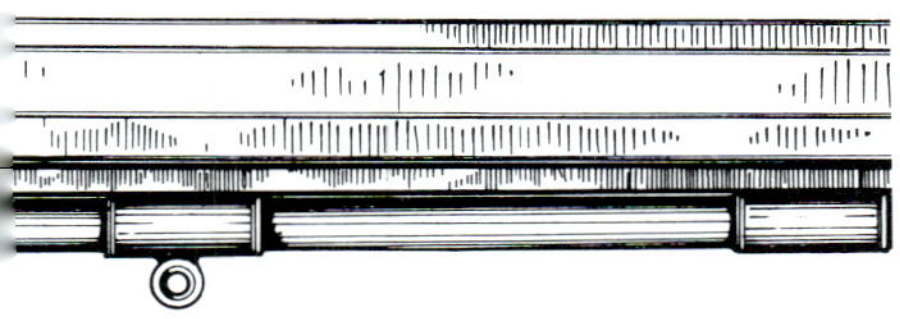

WINDBÜCHSE

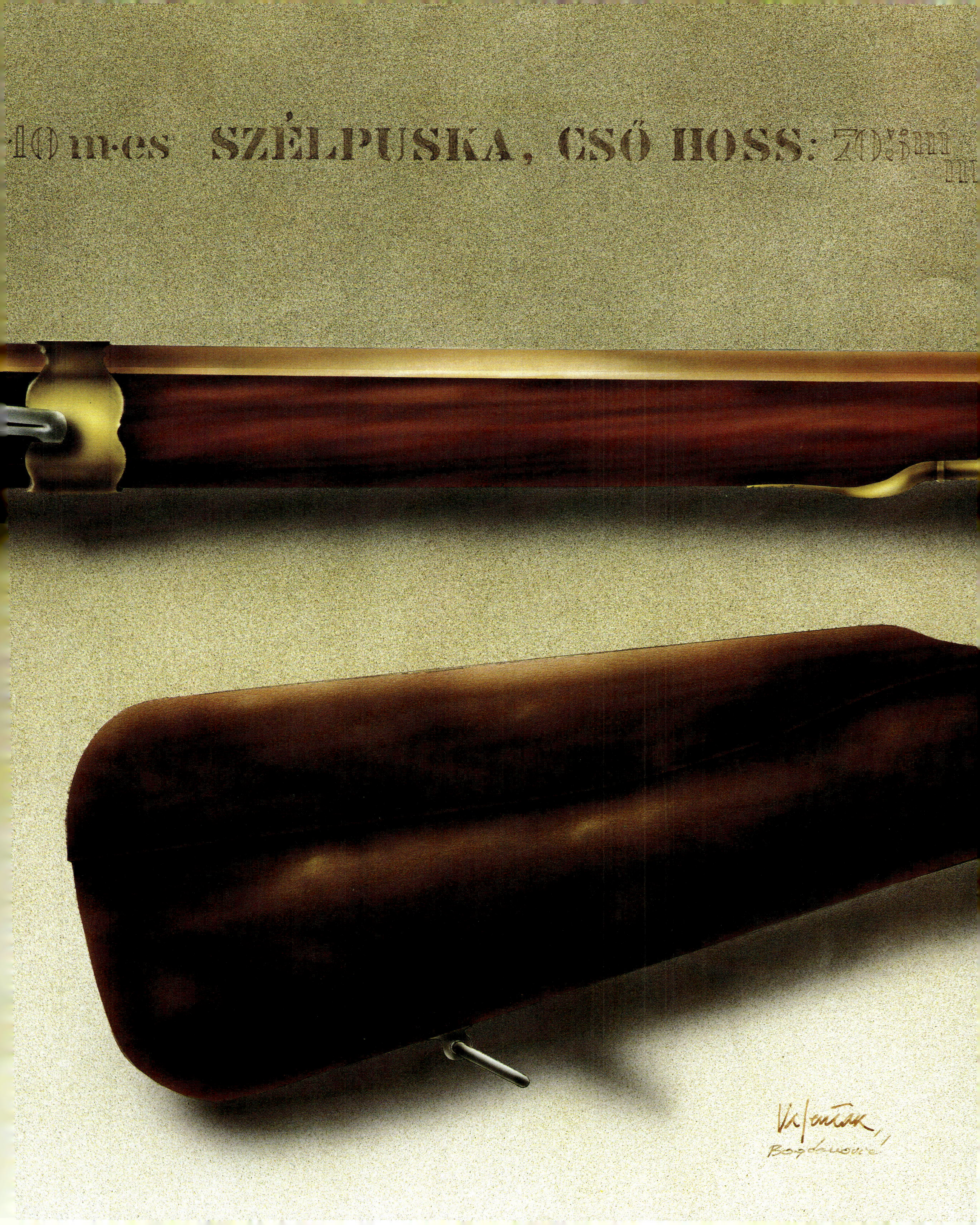

10 m-es SZÉLPUSKA, CSŐ HOSS:

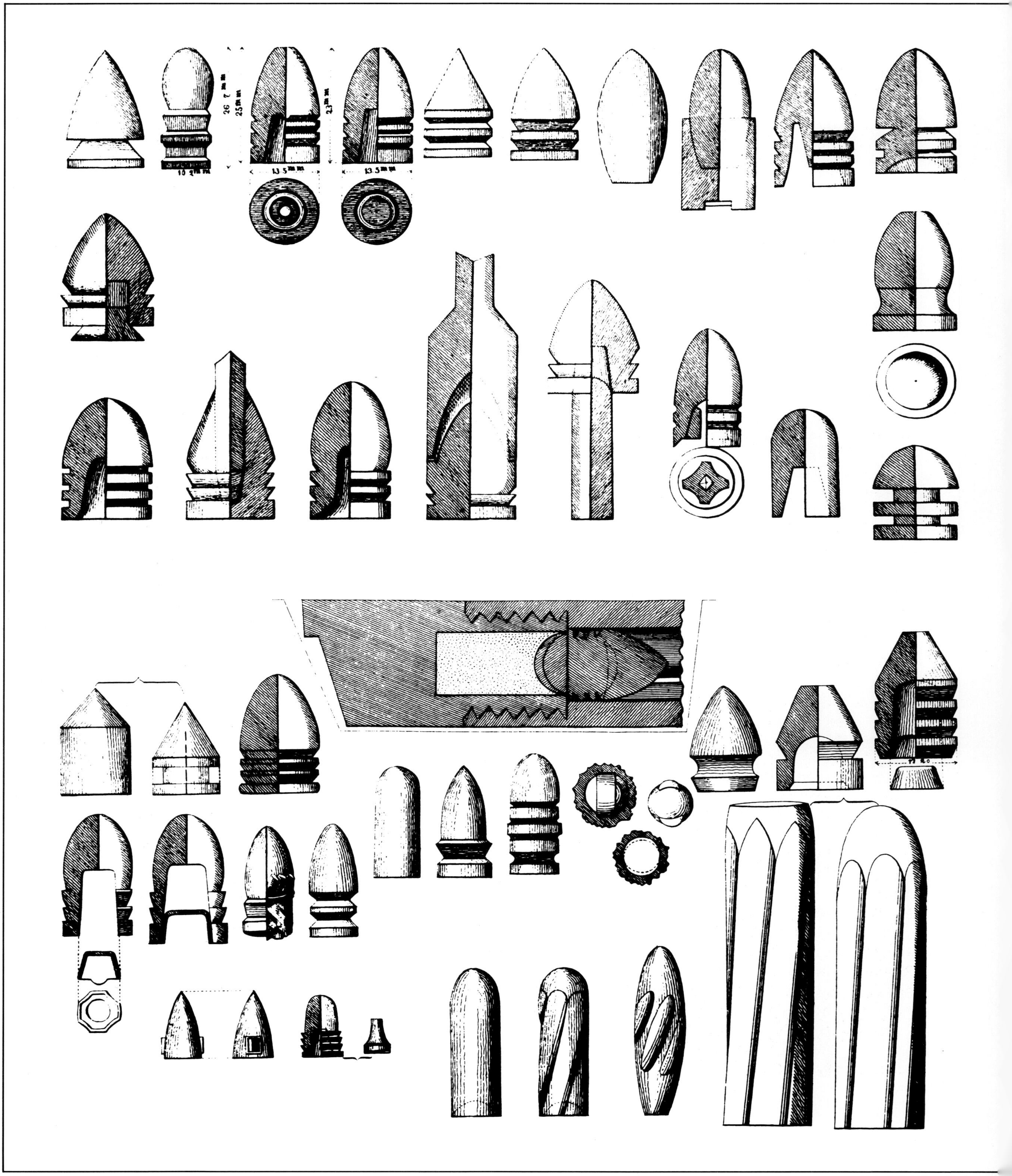
26 7 mm
25 mm
23 mm
10 2 mm
13.5 mm
13.5 mm

Berners Grundidee war, den Lauf mit nur zwei parallelen Zügen zu versehen, die eine volle Umdrehung bis zur Laufmündung machten. Eine solche Waffe verlangte auch ein besonderes Geschoß. Es war kugelförmig, hatte aber in der Mitte einen erhabenen, umlaufenden Gürtel. Beim Laden des Gewehres drückte sich der Gürtel des Geschosses in die Züge und Felder des Laufes ein.

Es wurde angenommen, daß solch eine Waffe eine höhere Mündungsgeschwindigkeit entwickeln könnte als die herkömmlichen, die ein Einrammen des Geschosses in die Züge erforderlich machten. Man nahm ferner an, daß das Geschoß, in welches sich schon vorher die Spuren der Züge eindrückten, sich wie auf Schienen bewegte und auch einem viel höheren Gasdruck ohne schädliche Nebenwirkungen widerstände.

Obwohl die Konstruktion von Läufen mit zwei Zügen den Herstellern von Jagd- und Sportgewehren auch schon vor Berners „Erfindung" bekannt war, kamen sie aber erst nach 1840 darauf zurück. Es ist schwer zu sagen, was sie veranlaßte, einen Schritt in eine so offensichtlich falsche Richtung zu tun. Sehr wahrscheinlich in dem Versuch, den zunehmenden Nachfragen der Kunden zu entsprechen, übernahmen die Büchsenmacher die oben erwähnten theoretischen Annahmen, ohne sie in der Wirklichkeit zu überprüfen. Auch spielte wohl ihr blindes Vertrauen in die Richtigkeit der Wahl der britischen Armee eine Rolle... Schließlich boten selbst Büchsenmacher wie W. Greener und James Purdey solche Gewehre mit zwei Zügen zum Verkauf an!

Diese Waffe wurde sowohl ein- als auch doppelläufig und in verschiedenen Kalibern hergestellt.

„Zündhütchen-Gewehre", die für das Schießen auf große Entfernungen gedacht waren, wogen zum Beispiel 12 Pfund (5,448 kg) und das Kaliber reichte von .40 bis .42 (10,16 bis 10,67 mm). Zur selben Zeit wog die Waffe mit Kaliber 4 (23,4 mm), die für die Großwildjagd hergestellt war, sogar bis zu 22 Pfund (10 kg)!

Am erstaunlichsten ist, daß einige Jäger von der Waffe, die auf Berners System basierte, begeistert waren. Wie Swenson darlegt, lobte ein Engländer, der im Winter 1847/48 den Westen Amerikas erkundete, sein Gewehr mit den zwei Zügen überschwenglich. Interessanterweise benutzte auch Sir Samuel White Baker, ein berühmter Jäger, der Ceylon und Afrika bereiste, fast ausschließlich eine Waffe dieser Art.

Er führte ständig das einläufige Gewehr im Kaliber 4 mit den zwei Zügen, hergestellt von der angesehenen Bristoler Firma George Gibbs, mit sich. Dieses Ungetüm wog 22 Pfund (10 kg), und es wurde mit 29 g Pulver und einem kugelförmigen Geschoß mit Gürtel oder einem konischen Geschoß von 113 g Gewicht geladen! Sein leichteres Doppellauf-Gewehr im Kaliber 10 (es wog 15 Pfund), basierte auf dem gleichen Prinzip. Es wurde mit 17,7 g grobem Pulver geladen. Sir Baker benutzte allerdings auch ein Blisset-Gewehr Kaliber 8 mit viel feineren Zügen.

Praktische Erfahrungen sprachen jedoch gegen Berners Konstruktion. Erstens erwies sich das genaue Einsetzen des Geschosses mit dem Gürtel in die Züge beim Laden als sehr schwierig und zeitraubend. Zweitens war der Rückstoß des Gewehres so stark, daß er den Schützen verletzen konnte. Schließlich war die Pulvermenge unzureichend, um dem Geschoß die Geschwindigkeit zu verleihen, die für einen geraden und gleichmäßigen Flug notwendig ist.

Bereits 1852 wurde das Brunswick-Gewehr verschiedentlich von dem „British Select Commitee on Small Arms" kritisiert. Jedoch kamen Jäger und Hersteller von Jagdwaffen schon vor den Militärs zu dem gleichen Schluß. So behaupteten Hans Buck und W. Greener, es sei „die schlechteste Waffe unter den schlechten" und „ein Monster der Wissenschaft" gewesen.

Auf der Suche nach besseren Lösungen machten einige Büchsenmacher wiederum bei der Armee Anleihen und begannen, bei schweren Waffen Züge in Art der Enfield-Züge zu verwenden.

Im Jahre 1853 führte die britische Armee das Gewehr Kaliber .577 ein, das mit drei flachen Zügen auf 1980 mm eine volle Drehung machte. Etwas später wurde die Anzahl der Züge auf fünf erhöht. Gleichzeitig wurde die Steigerung des Dralles auch erhöht, so daß bereits nach 1220 mm eine volle Drehung erreicht wurde. Beim Enfield-Gewehr wurde ein Geschoß mit einem Hohlboden verwendet, in den ein kegelstumpf-förmiger Dübel aus Buchsbaumholz eingesetzt war. Die Explosion der Pulverladung trieb den Dübel nach vorn, wodurch der Boden des Geschosses auseinandergedrückt wurde. Auf diese Weise drückte sich das Geschoß fest in die Züge. Im wesentlichen war dies die praktische Anwendung von Miniés Einfall, für den die Engländer 40000 Pfund gezahlt hatten, wie auch das um einiges ältere Konzept von W. Greener. W. Greener, ein bekannter Büchsenmacher, der in Newcastle, Birmingham und London arbeitete, bot bereits 1836 der britischen Armee ein zusammengesetztes Geschoß ähnlicher Art an.

Dieser begabte Konstrukteur ersann nämlich ein ovales Geschoß mit flachem Boden, in den eine kegelstumpfförmige Höhlung eingeschnitten war. In die Höhlung war ein gleichfalls kegelstumpfförmiger, im Durchmesser etwas größerer Dübel eingesetzt, der dort hineingedrückt

Links: *Verschiedene Geschoßtypen für Vorderladerwaffen, die während des 19. Jahrhunderts entwickelt wurden.*

werden konnte. Die Explosion der Ladung trieb den Dübel nach vorn in die Höhlung, wodurch sich das Geschoß im Umfang ausdehnte. Leider zeigten zu der damaligen Zeit Armeekreise (wie üblich) kein Verständnis für diese einheimische Konstruktion. Daraufhin bot der Büchsenmacher aus rein wirtschaftlichen Gründen die Jagdwaffen nach dem Berner System an, deren Nachteile er wohl kannte und die wir bereits gesehen haben. Erst 1857 erinnerte sich die Regierung an das zusammengesetzte Geschoß und gestand Greener eine Prämie von 1000 Pfund zu. (Das war nur ein geringer Bruchteil des Preises, der für die identische ausländische Konstruktion gezahlt wurde!)

Trotz der zufriedenstellenden Leistung aus militärischer Sicht war die Laufgestaltung nach Enfield keine gute Lösung für Jagdwaffen. Enfield-Gewehre im Kaliber .577 (14,65 mm) mit Geschossen von 530 grains (34,34 g) erzeugten eine unzureichende Wirkung im Ziel und konnten so für die Großwildjagd nicht verwendet werden. Hauptmann James Forsyth vom bengalischen Generalstab war unter den ersten, die diese Ansicht vertraten. Er hatte Gelegenheit, seine Ansicht in der Praxis zu überprüfen. Deshalb sollte man auch seine positive Haltung gegenüber Purdeys Waffe ohne Vorbehalte akzeptieren.

Im wesentlichen war Hauptmann Forsyth der Verfechter einer Waffe, die auf dem Kentucky- oder Plains-System beruhte. Sie hatte Läufe im Kaliber 14 und Züge mit einer Drall-Länge von knapp 200 cm. Im Jahre 1859 begann James Purdey jedoch mit der Herstellung seiner eigenen Gewehre, basierend auf dem amerikanischen Prärie-Gewehr.

Purdeys Erzeugnisse hatten Kaliber .40 bis .50 (10,2 bis 12,75 mm), und die Züge machten auf 6 Fuß 4 Inches (ca. 200 cm) eine volle Drehung. Sie wurden mit einem koni-

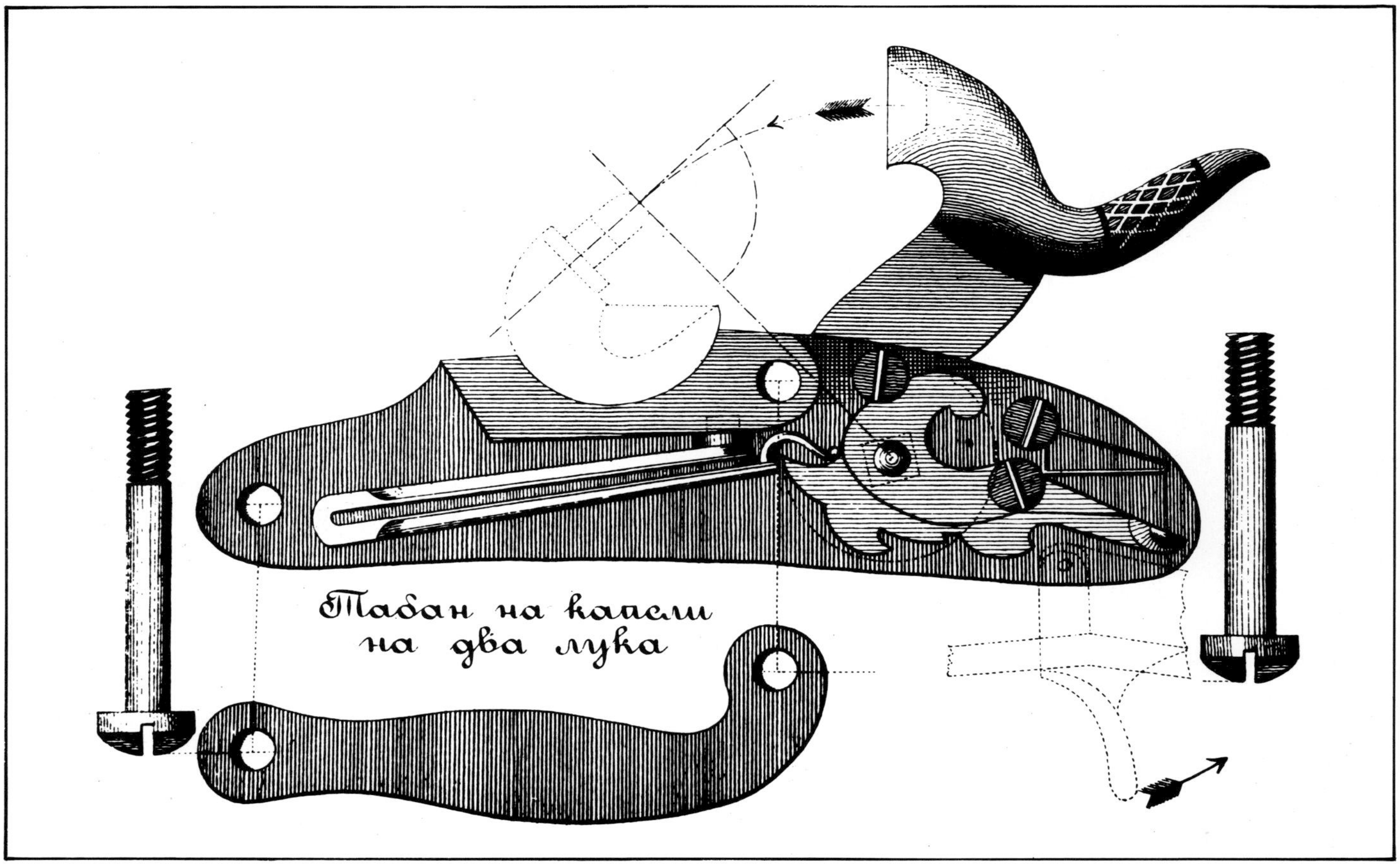

Oben: *Zündhütchen-Perkussionsschloß, System Lorenz M., 1850 (Österreich) – Innenseite. Seitenplatte und die vorderen und rückwärtigen Seitenplattenschrauben sind ebenfalls sichtbar.*

Rechts: *Trapper. Ölgemälde von F. Remington. Der Trapper ist mit einem Steinschloß-Plains-Gewehr bewaffnet.*

schen Geschoß und einer Pulvermenge von 40 Grains (ca. 2,6 Gramm) geladen.

Diesem intelligenten Büchsenmacher sollte man sicherlich zugute halten, daß er das Baumuster für sein Gewehr aussuchte. In den Vereinigten Staaten nämlich begann die Umrüstung des beliebten Pennsylvania-Gewehres auf die Perkussionszündung bereits im dritten Jahrzehnt des 19. Jahrhunderts. Die Herstellung der neuen Waffe, die mit dem modernen Schloß ausgestattet war, begann etwas später. Diese Waffe wurde je nach dem Herstellungsort und der Anwendung in verschiedene Gruppen eingeteilt. So gab es Neu-England-, New York-, Ohio

Valley-, Long Pennsylvania- und Rocky Mountains-Gewehre. Obwohl alle diese Gewehre im wesentlichen auf dem guten alten Kentucky-Gewehr basierten, unterschieden sich Prärie- und Hawken-Gewehre (letztere wurden in St. Louis, Missouri, hergestellt) hinsichtlich ihrer Qualität und ihrer Aufmachung.

Prärie-Gewehre wurden in der Zeit von 1825 – 1865 hergestellt und waren für die Jagd auf den Grassteppen des Westens gedacht.

Diese Gewehre waren mit schweren, achtkantigen Läufen im Kaliber .54 (13,7 mm) oder .52 (13,2 mm) und einer Länge von 700 bis 960 mm ausgestattet. Diese Waffe hatte mehrere Züge mit einer relativ geringen Steigung des Dralles, und sie war wegen ihrer Treffsicherheit berühmt. Es wurde behauptet, daß man ein Ziel von 12 inches (ca. 20 cm) Durchmesser aus einer Entfernung von 200 yards (180 m) treffen könnte.

Der Hauptvorteil des Prärie-Gewehres lag aber in der Ladung. Ein Gewehr im Kaliber .52 (13,2 mm) wurde mit einem Geschoß von 14 g Gewicht und mit 100 – 120 grains (ca. 6,0 g) Pulver geladen. In der Regel betrug das Pulver/Geschoß-Verhältnis 0,5:1 bis 1:1. Zur gleichen Zeit betrug dieses Verhältnis bei klassischen Purdey-Gewehren 1:12!

Seine hohe Treffsicherheit, die hohe Geschoßenergie und die relativ einfache Handhabung machten das Prärie-Gewehr sehr brauchbar für die Großwildjagd. Man sollte jedoch nicht die Tatsache aus den Augen verlieren, daß in Amerika die Prärie-Gewehre erst um 1870 von den schweren Sharps-Hinterladern für die Büffeljagd verdrängt wurden.

Das bedeutet allerdings nicht, daß Jäger exotischer Tiere das Prärie-Gewehr oder einige andere Typen wegen der besseren Qualität übernahmen. Auch wenn wir Sir Bakers Ausrüstung außer acht lassen, bleibt die Tatsache, daß diese Männer nicht sehr von der theoretischen und praktischen Suche nach inneren und äußeren ballistischen Eigenschaften belastet waren. Man darf nicht vergessen, daß dies die letzten Tage der ritterlichen und romantischen Jagd waren, einer Jagd, bei der sich Jäger und Tier noch in relativ ebenbürtigem Verhältnis gegenüberstanden. Ungeachtet ihrer Qualität hatten nämlich auch Perkussionswaffen einige Nachteile. Bei der Jagd auf Elefanten, Nashörner und Bisons mußte sich der Jäger häufig mit nur ein oder zwei Schüssen begnügen. Es blieb gewöhnlich nicht genug Zeit für das zeitraubende Nachladen des Vorderladers. Darüberhinaus verdeckte die dichte weiße Rauchwolke dem Jäger die Sicht, so daß die Schußwirkung nicht sofort überprüft werden konnte. Um die erforderliche Treffsicherheit und Geschoßenergie zu erreichen, waren die Entfernungen zwischen Jäger und Wild so gering, daß man sie nun als gefährlich ansehen mußte.

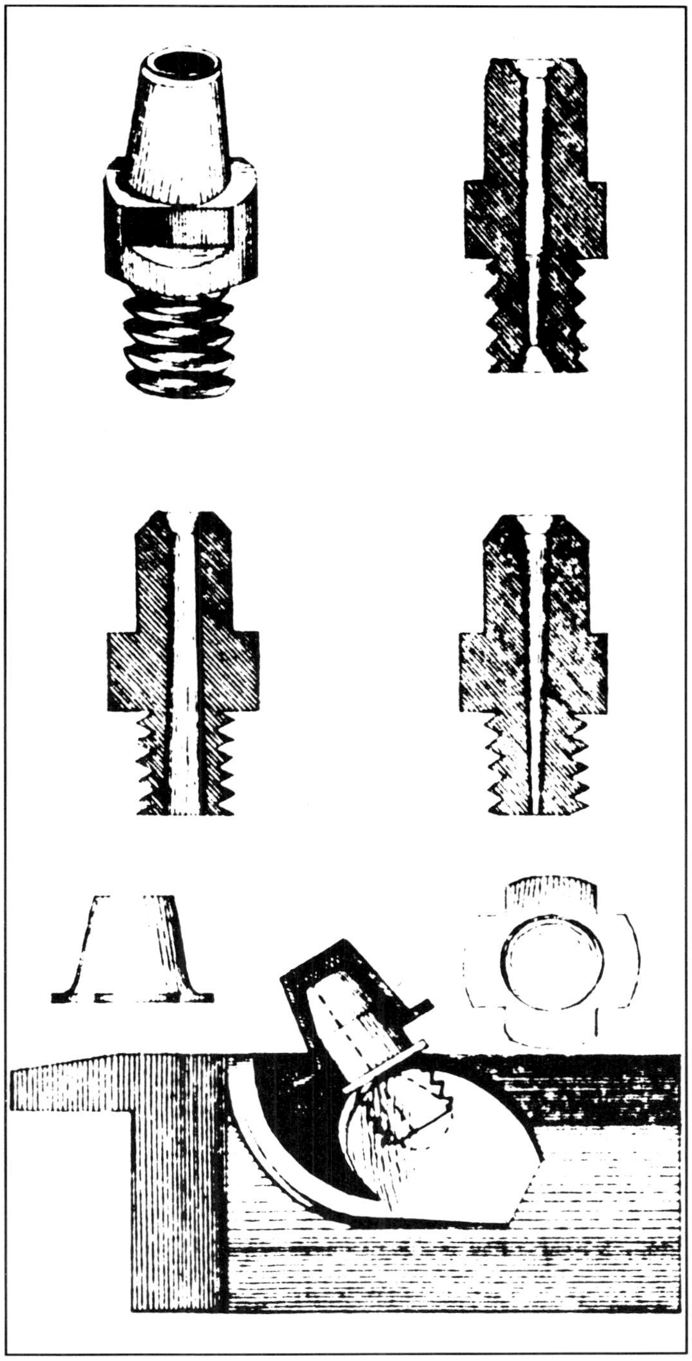

Oben: *Klassisches Perkussions-Piston und Zündhütchen, Mitte 19. Jahrhundert*

Nächste Doppelseite:
Hinterlader-Jagdwaffen:
1. *hahnlose, doppelläufige Flinte (Mod. 1970), Kaliber 12, System: Anson & Deeley, Verriegelung: Purdey, Hersteller: Zastava, Jugoslawien*
2. *hahnlose Bockdoppelflinte (Mod. 1980) Kaliber 12, Zastava-System, Jugoslawien*
3. *Teile eines Jagd-Karabiners (Mod. 1970) System Mauser-Zastava*

1.

2.

3.

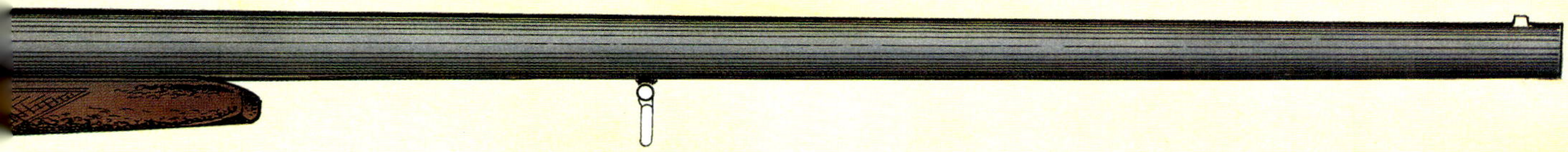

Двоцевна ловачка пушка паложара Hammerless Мод. 1970

Двоцевна ловачка пушка Hammerless Bock Мод. 1980

Ловачки карабин „Застава" (Syst. Mauser) Мод. 1970

B. Bogdanović

Großkatzen wurden mit doppelläufigen Gewehren im Kaliber .32 bis .34 gejagt, deren Läufe 600 – 700 mm lang waren. Manchmal war der zweite Lauf dieser Waffe glatt gebohrt und mit einer weitaus größeren Pulvermenge geladen.

Wegen all dieser Gefahren suchten sich die Jäger ihre Waffen selber aus. Sie verließen sich in erster Linie auf ihre praktische Erfahrung – Stil und Methode der Jagd – sowie auf die Art des Wildes, das bejagt werden sollte.

Deshalb war es notwendig, verschiedene Gewehre mit unterschiedlichen Fähigkeiten mit sich zu führen. Zum Beispiel auf einer Safari hatte der Jäger neben dem Zubehör, der Ausrüstung und der Munition ein richtiges Arsenal bei sich. So bestand 1843 die Ausrüstung des bekannten Jägers R. Gordon Cumming aus einer Sammlung von Gewehren und Schrotflinten, Gießlöffeln, Gießformen, Ladestöcken, Pulverhörnern, Patronengurten, 300 Pfund Blei, 50 Pfund Zink, 10000 fertigen Geschossen, Rucksäcken voll Schrot in unterschiedlichen Größen, 100 Pfund Feinpulver, 300 Pfund Grobpulver, 50000 Zündhütchen und Pflaster.

Um Wild in der Größe afrikanischer Tiere zu jagen, benutzten die Jäger doppelläufige Gewehre Kaliber .32 bis .43 (13,2 bis 14,7 mm) mit Läufen von 650 – 800 mm. Großkatzen wurden mit ähnlichen Waffen im Kaliber 16 bis 10 (16,7 bis 19,6 mm) gejagt, die etwas kürzere Läufe hatten (600 – 700 mm). Der zweite Lauf eines solchen Gewehres war manchmal glattgebohrt und wurde mit einer größeren Pulvermenge geladen. Dies versah den Jäger mit einer Reserveladung, die eine Stoppwirkung aus kurzer Entfernung garantierte, für den Fall, daß das Ziel mit dem gezogenen Lauf verfehlt wurde. Aus dem gleichen Grund waren Gewehre für die Elefantenjagd meistens glattgebohrt und wurden auf Entfernungen unter 50 Yards (40 m) benutzt.

Im Prinzip wurden Großwild und Dickhäuter mit Waffen in gewaltigen Kalibern gejagt: von 10 bis 4 (19,3 bis 23,4 mm).

Außer in Afrika und Asien benutzten englische Forschungsreisende auch in den Steppen Amerikas doppelläufige Gewehre. Diese Waffe war außerordentlich teuer, und so kann es nicht überraschen, daß Hauptmann W. D. Stewart für ein Joe Manton-Gewehr 40 Guinees das Stück bezahlte!

Es besteht kein Zweifel darüber, daß die romantische und gefährliche Jagd in den Kolonien in der damaligen Zeit viele bekannte Namen hervorbrachte. Über diese Jäger wurden viele Geschichten erzählt, und ihre Abenteuer beflügelten die Vorstellungskraft des Publikums. Details aus ihrem Leben zeigen gerade die Wichtigkeit der Auswahl der richtigen Waffe auf. So jagte zum Beispiel einmal der schon erwähnte R. Gordon Cumming in Indien auf Elefanten. Dazu benutzte er seine Dickson Kaliber 12 und Dutch Boer, Kaliber 6. Zu seiner Überraschung zeigte ein solcher Riese erst, nachdem er von 35 Kugeln aus der kleinen und 40 aus der großen Waffe getroffen war, die ersten Anzeichen von Ermattung!

Oben: *Russisches Expansionsgeschoß nach dem Minié-System*

Sir Baker hatte ebenfalls eine schlechte Erfahrung mit Elefanten. Nämlich gerade in dem Augenblick, als er mit seiner Lieblingswaffe, aufgebaut auf dem Bernersystem, auf eine verwundbare Stelle am Kopf des Opfers zielen wollte, hob der Elefant seinen Rüssel, und das Geschoß verfehlte das Ziel. Der Engländer hatte Glück im Unglück und konnte sein Leben retten.

Der berühmte H. A. Leveson, genannt „Old Shekarry", machte eine noch viel aufregendere Erfahrung mit einem indischen Elefanten. Der Jäger zielte zweimal hinter das Ohr „seines" Elefanten. Der zweite Schuß zwang den Riesen in die Knie, aber gleich richtete er sich wieder auf und griff seinen Gegner an. Old Shekarry ergriff das doppelläufige Reservegewehr, das von seinem Jagdgefährten mit Kugeln von 56 g Gewicht geladen worden war und rannte in Richtung eines ausgetrockneten Bachlaufes. Er wollte so dem wütenden Angreifer den Weg abschneiden. Plötzlich hörte der Jäger das Knirschen von Steinen hinter sich. Als er sich umwandte, stand er Aug in Auge der hohen grauen Masse gegenüber. Leveson hatte keine andere Wahl, er kniete nieder und schoß aus nur 16 Yards (ca. 14 m) auf den Elefanten. Ermüdet vom Laufen war seine Hand unruhig, und er verfehlte den Kopf des Tieres. Im nächsten Augenblick fühlte Leveson einen fürchterlichen Stoß und wurde im hohen Bogen durch die Luft gewirbelt. Glücklicherweise wandte sich der Elefant dann dem Jagdgefährten zu. Das reichte gerade aus für Old Shekarry, sein Gewehr zu greifen und mit einem präzisen Schuß aus dem zweiten Lauf den Riesen zu erledigen.

Szene aus dem Buch „Sport in Many Lands" (Jagd in vielen Ländern), zweite Hälfte 19. Jahrhundert

Es gab jedoch immer weniger solcher Geschichten. Die Mitte des 19. Jahrhunderts sah die Geburt einer neuen, von hinten zu ladenden Waffe und der Metallpatronen, die schließlich dem Jäger die Überlegenheit gegenüber jedem Wild sicherten.

Luftgewehre (Windbüchsen)

Zweifellos träumten Menschen lange Zeit von einer Waffe, die ein schnelleres Laden und ein häufigeres Schießen erlaubte, als die ihnen zur Verfügung stehenden Vorderlader. Deshalb versuchten in der Vergangenheit viele Erfinder, dieses Problem zu lösen. Das führte zum Erscheinen interessanter Hinterladerwaffen oder Waffen, mit denen man mehrere Schüsse abgeben konnte, ohne sie zwischendurch nachzuladen. Bis zum 19. Jahrhundert waren diese Versuche alle mehr oder weniger erfolglos. Sie fußten nämlich alle auf den schon existierenden Zündsystemen (Radschloß oder Steinschloß), sie waren teuer und kompliziert in der Herstellung und sie trugen nicht zur Verbesserung der Munition bei.

Einen dieser Wege auf dem Felde der technischen Entwicklungen, der gleichzeitig die unerschöpfliche Vorstellungskraft des Menschen aufzeigt, sollte man nicht unerwähnt lassen, besonders da er sich als gut für die Jagd herausstellte. Dies war der Versuch, Pulver als Treibmittel aufzugeben und es durch komprimierte Luft zu ersetzen.

Obwohl die ersten Entwürfe, die auf dieser Idee basierten, aus dem 17. Jahrhundert stammten, kamen technisch ausgereiftere Ausführungen von Luftgewehren (den damals sogenannten Windbüchsen) nicht vor dem 18. Jahrhundert auf. Diese Waffe fußte auf dem folgenden Prinzip: mit Hilfe einer Handpumpe wurde komprimierte Luft in einen Behälter gepumpt, der entweder in Form einer Metallkugel gemacht war, die in Höhe des Schlosses angebracht war, oder in Form einer Flasche, die dann den Kolben des Gewehres bildete. Durch Betätigen des Abzuges gab das Ventil an dem Behälter die Luftmenge frei, die für einen Schuß erforderlich war.

Das wichtigste Exemplar einer solchen Konstruktion ließ sich 1779 Bartolomäus C. Girardoni patentieren (Girandoni, Giraltoni, Cortina D' Ampezzo 1744 – Penzing 1799), ein Maler und Mechaniker aus Südtirol. Sein Gewehr wurde unter der Bezeichnung M. 1780 offiziell von der österreichischen Armee übernommen.

Bis zum Beginn des Krieges mit den Türken wurde die kaiserliche Armee mit mehr als 1000 Girardoni-Gewehren beliefert. Im Verlauf der nächsten 11 Jahre wurden jedoch nur noch 500 solcher Gewehre gebaut. Es scheint, daß diese Waffe auf dem Schlachtfeld nicht sehr wirkungsvoll war, und so wurde sie bereits 1802 ausgemustert. In Wahrheit wurde diese Entscheidung auch dadurch beeinflußt, daß der Gebrauch einer geräuschlosen Waffe nicht mit der Offiziersehre zu vereinbaren war. Es scheint, daß diese „heimtückischen" und „treulosen" Gewehre auf den Feind einen negativen Effekt hatten. In

Detail des Mechanismus einer Luftdruckwaffe nach dem Girardoni-System

dem Krieg gegen Frankreich benutzten die Österreicher eine kleine Anzahl dieser Gewehre. In dem Zusammenhang berichtete General Mortimer an General Thornton in Paris, daß die Franzosen jeden Gefangenen töteten, der im Besitz einer M. 1780 „Windbüchse" sei!

Girardonis Gewehr war mit einem 832 mm langen Lauf im Kaliber 12,8 mm ausgestattet, der 12 feine Züge hatte. In der Tat war es eine Art Repetierwaffe, mit 20 Kugeln in einem Magazin geladen. Sie erreichte eine Mündungsgeschwindigkeit von 300 m/s und eine Schußfolge von einem Schuß in der Sekunde.

Die Hauptschwierigkeit jedoch, die bei dieser und ähnlichen Waffen bestand, war das Auffüllen des Druckluftbehälters. Manchmal erreichte der Druck in ihm 2000 atm.! Leider nahm der Druck nach jedem Schuß ab, so daß die Reichweite bei den ersten 10 Schüssen 120 yards (ca. 100 m) betrug, der nächsten 10 nur 90 m und der weiteren 10 nur noch ca. 70 m! Überdies mußte der bedauernswerte Besitzer, um den nötigen Luftdruck im Behälter zu bekommen, den Kolben der Handpumpe 2000 mal vorwärts und rückwärts bewegen! Ermüdend, in der Tat!

Andererseits muß man zugeben, daß diese „Windbüchsen" ausgezeichnet für die Jagd einzusetzen waren. Fast geräuschlos, rauchlos, ohne Zündfunken und Mündungsfeuer ermöglichten sie hervorragend das Schießen auf scheues Wild. Auf Grund dieser Merkmale wirkten sie ein wenig wie eine „Wiedergeburt" der Armbrust.

Ein Jagdhandbuch aus dem Jahre 1779 spricht von „nur" 300 Pumpbewegungen, um den Druckluftbehälter eines Jagdgewehres zu füllen, die dann für 30 – 40 Schuß ausreichten. Jedoch nur die ersten sechs Schuß hatten in etwa gleiche ballistische Eigenschaften, so daß ein Tier aus einer Entfernung von 50 – 60 m ohne größere Probleme geschossen werden konnte. Einige Versuche, die 1905 mit Luftgewehren gemacht wurden, zeigten, daß kleines Wild erfolgreich aus einer Entfernung bis zu 80 m geschossen werden kann.

Es stellt sich nun die Frage, warum die Konstrukteure von Jagdwaffen nicht an der Verbesserung der Luftgewehre oder Windbüchsen weiterarbeiteten. Die Antwort liegt sicher darin, daß die notwendige Technologie fehlte, einen konstanten Druck zu gewährleisten und einen Behälter herzustellen, der hohen Druckbelastungen widerstehen konnte.

EIN NEUES ZEITALTER IN DER ENTWICKLUNG DER JAGDWAFFEN

Metallpatronen

Die Versuche mit Treibmitteln wie Luft behinderten nicht unbedingt die Weiterentwicklung der Feuerwaffen. Sie wurden nahezu kontinuierlich verbessert, bis zur Erfindung der Metallpatronen. Die neue Munition eröffnete eine revolutionsartige Entwicklung in der Geschichte der Bewaffnung, die in kleinen Kalibern, selbstladenden und automatischen Waffen ihren Höhepunkt fand.

Die Ursprünge dieser Entwicklung liegen im frühen 19. Jahrhundert, und sie sind mit dem bekannten Schweizer Büchsenmacher Samuel Johannes Pauly verbunden. (Bern 1766/London 1817)

Pauly war Artillerieoffizier und ein profilierter Militärtheoretiker, der sich zunächst mit Ballons befaßte. Nachdem er nach Paris gegangen war, widmete er sich mehr und mehr der Waffenherstellung. Johann Nikolaus Dreyse, der später auch sehr bekannt wurde, verbrachte einige Zeit der Zusammenarbeit mit ihm.

Im Jahre 1812 trat Jean Pauly, er war inzwischen französischer Bürger geworden, mit zwei wichtigen Konstruktionen an die Öffentlichkeit: den bereits beschriebenen Pillen-Zündhütchen und einer neuen Hinterlader-Waffe. Am 25. September 1812 ließ sich nämlich der begabte Konstrukteur (in Zusammenarbeit mit François Prelat) einen Fallblock-Hinterlader patentieren, den man durch Anheben des Fallblockes öffnen konnte. Jedoch die Munition, die für diese Waffe entwickelt wurde, war viel wichtiger. Pauly stellte Patronen mit einer Metallhülse her, die eine Höhlung im Boden hatten, um darin das Zündhütchen aufzunehmen. Diese Hülsen wurden auf der Drehbank hergestellt und mußten nicht aus Metall, sondern konnten auch aus Hartholz gedreht sein. Es wurden auch Versuchsstücke aus Karton hergestellt.

Baron Delessert war der erste, der die Waffe des einfallsreichen Ex-Schweizers ausprobierte. Am 13. Januar des nächsten Jahres schrieb der Herzog von Rovigo voller Begeisterung über die neue Waffe an Napoleon I. Bonaparte und wies auf ihre Schußfolge von 11 Schuß in der Minute hin. Auf seine Empfehlung hin ordnete der Kaiser die Prüfung des Pauly-Systems durch die Armee an. Es scheint aber, daß er mit den Ergebnissen nicht zufrieden war.

Als die Armeen der Verbündeten 1814 in Paris einzogen, scheint diese Waffe und ihre Munition besonders die Russen beeindruckt zu haben. Obwohl beides nie offiziell übernommen wurde, berichtete 1827 die russische „Militärzeitschrift“ voller Hochachtung über „Paulys Gewehr“. Nach dem Fall der französischen Hauptstadt ging der Konstrukteur nach London, aber die Engländer verhielten sich gegenüber seinen Metallpatronen recht gleichgültig und zeigten kein Interesse.

Es muß gesagt werden, daß Paulys Idee der Zeit um ein halbes Jahrhundert voraus war und man in Europa noch nicht so weit war, sie aufzugreifen oder zu verwerten. Wenn man sie aus dem engeren technischen Aspekt betrachtet, so war seine Konstruktion noch nicht ausgereift und zu kompliziert, auch schloß der technologische Stand zu der Zeit eine Massenfertigung aus.

Durch eine große Neuheit brachte zwei Jahrzehnte später ein Franzose die Entwicklung in dieser Hinsicht wieder in Gang. Im Jahre 1832 konstruierte Casimir Lefaucheux, ein Büchsenmacher aus Paris, eine Hinterlader-Flinte, für die er eine besondere Art von Patronen verwandte, die „Stiftfeuer“-Patrone. Lefaucheux entwarf eine Papphülse mit einem Messingboden und einer starken Papiereinlage darüber. Das Zündhütchen war in die Einlage gepreßt. Nun führte ein Kupferstift senkrecht zur Patronenachse vom äußeren Patronenmantel nach innen zum Zündmittel im Zündhütchen. Um die explosive Mischung im Zündhütchen zu aktivieren, mußte das vorstehende Hütchen durch einen starken, vertikalen Schlag des Hahnes getroffen werden. Lefaucheux' Konstruktion fußte auf dem rückliegenden Schloß, wobei der Hahn den neuen Erfordernissen entsprechend angeordnet war. Die Flinte wurde geöffnet, indem man den Sperrhebel nach rechts bewegte, wobei der Sperrschieber aus den Laufhaken zurückgezogen wurde und die Läufe um den Drehpunkt abkippten. Auf diese Weise war das der Vorläufer der modernen Kasten- oder Basküle-Verschlüsse.

Das Aufkommen der Lefaucheux-Patronen regte eine Anzahl von Konstrukteuren an, nach einer noch besseren Lösung zu suchen. So erfand nur dreizehn Jahre später

Nächste Doppelseite:
Hinterlader-Gewehr, System Pauly, Paris, um 1814

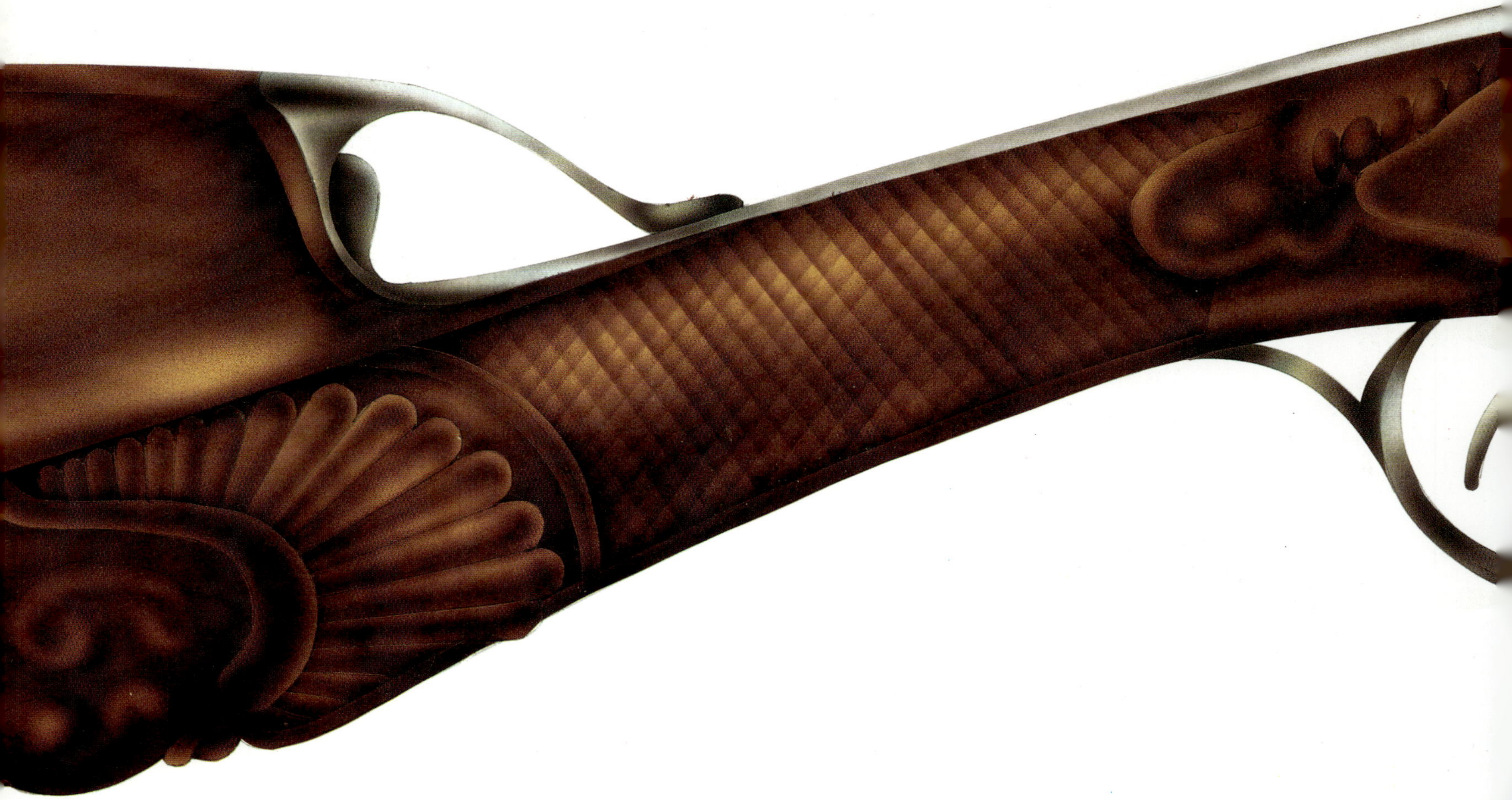

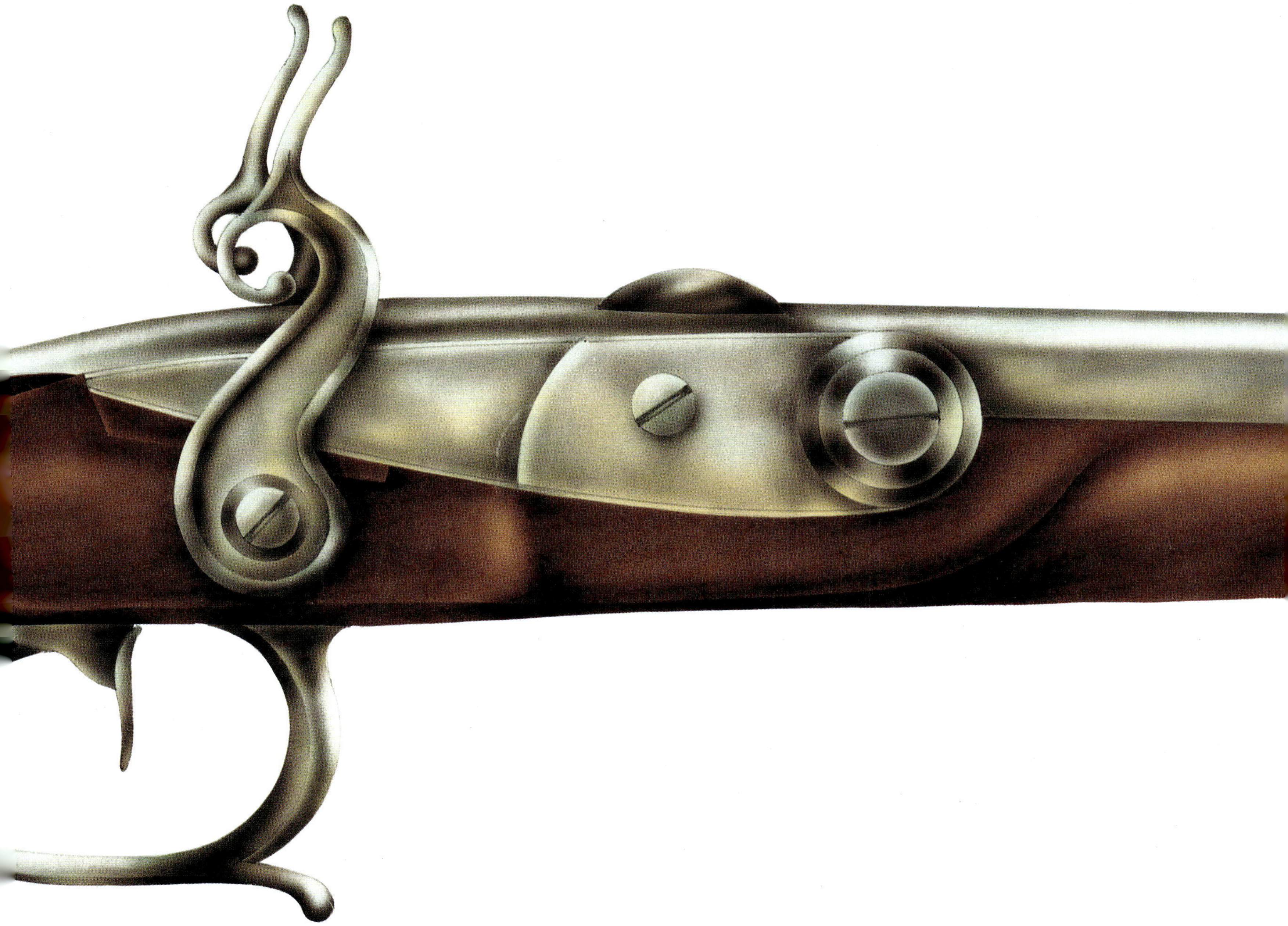

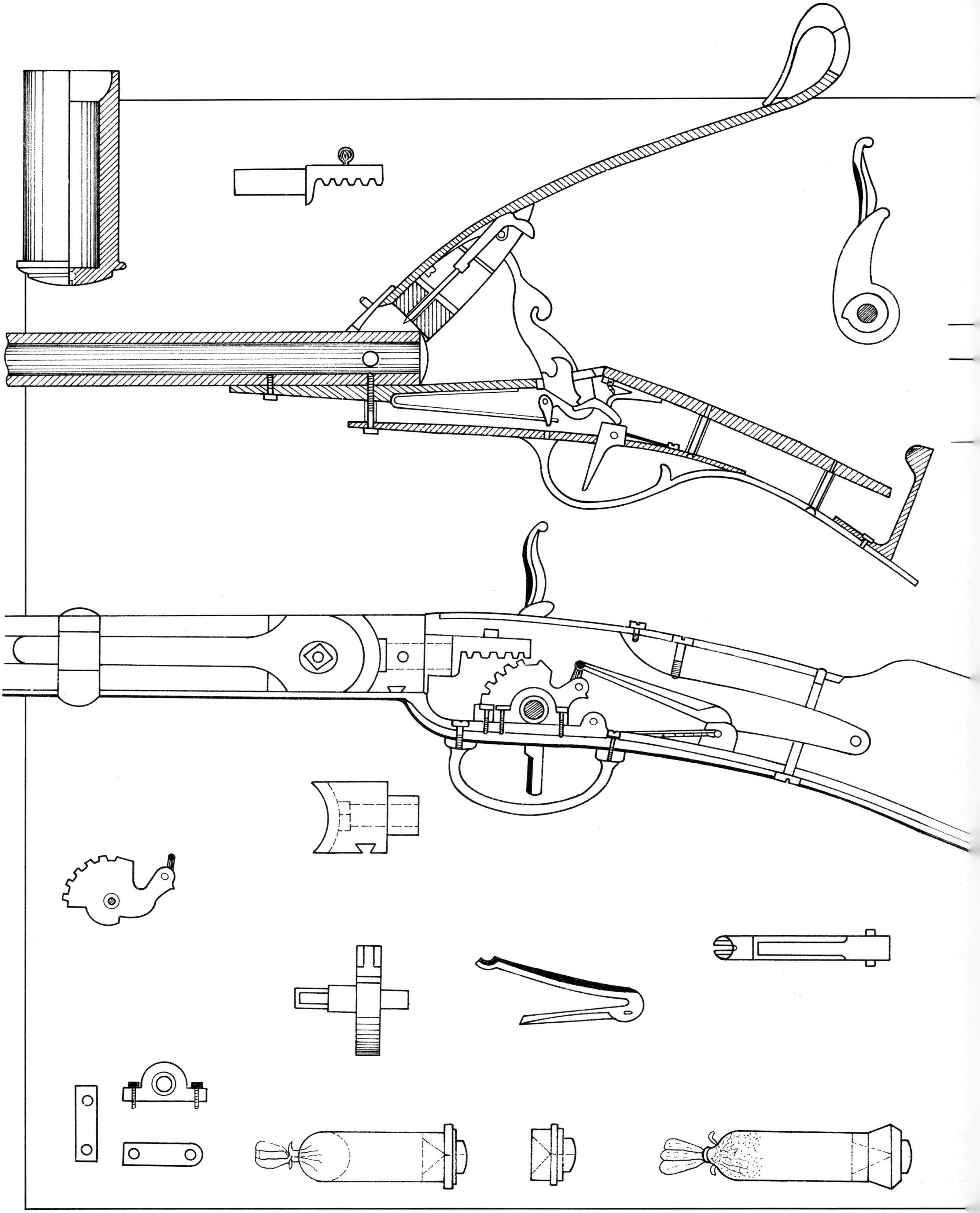

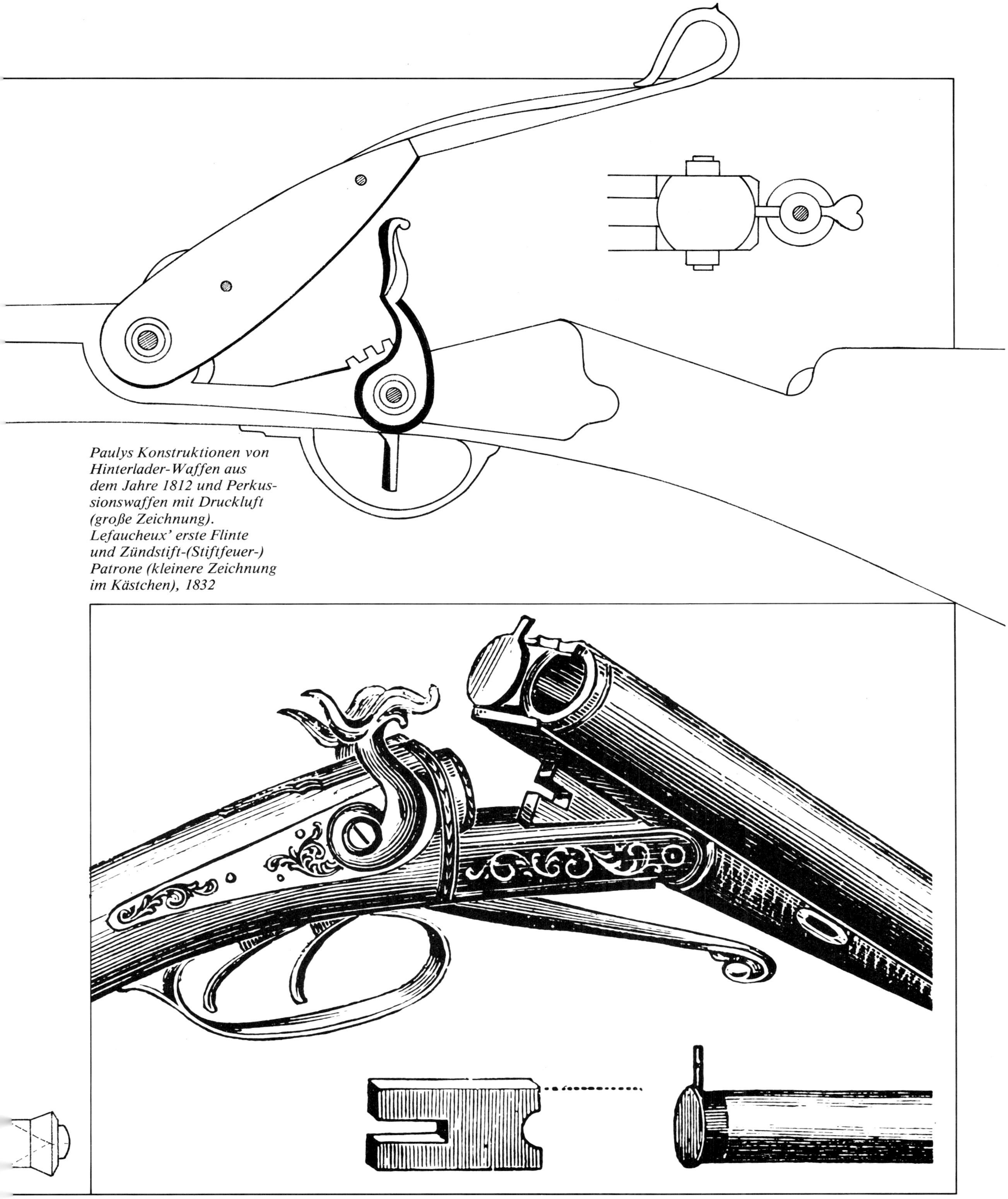

Paulys Konstruktionen von Hinterlader-Waffen aus dem Jahre 1812 und Perkussionswaffen mit Druckluft (große Zeichnung). Lefaucheux' erste Flinte und Zündstift-(Stiftfeuer-) Patrone (kleinere Zeichnung im Kästchen), 1832

Von 1802 bis 1853 schoß Oberst Hawker mit seiner Vorderlader-Flinte (nur) 575 Fasanen. Im Gegensatz dazu erlegte Lord Ripon in der Zeit von 1876 – 1895 mit seinen modernen Hinterladerwaffen 11190 Fasanen.

wiederum ein Franzose, Flobert, die Randfeuerpatronen. Floberts System basierte auf einer einteiligen Hülse mit einem verbreiterten Boden, der aus weichem Metall (Kupfer) gefertigt war. Die hochexplosive Ladung war rund herum in dem ringförmigen Bodenwulst so plaziert, daß sie durch einen Schlagbolzen parallel oder kreuzweise zur Laufachse zur Zündung gebracht werden konnte. Hauptsächlich wegen der Smith & Wesson-Waffen konnten Randfeuerpatronen besonders in den Vereinigten Staaten um die Mitte des Jahrhunderts eine weite Verbreitung finden.

Es dauerte aber noch ein weiteres Jahrzehnt, bis die technisch beste Patrone entwickelt werden konnte. Im Jahre 1855 trat Clement Pottet, ein Pariser Büchsenmacher, mit seiner umwälzenden Zentralfeuer-Patrone an die Öffentlichkeit. Eigentlich entwarf bereits zwei Jahre früher der britische Konstrukteur Lancaster eine Waffe mit ähnlicher Munition, aber seine Waffe wurde eher wegen des ersten Patronenausziehers bekannt, während man Pottet den höheren Anteil an der Erfindung der Zentralfeuer-Patronen zugesteht.

Eigentlich unterscheidet sich die Zentralfeuer-Patrone nicht all zu sehr von Lefaucheux's Erfindung. Der einzige, aber wichtigste Unterschied liegt darin, daß das Zündhütchen in die Mitte des Messingbodens der Papphülse gesetzt wurde. Ein kleiner Amboß wurde nämlich in die Mitte der Papiereinlage am Hülsenboden gepreßt. Das Zündhütchen wurde darauf aufgesetzt. Die Verbindung vom Zündhütchenhalter zum Inneren der Patrone, d.h. der Pulverladung, wurde durch zwei kleine Kanäle hergestellt, die durch den Amboß hindurchgebohrt waren. Die explosive Ladung wurde gezündet, indem der Schlagbolzen das Zündhütchen auf den Amboß schlug. Durch die Bohrungen erreichte die Zündflamme die Pulverladung.

Im Gegensatz zur Stiftfeuer-Patrone, die nie in allgemeinen Gebrauch kam, wurde diese glänzende neue Konstruktion sofort angenommen. Leute wie W. Greener sen., Bailey und Schneider begannen ebenfalls die Herstellung gleicher Waffen und Patronen. Die heutige Munition der Jagdwaffen unterscheidet sich tatsächlich kaum von der aus der Mitte des letzten Jahrhunderts.

Hinterlader

Die neue Munition übte einen bedeutenden Einfluß auf die Entwicklung neuer Waffen aus. Die Menschen, die fast mehr als fünf Jahrhunderte lang von der Vorstellung der Überlegenheit und Unersetzlichkeit der Vorderlader überzeugt waren, wurden damit aufgerüttelt. Ein Ereignis, das in der Mitte des 19. Jahrhunderts stattfand, trug zur großen Ausbreitung der Beliebtheit der Patronen und Hinterlader-Waffen bei.

Obwohl ihre Organisatoren es gar nicht so beabsichtigt hatten, verwandelte sich die große Ausstellung von 1851 in London in eine Präsentation der neuen Patronen und Waffen. Als Prinz Albert das Band am Eingang des monumentalen Kristallpalastes im Hyde Park zur Eröffnung zerschnitt, wurde das Publikum mit drei epochalen Ausstellungsstücken auf dem Gebiete der Bewaffnung konfrontiert: Colts und Adams Revolver und Lefaucheux' Flinte mit Stiftfeuer-Patronen. Ohne die Bedeutung Colts und Adams zu unterschätzen (die Schußfolge ihrer Revolver, erste moderne Repetierwaffen, Verwirklichung neuester, industrieller Fertigung), sollte man doch nicht vergessen, daß ihre Revolver immer noch von vorne mit den herkömmlichen Papierpatronen mit getrennten Zündhütchen geladen wurden.

Es scheint, daß die Bedeutung von Lefaucheux' Idee wieder einmal zuerst von Jägern und Sportschützen verstanden wurde, die stets offen für Versuche mit neuen Konstruktionen waren. So begann der Siegeszug der Hinterlader tatsächlich in den Jagdrevieren und auf den Schießständen.

Die ersten Hinterlader für die Jagd hatten noch immer eine Anzahl von Nachteilen. Zum Beispiel lag ihr Durchschnittsgewicht um ein Pfund höher als bei den traditionellen Vorderladern. Zusätzlich war die Pulverladung um 0,5 g höher als bei den Papierpatronen. All das führte zu einer relativ schweren und schlecht ausbalancierten Waffe mit einem unangenehm starken Rückstoß.

Andererseits waren auch die Stiftfeuer-Patronen eine unangemessene Lösung mit einer Reihe von Nachteilen.

Die Nachteile wurden so weit wie möglich von konservativen Fachleuten in ihrer Meinungsmache gegen die Hinterlader ausgenutzt. Dieser Kampagne trat auch William Greener Senior bei, der verschiedentlich in seinem

Nächste Doppelseite:
Hinterlader-Doppellaufflinte, System Lefaucheux

Doppelflinte

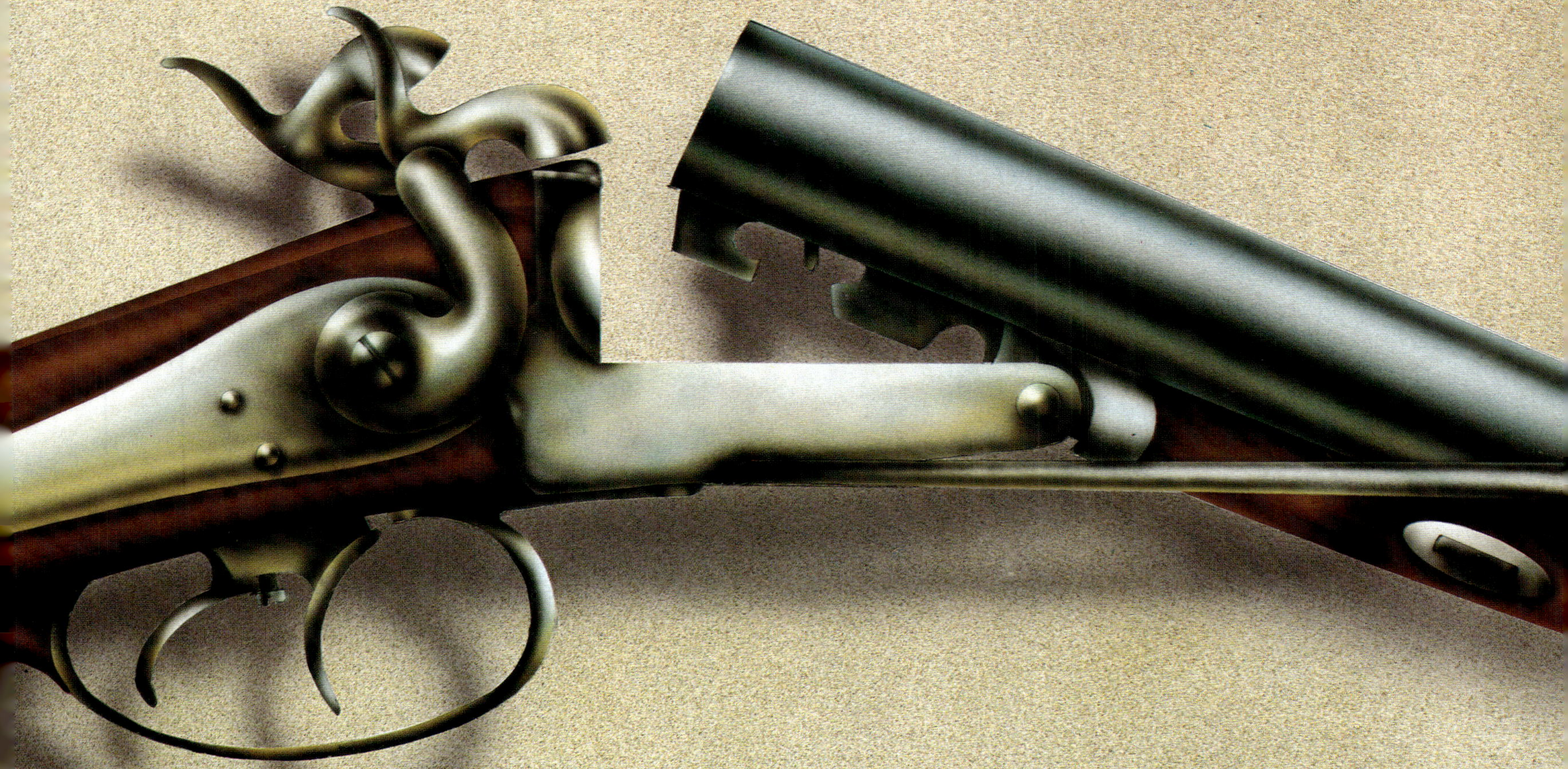

System Lefaucheux

Buch „Gunnery“ (Schießwesen), erschienen 1858, Waffen mit Stiftfeuer-Patronen kritisierte. Bei dieser Gelegenheit brachte Greener die folgenden Argumente vor:

- Nach langem Gebrauch wird der Verschluß unsicher.
- Die Waffen sind schwer und schlecht ausbalanciert.
- Die höhere Pulverladung erzeugt einen stärkeren Rückstoß der Waffe.
- Die Vorkammer und die Schwanzschraube mit einer tiefen Pulverkammer bei Vorderladern gewährleisten eine raschere Pulververbrennung, als es bei dem flachen Patronenboden der Fall ist (Greener benutzte diesen Nachteil sogar, um die Hinterlader mit den altertümlichen Steinschloßmusketen zu vergleichen.).
- Schließlich erfüllt die Stiftfeuer-Munition nicht die wichtigste der Hauptforderungen an Patronen – den gasdichten Abschluß. Lefaucheux’ Patronen sind nämlich nicht vor dem Austritt von Pulvergasen am Schlagstift sicher.

Man muß jedoch zugeben, daß W. Greener in den meisten Punkten recht hatte, wenn auch all diese Nachteile im Laufe weniger Jahre beseitigt werden konnten.

Auf jeden Fall waren die ersten Hinterlader den Vorderlader-Waffen aus vielen Gründen überlegen. Dies wurde am besten durch N. A. Loveson dargelegt, der mit den folgenden Gegenargumenten Greener die Stirn bot:

- Hinterlader garantieren schnellere Handhabung und erhöhte Sicherheit. Zum Beispiel kann man beim Laden nicht den Fehler begehen, den gleichen Lauf zweimal zu laden, wie es einem vergeßlichen Benutzer eines Vorderladers passieren kann.
- Diese Waffen waren leicht zu reinigen und zu warten.
- Es bestand nicht die Gefahr, daß nachglimmendes Werg, welches als Abdichtung bei den alten Waffen benutzt wurde, zur Zündung des Pulvers beim erneuten Laden führte.
- Es ist nicht notwendig, eine Menge sperrigen Zubehörs mit sich zu führen (erinnert sei an den armen R. Gordon Cumming! Anm. des Autors.)
- Der Jäger braucht seine Waffe beim Laden nicht auf den Boden zu stellen, wodurch sie meist beschmutzt wird.
- Schließlich ist es nicht nötig, Zündhütchen aufzusetzen, was besonders im Winter mit klammen Fingern schwierig ist. (Wenn man über dieses Detail spricht, so sollten wir uns gerade an dieses Hauptargument gegen das Perkussionsschloß zu Beginn des 19. Jahrhunderts erinnern! Anm. des Autors.).

Trotz der Widerstände wurden die Hinterlader ständig weiter verbessert. Es besteht kein Zweifel, daß eine ent-

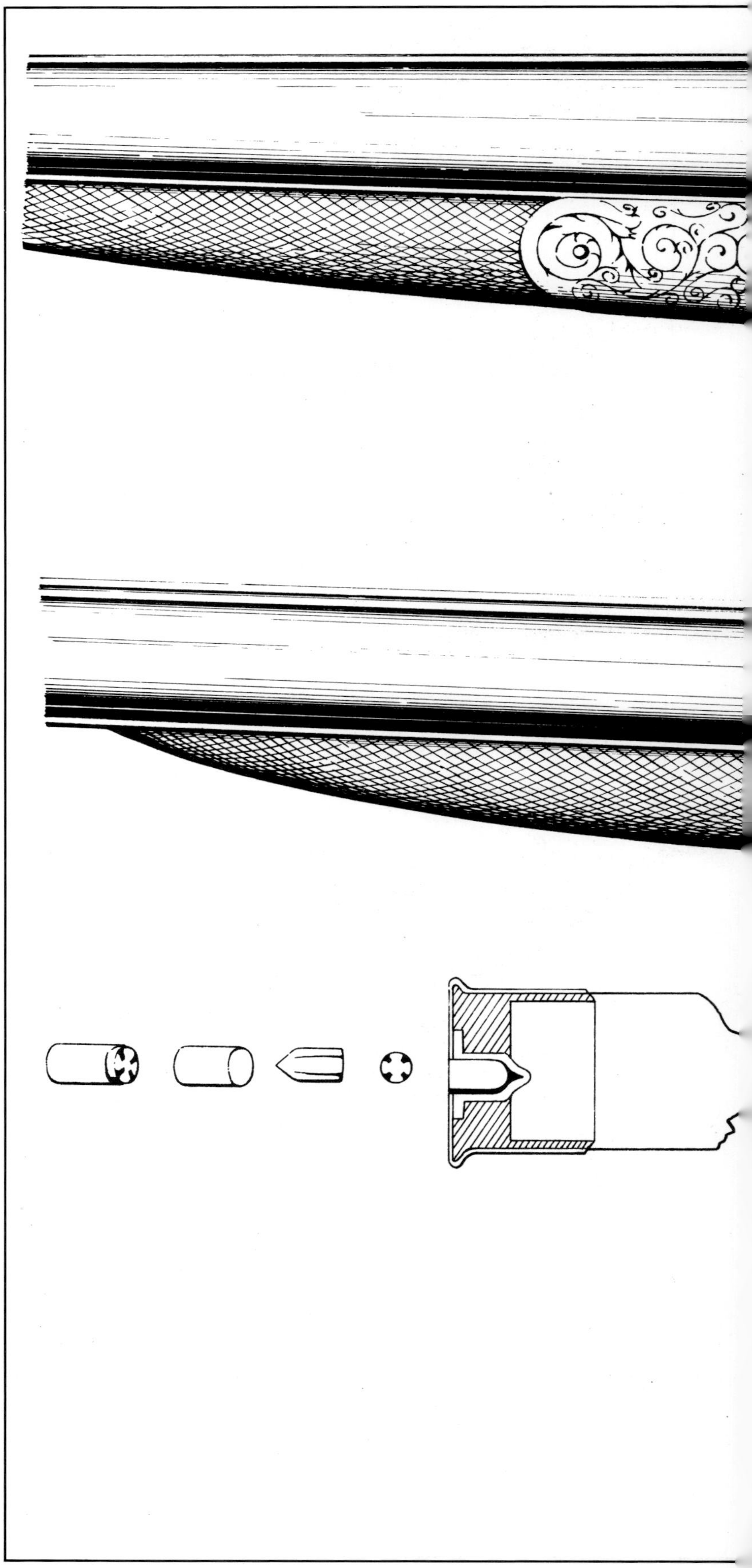

Rechts: *C. H. Daw’s Konstruktion einer Hinterladerflinte mit Zentralfeuer-Patronen, 1861*

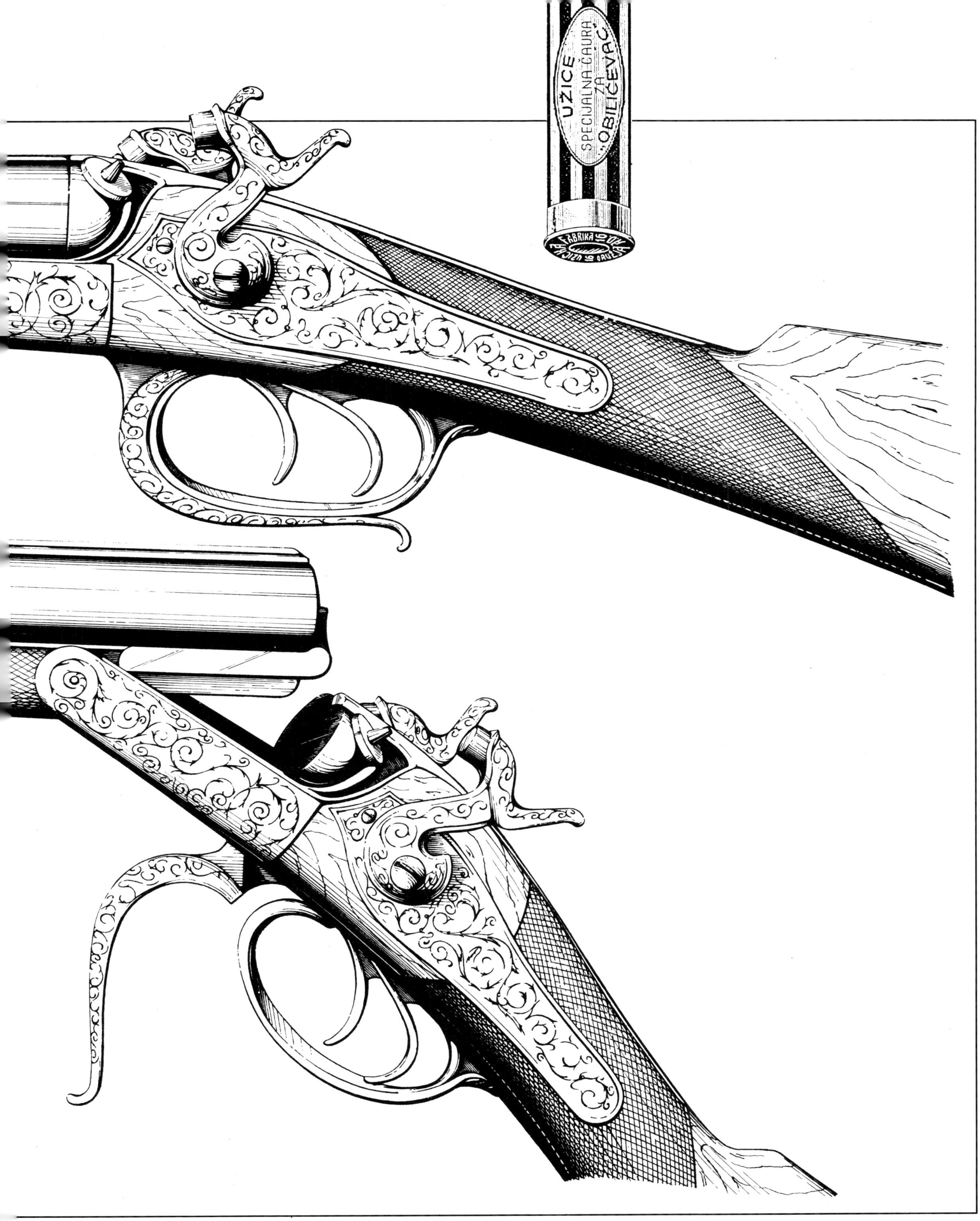
UŽICE
SPECIJALNA ČAURA
ZA
„OBILIĆEVAC"

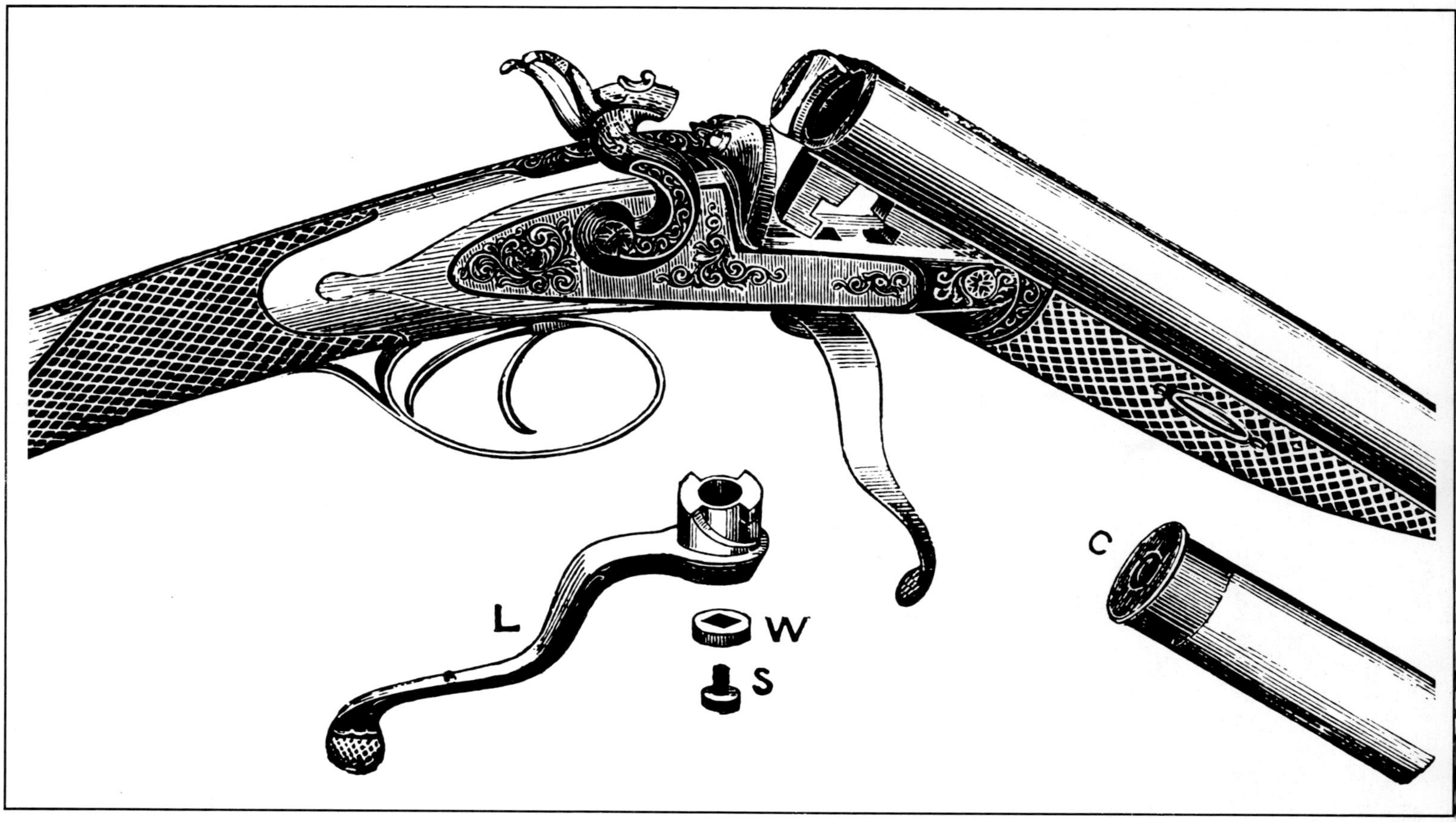

Doppeläufige Flinte mit unterem Hebel und Verschluß in Form einer Schraube, Mitte 19. Jahrhundert

scheidende Rolle bei der Fortentwicklung ihrer Konstruktion Pottets Zentralfeuerpatronen spielten. Dank dieser Patronen waren Büchsenmacher in der Lage, bei Waffen mit einer Basküle den Schlagbolzen so anzubringen, daß so eine wesentlich bessere Hahnflinte entstand.

Schon der eigentliche Name der neuen Waffe weist auf ihr Hauptmerkmal hin: die Hähne, die viel leichter und schmaler waren als die, welche bei den herkömmlichen Perkussionswaffen oder den Stiftfeuer-Patronen-Waffen benutzt wurden.

Diese besonderen Hähne sicherten dem zeitweise vernachläßigten, klassischen Schloß mit vorliegender Feder nochmals Beachtung. In der Tat erforderten Waffen mit Stiftfeuer-Munition eine besondere Lage des Hahnes, und am einfachsten war das durch das rückliegende Schloß zu erreichen. Die zeitweilige Verbreitung dieses Schlosses kam nun zu einem Ende. Um 1866 wurde das Schloß mit der vorliegenden Feder derart verbessert, daß der Hahn nach dem Feuern automatisch in die Sicherheitsraste zurücksprang. Gleichzeitig wurde der Schlagbolzen in den Stoßboden der flachen Basküle mit Hilfe einer besonderen Feder zurückgezogen, was das Öffnen der Waffe erleichterte.

Zunächst waren die Hahnflinten am Verschluß mit einem Öffnungshebel und einem besonderen Drehbolzen versehen. Schon 1867 bot J. Purdey seinen Verschluß mit zwei Laufhaken und einem Hebel auf dem Kasten an.

Purdey war der erste, der zwei wechselseitig angebrachte Laufhaken benutzte, die mit einem doppelten Schieber verriegelten. Eine solche Vorrichtung war in der Zeit für Hahnflinten hinreichend sicher. Die Handhabung war einfacher, während der oben angebrachte Öffnungshebel das äußere Erscheinungsbild der Waffe verbesserte. Nur sechs Jahre später erwuchs dem berühmten Büchsenmacher in dem einfallsreichen Sohn des alten Greener ein Rivale. W. W. Greener schob nämlich die Theorien seines Vaters über die Unersetzlichkeit der Vorderlader beiseite und widmete sich ausschließlich der Weiterentwicklung der Hinterlader. Das Ergebnis seiner Arbeit war der dreifache oder sogenannte Greener-Ver-

schluß, der 1873 patentiert wurde. Neben quadratisch geschnittenen Bolzen am hinteren Ende hatte das Greener System auch einen oberen, zylindrischen, der seitlich aus der Basküle austrat und in die Verlängerung der Mittelschiene einrastete.

Der Greener-Verschluß wurde im Grunde zu dem Schlüssel für alle weiteren Verschlußkonstruktionen. Verschiedene Verschlußsysteme dieser Zeit für Flinten waren lediglich Abwandlungen von Purdeys oder Greeners Patent.

Oben: *Winterliche Entenjagd von einem flachen Boot aus, Ende des 19. Jahrhunderts*

Nächste Doppelseite:
Purdeys doppelläufige Flinte, 1879

J. Purdey

Bar-in-wood Shotgun

Links: *Franz Ferdinand von Österreich bei der Jagd*

Hahnlose Schlösser (Schlösser mit verdecktem Hahn)

Munition hoher Qualität und sichere Verschlüsse konnten jedoch noch nicht eine einfache Handhabung und die geforderte Schußfolge gewährleisten. Obwohl es viel einfacher war, den neuen Hahn zu spannen, so erforderte es immer noch eine „übermäßige" Bewegung der Hand. Um den Wünschen ihrer immer verwöhnter werdenden Kundschaft nachzukommen, entschlossen sich die Büchsenmacher, das letzte überalterte Teil an den Jagdwaffen zu beseitigen. So erarbeitete bereits 1862 Joseph Needham eine erste technische Dokumentation über das „hahnlose" Schloß. Murcott ließ sich eine vergleichbare Konstruktion neun Jahre später patentieren, während eines der besten Systeme dieser Art – Anson & Deeley – 1875 auf dem Markt erschien.

Das Grundmerkmal dieses Schlosses war, daß der verdeckte Hahn, der sich in einem Kasten befand, durch das Aufknicken (Öffnen) oder Schließen der Waffe gespannt wurde. In Wahrheit waren die ersten Konstruktionen der hahnlosen Flinten nicht ganz so sinnreich. Der verdeckte Hahn konnte entweder durch einen besonderen Spannhebel an der Basküle selbst oder durch einen Hebel, der sich seitlich am Pistolengriff des Hinterschaftes befand, gespannt werden.

Im Laufe der Zeit bildeten sich bei den „hahnlosen" Schlössern Unterschiede heraus, und entsprechend ihrer Konstruktionsweise und der Anordnung der Teile wurden sie in drei Hauptgruppen eingeteilt. Die erste Gruppe umfaßte Schlösser, bei denen alle Teile sich in einem Kasten befinden. Die zweite Gruppe umfaßte die Waffen, bei denen die Teile innen an den Seitenplatten befestigt sind. Bei der dritten Gruppe waren diese Teile auf der Abzugplatte montiert.

Verschiedene Versionen von hahnlosen Mechanismen der ersten Gruppe bauten oder konstruierten neben anderen: Anson & Deeley (Modell 1875), William W. Greener (Modell Facile Princeps und Modell 1877), Westley-Richard und gleichfalls Thieme & Schlagemilch (Modell Nimrod).

Die zweite Gruppe umfaßte Holland & Holland-Systeme (die sicher den ersten Platz einnahmen), ebenso die Systeme von Gibbs & Pitt, W. W. Greener (Patent Club Modell), J. Purdey & Söhne (Beesley Patent), J. Lang, Simson & Co. und J. P. Sauer & Söhne in Suhl.

Schließlich wurden hahnlose Systeme, deren Teile an der Abzugsplatte befestigt waren, von H. Pieper in Lüttich, J. Rigby, J. Lang und W. Green in London und W. Brennecke in Leipzig hergestellt.

Jedenfalls behaupteten die hahnlosen Schlösser über mehr als hundert Jahre ihre führende Rolle bei den Jagdwaffen.

Läufe und Mündungsbohrungen

Bis zum achten Jahrzehnt des 19. Jahrhunderts war die Herstellung hochwertiger Läufe das größte Problem, dem die Büchsenmacher gegenüberstanden. Diese Läufe mußten besondere mechanische und ballistische Eigenschaften besitzen wie auch die Möglichkeit zulassen, am Lauf oder Laufbündel die Haken für die stabile Verriegelung anzubringen. Um diese Forderungen zu erfüllen, nahmen die Büchsenmacher bei der Herstellung Zuflucht bei den teuren aber hochwertigen sogenannten Damaszener-Läufen.

Wir erwähnten bereits, daß die Europäer das Geheimnis der orientalischen Stähle erst mit Beginn des 18. Jahrhunderts entdeckten. Im Laufe des nächsten Jahrhunderts breitete sich von Spanien diese Fertigkeit über den ganzen Kontinent aus. Läufe aus französischer oder belgischer Herstellung waren bei Jägern besonders begehrt. Damaszener-Läufe hatten alle notwendigen mechanischen Eigenschaften: Zähigkeit, Härte und Belastbarkeit. Nach dem Brünieren wurde die Faserung des Materials an der Oberfläche sichtbar und bildete dekorative Muster oder Ornamente.

Während des 19. Jahrhunderts wurden Damaszener-Läufe entsprechend dieser Musterung in verschiedene Gruppen eingeteilt:

- Damaszener-Läufe aus Eisenbändern – Flacheisen (tordu à rubans)
- Klassische Damaszener-Läufe
- Läufe aus Hufnägeln hergestellt
- Läufe aus türkischem Damaszener-Stahl, durch verfeinerte Muster gekennzeichnet
- Laminette Damaszener-Läufe (gewalzt)
- Bernard Damaszener-Läufe, hergestellt durch die Kombination von weichem und hartem Eisen
- englische Damaszenerstahl-Läufe (überwiegend in Birmingham hergestellt und durch gröbere Musterung gekennzeichnet)
- Läufe aus Damaszener-Blattstahl (damas à feuillages).

Erwähnung sollten auch russische Läufe finden, die in Tula hergestellt wurden und höchsten europäischen Standards entsprachen. Russischer Damaszener-Stahl stammte aus der berühmten Blankwaffenfabrik Zavodi in Slatoust. Am 21. Dezember 1817 begann P. P. Anossow, ein Kadett und Hütteningenieur, in dieser Fabrik zu arbeiten.

In nur 14 Jahren brachte es dieser begabte Metallurge zum Brigadegeneral und Direktor von Zavodi in Sla-

Rechts: von oben nach unten:
Hinterladerwaffen:
System Löbnitz, 1840
System Dotter, 1854
System Purdey, Ende 19. Jahrhundert

toust. Während seiner erfolgreichen Laufbahn befaßte sich Anossow in erster Linie mit der Klassifizierung von Stahl, und er versuchte das Geheimnis der Herstellung von Damaszener-Stahl zu lüften. Er hatte nämlich Waffen gesehen, die nach dieser Methode im Kaukasus hergestellt wurden, und er folgte besonders den Arbeiten der Brüder Elizarashvili, geschickten Büchsenmachern aus Tiflis. 1833 wurden General Anossows Arbeiten von Erfolg gekrönt. Seine Fabrik war die erste in Rußland, welche die Herstellung von Stahl aufnahm, der auf dem indischen Gußstahl – Wootz – basierte.

Die Herstellung von Gußstahlläufen für Waffen begann im übrigen Europa fast fünf Jahrzehnte später. Von besonderer Bedeutung ist die Gießmethode, die um 1880 von Sir Joseph Whitworth entwickelt wurde. Whitworth setzte nämlich noch flüssigen Stahl hohem Druck aus. Diese Methode verhinderte Lunker, das sind Luftblasen oder Hohlstellen, die beim Abkühlen entstehen. Läufe, die aus solch einem Guß gemacht waren, hatten ausgezeichnete mechanische Eigenschaften. Überdies erlaubte Whitworth's Methode zum ersten Mal die Herstellung von Läufen, die aus einem einzigen Stück, einschließlich der Haken für die Verriegelung, gemacht waren.

Unlegierte Stähle mit einer Zugfestigkeit von etwa 65 kg/mm² konnten für pulvergeladene Hahnflinten benutzt werden.

Später aber wurde der Ruf nach Verbesserung des Materials und seiner mechanischen Eigenschaften immer lauter.

Das führte zur Herstellung von Läufen aus legiertem, schwach- und hochlegiertem Stahl wie auch von rostträgen Läufen aus hochwertigem Stainless-Stahl. Normalem Stahl wurde nämlich Nickel zugefügt, um die Zugfestigkeit und Zähigkeit zu erhöhen, Chrom wurde für die Härte beigegeben und Wolfram für Härte und gleichzeitige Zähigkeit.

Auf diese Weise berührte schließlich die moderne industrielle Technik auch den Bereich der Jagd und verdrängte alte Handwerkskunst mit ihren Fertigkeiten und Herstellungsgeheimnissen.

Ungeachtet all dieser Verbesserungen waren die Besitzer von Flinten mit ihren Waffen noch nicht zufrieden. Am meisten beanstandeten sie die relativ geringe Wirkung des Schusses auf das Ziel, was hauptsächlich durch die weite Streuung der Schrotgarbe verursacht wurde.

Wie schon erwähnt, wußten die alten Büchsenmacher seit langem dank jahrhundertealter Erfahrung (von Generation zu Generation weitergegeben), daß eine Änderung in der Laufbohrung einen direkten Einfluß auf die Schrotgarbe hat. Die Konstrukteure des 19. Jahrhunderts benutzten diese Tatsache in ihrem Bemühen, die Eigenschaften ihrer Waffen zu verbessern. Jedoch erst um 1870 entdeckte Fred Kembell, ein amerikanischer Jäger auf Wasserwild, die Bedeutung der Mündungs- oder Choke-Bohrung, und er begann, gechokte Läufe, die er selbst hergestellt hatte, zu benutzen. Den Hauptbeitrag zur Popularisierung dieser Neuheit leistete aber der erfinderische W. W. Greener mit seiner Konstruktion von 1884. Greeners Patent wurde ein Jahr später beim Taubenschießen im Gun Club in Notting Hill öffentlich getestet. Die Schützen waren von der Choke-Bohrung begeistert, und sie begann ihren Siegeszug über alle Jagdreviere in Europa.

Unten und rechts: *Holland & Holland hahnloses System und Hülsenauszieher, zweite Hälfte 19. Jahrhundert*

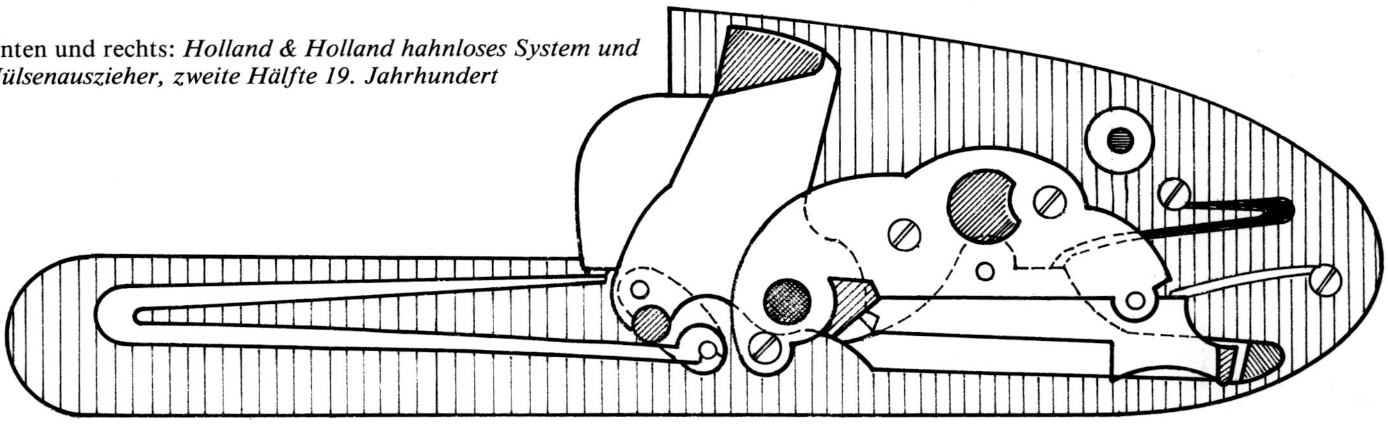

Das Grundprinzip der Choke-Bohrung war wie folgt: die einfache Zylinderbohrung des Laufes wurde auf den letzten 50 – 60 mm um 0,3 bis 0,9 mm durch einen auf 20 – 24 mm Länge sich allmählich verengenden Konus reduziert.

Auf Grund dieser Bohrung wurde die Schrotgarbe nach dem Verlassen des Laufes wesentlich dichter und damit der Schuß präziser.

Am Anfang glaubten die Fachleute auch, die Choke-Bohrung würde die Mündungsgeschwindigkeit erhöhen. Die minimale Erhöhung der Geschwindigkeit um 1 – 8 m/s bei der Choke-Bohrung war aber das Ergebnis der

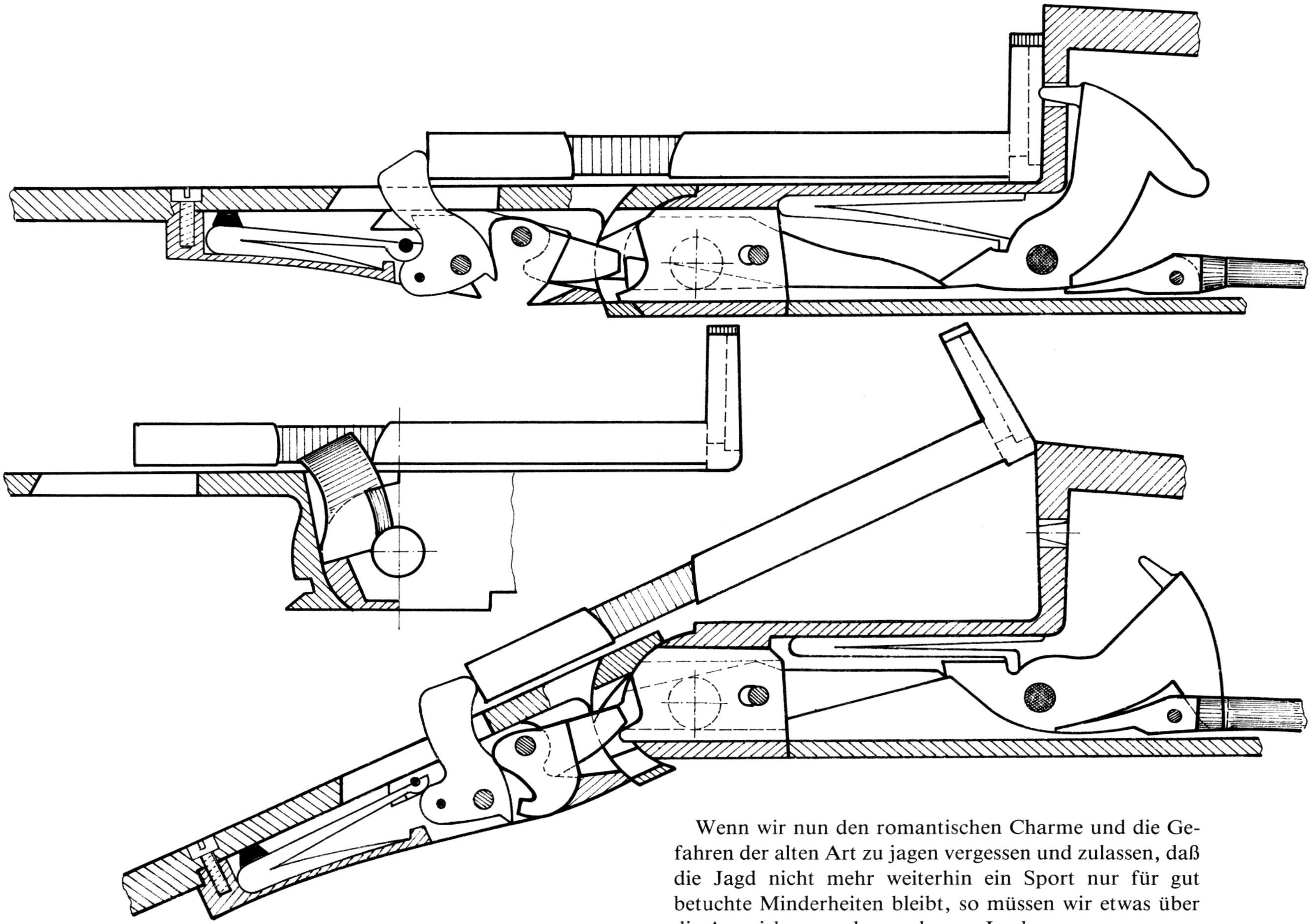

größeren Dichte der Garbe und nicht auf die Art der Bohrung des Laufes selbst zurückzuführen.

Es sollte jedoch nicht verschwiegen werden, daß nicht alle Besitzer von Flinten gleichermaßen mit der Choke-Bohrung zufrieden waren. Zunächst einmal bevorzugten die Teilnehmer am Skeet-Schießen auf Tontauben eine etwas weitere Auffächerung der Garbe. Deshalb wurde für sie ein spezieller Skeet-Choke entwickelt. Das Laufende wurde geweitet und so die Garbe mehr in die Breite gezogen. Auf der anderen Seite bemerkten einige Jäger nach erfolgreicher Jagd mit großem Bedauern, daß ihr Wild von Blei so zerschossen war, daß es nicht mehr verzehrt werden konnte. Deshalb wurden Läufe mit zylindrischer Bohrung auch noch beibehalten. Bei doppelläufigen Flinten sind sie sehr häufig mit einem Lauf mit Choke-Bohrung kombiniert.

Verbesserte Verschlüsse, Auszieher, Sicherungen, hahnlose Schlösser, Stahlläufe und Choke-Bohrung brachten eine neue Generation von Flinten hervor, die heute noch von den Jägern benutzt wird.

Wenn wir nun den romantischen Charme und die Gefahren der alten Art zu jagen vergessen und zulassen, daß die Jagd nicht mehr weiterhin ein Sport nur für gut betuchte Minderheiten bleibt, so müssen wir etwas über die Auswirkungen der modernen Jagd sagen.

Oberst Hawker, ein eifriger Gönner von Joseph Manton und Besitzer seiner außergewöhnlich guten Flinten, schoß, um es zu verdeutlichen, in der Zeit von 1802 bis 1853 „nur“ 575 Fasanen. Andererseits erlegte der bekannte Lord Ripon von 1876 bis 1895 mit seiner modernen Hinterlader-Flinte 11 190 Stück Flugwild.

Wenn man die Mathematik zu Rate zieht, findet man schnell heraus, daß Hawker nur 11 Fasanen pro Jahr erlegte, während Lord Ripon ein Vielfaches davon schoß.

Hawker jagte tatsächlich nur auf seinem eigenen Grundbesitz, während der dynamische Ripon dank der verbesserten Verkehrsverbindungen (Eisenbahn) die bekanntesten europäischen Jagdreviere aufsuchen konnte. Diese Tatsache soll jedoch keineswegs die Bedeutung moderner Waffen bei der Jagd herabsetzen, besonders wenn wir noch die Wirksamkeit der heutigen Selbstladeflinten in Betracht ziehen.

Nächste Doppelseite:
Doppelläufiges Gewehr mit außenliegendem Hahn, Kaliber 15,8×50, R. W. Förster, Berlin, Ende 19. Jahrhundert

Hahn Doppelbüchse
Kal. 15,8 x 50 R

W. Foerster,
Berlin

Verzierung der Waffen des 19. Jahrhunderts

Bereits auf einer frühen Entwicklungsstufe wurden bei den Perkussionswaffen alle Verzierungen und Verzierungstechniken der Vorläufermodelle, der Steinschloßwaffen, übernommen. So wurden die Läufe weiterhin nach Vorlagen bekannter Künstler verziert. Die Oberflächen wurden reliefartig gestaltet und mit Einlagen in Edelmetallen angereichert. Mit der Zeit schoß die Phantasie der Büchsenmacher besonders bei den Perkussionsschlössern ins Kraut. Es wurde ein zunehmender Gebrauch von fantastischen Motiven bei der Gestaltung des Hahnes gemacht. Dieser Teil der Waffe wurde häufig in Form eines Drachens, eines Tieres oder gar eines gotischen Ritters gestaltet. Gleichzeitig brachte das 19. Jahrhundert mit dem Aufkommen der Neugotik die Wiederkehr alter Stilrichtungen.

Leider beendete der Wandel hin zur industriellen Herstellung der Waffen in der zweiten Hälfte des Jahrhunderts schlagartig die weitere Aufwärtsentwicklung der Verzierungstechniken. Obwohl luxuriöse Ausführungen von Flinten weiterhin verziert wurden, war diese Dekoration eine einfache maschinelle Rollgravur oder eine Ätzgravur. Einst das Produkt höchster Verzierungskunst, wurden die Waffen zunehmend durch simple Kopien alter Vorlagen verschiedenen Ursprungs verziert.

Das führte zum Aufkommen schlechter Kopien aus der deutschen und italienischen Renaissance und der französischen Spätgotik bei der Verzierung von Waffen.

Die industrielle Produktion brachte schließlich eine Standardisierung der Ornamente. Berücksichtigt man die Möglichkeiten dieser mechanisierten Handwerker, so umfaßt das Hauptmotiv verschiedene Arten von Borten, die durch ihre langweilige und gleichförmige Wiederkehr Muster bilden. Diese industriellen Muster sind Standards, so daß man an ihnen Herkunft und Hersteller erkennen kann. So gehören zum Beispiel englische Gravuren oder die Motive nach Purdey oder Holland & Holland zu den charakteristischsten.

Immer mehr wurden die Werke der besten Künstler und Handwerker zu einer Legende. Die Jagdwaffen aus vergangenen Zeiten wurden als wirkliche Kunstwerke zum Objekt der Bewunderung für zahlreiche Sammler. Und man sollte dabei nicht übersehen, daß man sie sogar heute noch mit der gleichen Genauigkeit benutzen kann. Das ist der schönste Lohn an all die zahllosen Büchsenmacher, die in den vergangenen Jahrhunderten zur Entwicklung dieser Waffengattung beigetragen haben.

Ziermotiv nach Bastin, Ende 19. Jahrhundert

Henry Holland-Motiv, Ende 19. Jahrhundert

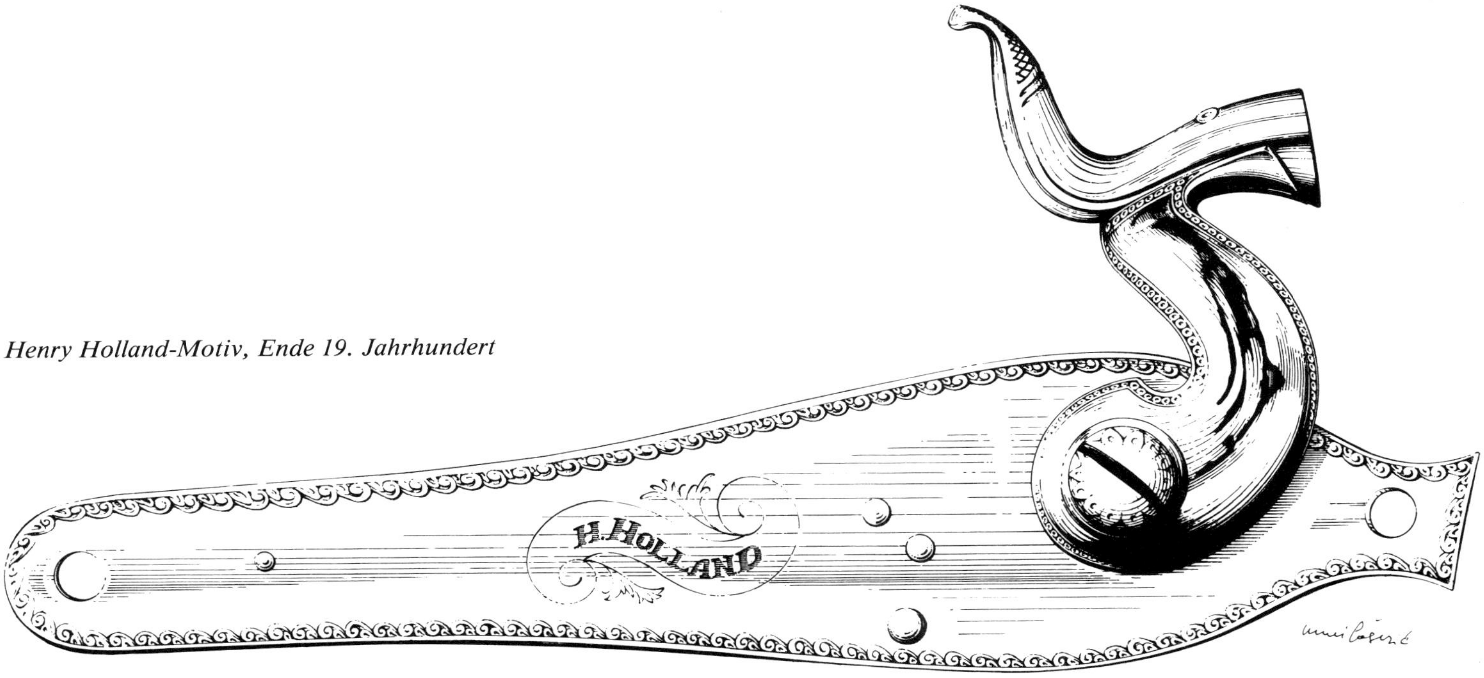

Westley Richards-Motiv, Ende 19. Jahrhundert

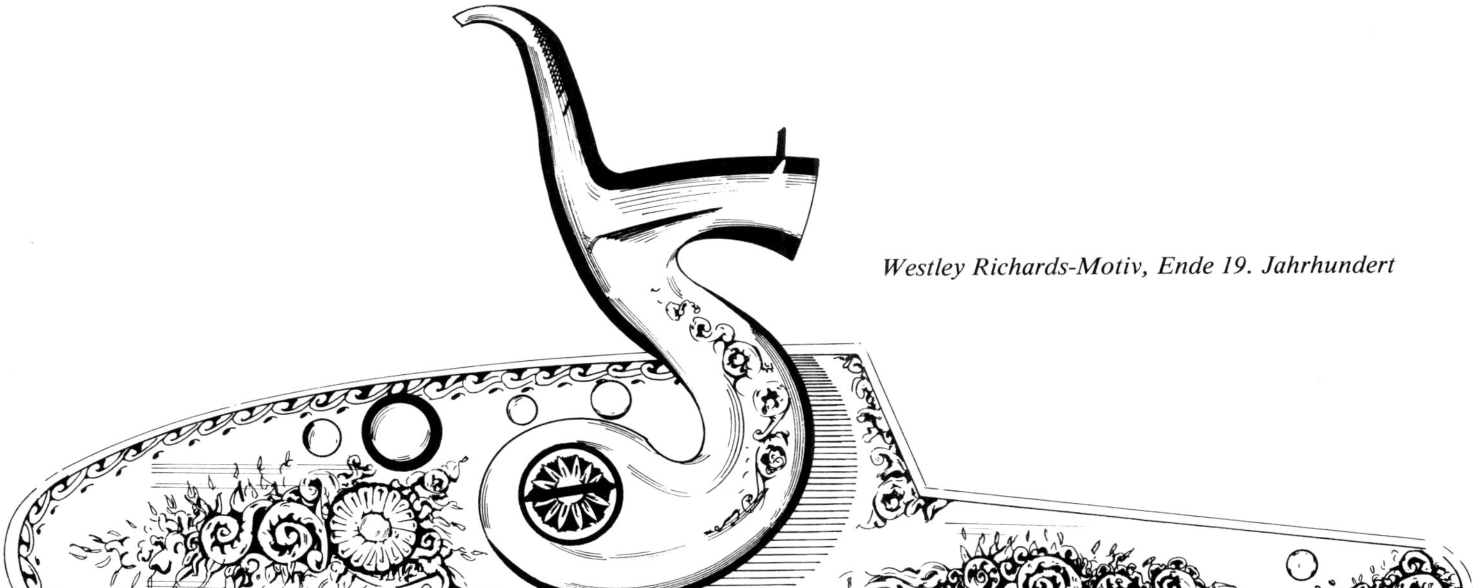

X. W. Klein-Motiv, Ende 19. Jahrhundert

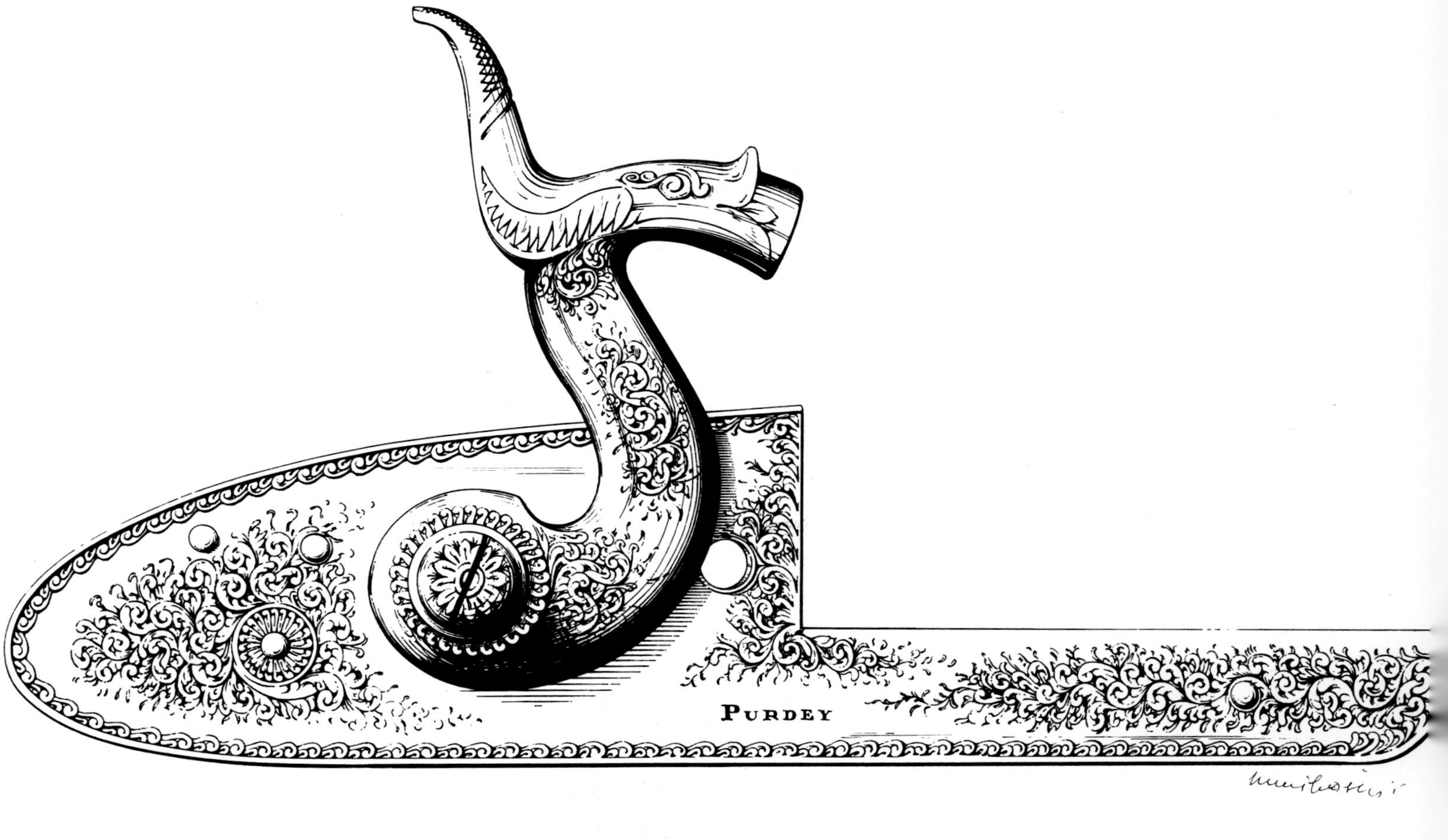

Purdey-Motiv, Ende 19. Jahrhundert

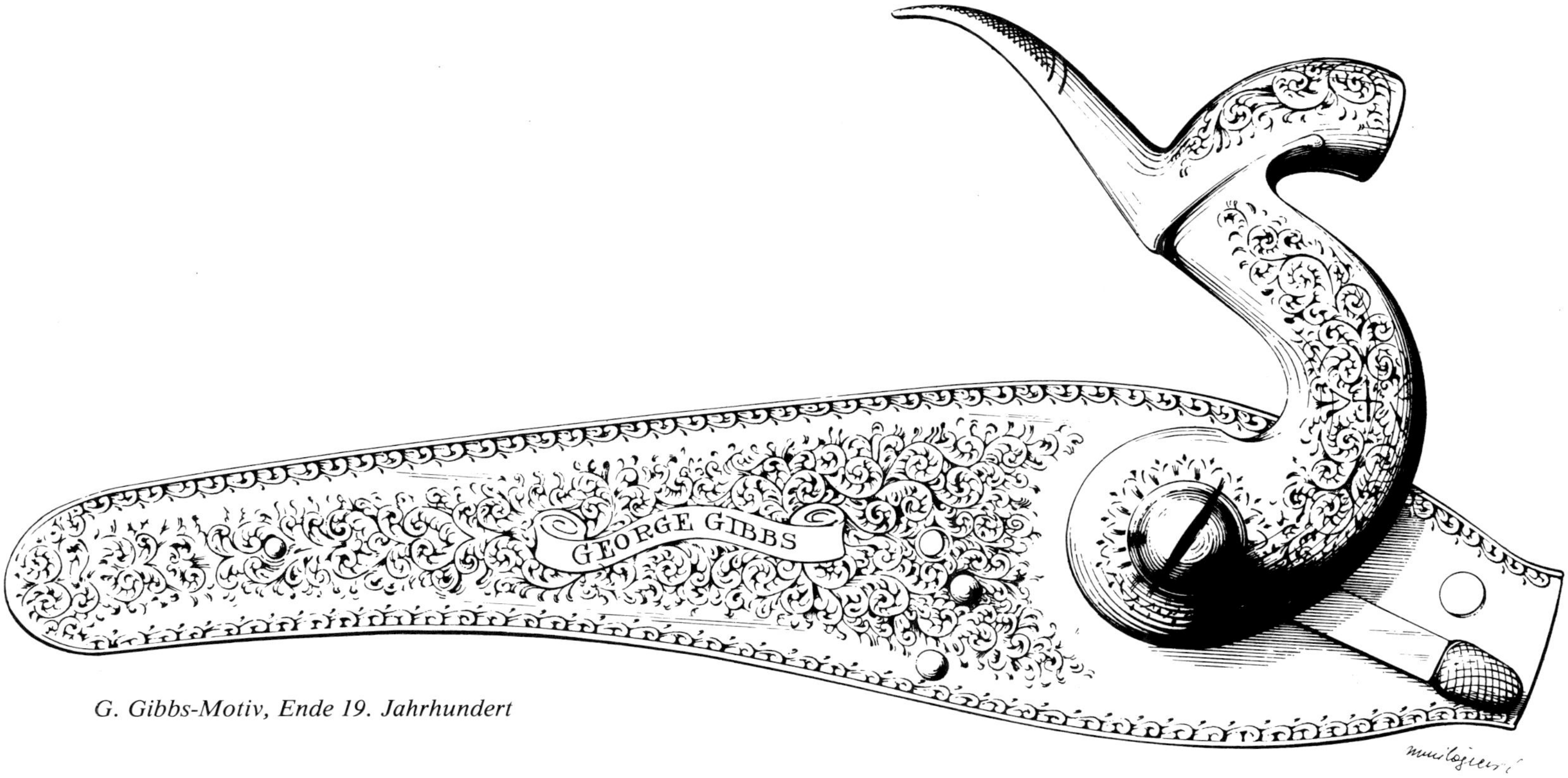

G. Gibbs-Motiv, Ende 19. Jahrhundert

W. W. Greener-Motiv, Ende 19. Jahrhundert

Nächste Doppelseite:
Purdeys hahnlose Querflinte, 1886

Purdey
side-by-side shot gun

action: box-lock based on the Beesley

LITERATURVERZEICHNIS

1. H. Seitz: *Blankwaffen* I/II, Braunschweig, 1965
2. *Das Buch der Jagd,* Autorengruppe, Luzern und Frankfurt/M., 1973
3. R. Akenhurst: *Schöne Jagdgewehre,* München, 1984
4. W. Boeheim: *Handbuch der Waffenkunde,* Neudruck, Graz, 1966
5. H. Müller, H. Kolling: *Europäische Hieb- und Stichwaffen,* Berlin, 1981
6. K. Hiersmann: *Die Waffen des Landes-Zeughaus zu Graz II,* Leipzig, 1880
7. A. Demmin: *Die Kriegswaffen in ihrer geschichtlichen Entwicklung von den ältesten Zeiten bis auf die Gegenwart,* Leipzig, 1891
8. P. Krenn: *Das Steiermarkische Landeszeughaus in Graz,* Graz, 1974
9. J. Hayward: *Swords and Daggers,* London, 1963
10. H. W. Janson: *History of Art,* Belgrad, 1982
11. H. Klein: *Sachwörterbuch der Drucktechnik und Grafischen Kunst,* Köln, 1975
12. J. Durdik, M. Midra, M. Sada: *Alte Handfeuerwaffen,* Hanau/M, 1982
13. W. Gohlke: *Geschichte der gesamten Feuerwaffen bis 1850,* Leipzig, 1911
14. A. Dolleczek: *Monographie der K. u. K. Österr.-Ung. blanken und Handfeuer-Waffen,* Neudruck, Graz, 1970
15. Z. Zygulski: Jr: *Bron w dawnej Polsce,* Warschau, 1982
16. L. Letosnikova: *Lovecke zbrane v Ceshach,* Prag, 1980
17. J. Lugs: *Handfeuerwaffen,* Teil I/II, Berlin, 1973
18. *Jagd und Wild gestern, heute und morgen,* Katalog des Deutschen Museum für Jagd und Fischerei, München, 1981
19. A. Gaibi: *Appunti sull'origine e sulla evoluzione meccanica degli apparecchi di accensione delle armi fuoco portatili,* Armi Antiche, Anno III, Turin, 1956
20. *Military Conversations Lexicon,* Adolf Verlags-Bureau, 1836
21. Poschenburg: *Die Schutz- und Trutzwaffen des Mittelalters,* Stuttgart, 1950
22. A. Demmin: *Kriegswaffen,* Leipzig, 1893
23. Cl. Bosson: *L'arbalete,* Les Musées de Genève, Februar 1956
24. *Enciclopedia Italiana,* s.v. Balestra, Mailand, 1930
25. E. Lenc: *Sobranie oruzia,* St. Petersburg, 1908
26. O. Penquilly L'Haridon: *Catalogue Le Musée d'artillerie,* Paris, 1862
27. *Nordisk familjeboks Sportlexikon,* Stockholm, 1938
28. G. C. Stone: *A Glossary of the Construction, Decoration and Use of Arms and Armor,* New York, 1961
29. Col. H. C. B. Rogers: *Weapons of the British Soldier,* London, 1972
30. G. W. P. Swenson: *Pictorial History of the Rifle,* London, 1972
31. J. N. P. Watson: *Victorian and Edwardian Field Sports from Old Photographs,* London, 1978
32. Lord Ralph Percy: *Debrett's Book of Game-Cards,* London, 1986
33. D. W. Bailey: *Percussion Guns & Rifles,* London, 1972
34. Courally, Fred: *Les Armes de Chasse et leur Tir,* Paris, 1931
35. Šedevri tulskih oružeinikov, Autorengruppe, Moskau, 1981
36. *Russian Arms and Armour,* Autorengruppe, Leningrad, 1982
37. L. Tarasjuk: *Antique European and American Firearms at the Hermitage Museum,* Leningrad, 1972
38. Z. Žygulski: *Bron Wschodnia,* Warschau, 1983
39. O. Smith: *Det Kongelige Partikulaere Ruskammer,* Kopenhagen, 1938
40. Z. Žygulski: *Stara Bron w polskich zbiorach,* Warschau, 1982
41. P. G. W. Annis: *Naval Swords,* London, 1970
42. J. Wallace: *Scottish Swords and Dirks,* London, 1970
43. G. Lupi: *Il fucile da caccia a percussione centrale*
44. C. Lancaster: *The Art of Shooting,* London, 1962
45. R. Akenhurst: *Game Guns and Rifles,* London
46. S. Musciarelli: *Dizionario delle armi,* Arnoldo Mondadori, Editore, sine anno (Ausgabe ohne Jahresangabe)

Periodika:
Deutsche Jagd, Neudamm, 1937
Deutsches Waffen-Journal, Schwäbisch-Hall, 1986 – 1987
AMI, Brüssel, laufender Jahrgang
Diana Armi, Rivista d'informazione internazionale, Florenz, 1967 – 1987
The American Rifleman, Washington, laufender Jahrgang